高技术远洋客船航行试验关键技术研究

周　宏　徐　骁　何洪良　程绍坚　著

科学出版社
北　京

内 容 简 介

本书系统构建了高技术远洋客船航行试验技术体系，聚焦复杂试验项目的全周期管理难题。通过整合“模块化多航次”试验设计方法，将传统长周期试验分解为典型工况组合，显著提升测试效率。针对高技术远洋客船特有的生活保障、安全管理、娱乐及空调通风等核心系统开发了标准化联调技术流程。创新性提出“双阶段三维度”风险识别框架，在试验设计阶段预评估聚焦技术规格与建造进度匹配性，实施阶段动态评估结合航行保障能力实时调整计划，覆盖技术可行性、组织协同及环境适应三大维度。该框架配套量化模型已成功应用于国产首制高技术远洋客船研究。最终形成从试验设计、风险动态管控到成果转化的全链条解决方案，为实现掌握高技术远洋客船航行试验管理技术的目标提供技术支撑，同时为深远海战略装备开发积累关键数据。

图书在版编目(CIP)数据

高技术远洋客船航行试验关键技术研究 / 周宏等著.-- 北京 : 科学出版社, 2025. 4. -- ISBN 978-7-03-081840-9

Ⅰ. U674.11

中国国家版本馆 CIP 数据核字第 2025G5Q588 号

责任编辑：许 蕾/责任校对：郝璐璐
责任印制：张 伟/封面设计：许 瑞

科学出版社 出版
北京东黄城根北街 16 号
邮政编码：100717
http://www.sciencep.com
三河市骏杰印刷有限公司印刷
科学出版社发行 各地新华书店经销
*
2025 年 4 月第 一 版 开本：720×1000 1/16
2025 年 4 月第一次印刷 印张：13 3/4
字数：300 000

定价：139.00 元

(如有印装质量问题，我社负责调换)

前　　言

高技术远洋客船是我国船企转型发展的主要方向，近年来，各大船企纷纷接到相关船型订单。高技术远洋客船具有高安全性、高舒适性和综合生活娱乐性等特点。作为人们日常出行和娱乐的重要工具，高技术远洋客船满足了广大人民群众日益增长的美好生活需求。

近年来，国家对发展高技术远洋客船制造产业非常重视，国务院领导多次予以批示，工业和信息化部、国家发展和改革委员会等有关部委出台了一系列政策予以引导和支持。随着国家高端装备制造、旅游消费升级相关政策的逐步落地，高技术远洋客船制造产业迎来了前所未有的历史性发展机遇。

高技术远洋客船的设计和建造是一项超级复杂的系统工程，相关技术难关亟待攻克，且其核心技术也尚未完全掌握。随着高技术远洋客船的发展迈入国产化时代，开展高技术远洋客船研究对于“建设海洋强国”战略和“一带一路”倡议具有重要的意义。

本书以高技术远洋客船为研究对象，依托我国已有的高技术远洋客船项目的设计和建造经验，从目标实船的特性出发，结合建造船厂的技术能力和管理特点，分别针对航行试验中的多航次航行试验体系、生活功能等方面开展系统性验证试验研究，建立相应航行试验规范流程和管理体系，掌握航行试验的关键技术，制定相应的高技术远洋客船航行试验程序，并将其应用于航行试验中，以保证高技术远洋客船航行试验的顺利进行。

在此基础上，本书以高技术远洋客船航行试验中生活功能试验为侧重点，总结航行试验项目的特点以及风险管理的特殊性。在总结分析常见工程项目风险管理理论的基础上，提出一种适用于高技术远洋客船航行试验项目的风险识别方法体系。

希望本书的研究成果对船舶与海洋工程领域相关研究人员、工程管理人员及研究生开展高技术远洋客船航行试验管理、风险评估提供有益的指导和帮助。

感谢工业和信息化部高技术船舶科研项目“高技术远洋客船航行试验关键技术研究”(MC-202010-C05)的资助支持。感谢作者周宏、徐骁所在的江苏科技大学，作者何洪良、程绍坚所在的上海外高桥造船有限公司的领导和同事对本书写作的大力支持和帮助。由于作者水平和学识所限，书中疏漏、欠妥之处，真诚希望读者、专家和同行不吝赐教。

周宏　徐骁(江苏科技大学)

何洪良　程绍坚(上海外高桥造船有限公司)

2024 年 12 月

目　　录

第1章　绪　　论

近年来，高技术远洋客船是我国船企转型发展的主要方向，各大船企相继承接了相关船型订单。作为人们日常出行和娱乐工具之一的高技术远洋客船，也是满足广大人民群众日益增长的美好生活需求的重要载体。

高技术远洋客船的设计和建造是一项极其复杂的系统工程，面临着众多技术挑战和难关，其中，核心技术尚未完全掌握。航行试验作为船舶建造过程中不可或缺的关键环节和核心技术之一，其重要性不言而喻。这一试验在船舶完工交付前必须进行，目的是全面检验船舶的各项功能是否满足相关法规和技术规范的要求，以及是否达到了船舶建造合同所规定的标准。

对于高技术远洋客船而言，完成建造和码头系泊调试后，海上航行试验成为对其航行性能和特定功能进行全面考核和验收的重要环节。这一试验的过程和结果将直接关系到船舶能否顺利交付。因此，我们必须高度重视航行试验，确保试验过程的安全、有效和可靠，从而确保高技术远洋客船能够顺利交付并投入运营。高技术远洋客船的航行试验具有测试验证项目多、技术复杂性高、试验周期长、参与人员多等特点，在进行航行试验前，须通过对相关的试验项目进行全面系统的研究和分析，针对试验项目内容制定详细的技术方案、计划安排和风险防范等管控措施，构建完善的高技术远洋客船航行试验管理体系，才能确保航行试验项目安全、有序和经济地进行，从而使船舶的各项功能满足相关规范的要求。

针对高技术远洋客船系统复杂、试航周期长、试验要求高等特点，开展航行试验航次及计划安排、船舶安全返港和乘客舒适度试验方案和试验管理等研究，突破多航次航行试验管理、生活功能试验、风险评估、异常排查等关键技术，依托首制国产大型高技术远洋客船进行实船验证，实现缩短试验周期，提高航行效率、节约试验成本，全面掌握高技术远洋客船航行试验技术和试验管理技术。

1.1　国内外研究现状

1.1.1　多航次试验体系

针对高技术远洋客船的航行试验项目及条件的分析研究，主要依据建造合同以及海事、船检等相关法规和技术规范要求，对客船在各个建造阶段的试验项目进行了全面的梳理。同时，深入研究了每项试验所需的技术条件，确保了试验的顺利进行。在航行过程中，对需要调试和报验的试验项目，逐项分析了其必备的技术条件，并明确了航行试验的总体技术路线。这为高技术远洋客船的航行试验航次划分和计划管理提供了坚实的技术支撑。

为确保航行试验的顺利进行，明确了每项试验的内容和条件，以确保各部分试验始终在有充分准备的情况下进行。此外，对每项试验所需的人员、物资和设备进行了详细规划，以减少试验准备时间，提高航行过程中各系列试验的容错率。通过这些措施，旨在确保高技术远洋客船的航行试验能够高效、安全地完成，为船舶的顺利交付和后续运营提供有力保障。

李珍璜和徐寅生[1]进行了船舶试航流程的优化研究，通过对新造液货船舶试航项目的梳理，提出相关优化措施，以达到缩短试航周期，实现降本增效的目的。冯倩菲和王玉平[2]考虑排放限制与航次成本的航速优化问题，通过综合考虑航速与航行时间、船舶数量、燃油消耗、航次成本之间的非线性关系获得水路运输中船舶的最佳航速，满足排放要求，同时实现航次成本最小化。朱显明[3]研究了基于海岸线数据与海洋天气信息的船舶气象航线规划算法，分析了不同算法的优缺点。杨柯[4]建立了群桥水域通航环境模型和航路规划代价模型，运用现代智能算法开展群桥水域航路规划研究，规划出了群桥水域静态环境和动态环境下的无碰撞最优航路，设计了逐步探测直线化算法和双相关粒子群优化(PSO)算法，实现了规划航路的线性化和最优航迹带规划，所提出的算法还可以用来解决群桥水域航路规划问题。

Han 和 Yang[5]使用先进的数据挖掘技术自动提取隐藏在海事大数据中的经验导航信息，协助为复杂的海洋环境生成安全可靠的船舶规划路线；提出了一种新的方法来构建一个大数据驱动的框架，用于不同的航行条件下自动生成船舶规划航线。Arasteh 等[6]介绍了波浪速度和方向、风速和方向、海流速度和方向以及水深在船舶航行规划中的作用，优化航行路线，从而减少海上航行时间和燃油消耗。Li 等[7]基于动态贝叶斯网络(DBN)风险评估模型，建立了支持航线规划的过程风险决策方法，结合风速、温度、浪高和冰情的客观日变化数据，选择了北极水域船舶从维利基茨基海峡(Vilkitsky Strait)航行到德朗海峡(Long Strait)的 3 条可能航线，研究得到最佳航线。Lou[8]系统地介绍了美国海军交船后船舶试验和海上试验的基本目的和任务，包括主要试验项目和内容、工作和对象等；分析了试航和海试的典型特点。

1.1.2 航行试验管理体系

本书通过对高技术远洋客船航行试验关键技术的研究，提出高技术远洋客船协同运作管理思想，深入分析了高技术远洋客船管理的概念、特征与管理过程，对航行试验期间各个方面的管理要素和特点进行分析研究，在高技术远洋客船航行试验管理要素和特点研究的基础上，构建高技术远洋客船航行试验系统运作管理体系，从而形成航行试验期间管理系统的研究。

(1) 航行试验管理要素分析研究

通过对航行试验项目的特点分析，梳理业务全部流程，归纳高技术远洋客船航行试验协同运作管理工作中的关键要素，全面掌握航行试验过程的关键要点。

分析高技术远洋客船航行试验运作的管理要素对象，特别针对协同运作信息管理的特点和需求，在满足相关规范体系的基础上，运用关键性能指标的协同运作管理模式，优化管理过程，解决试验过程中的管理问题，达到控制风险、降低成本、确保质量、合理配置资源，解决资源负荷冲突、保证航行试验顺利开展的目的。

Fricke 和 Shenbar[9]在多项目管理的方法上，从资源配置、优先权、缓冲时间等影响因子上进行了分析，进一步提出了在多项目管理上的控制手段。美国管理技术大学教授詹姆斯·刘易斯(James P. Lewis)博士[10]在《项目计划、进度与控制》一书中，指出了多项目管理的工作分解(WBS)理论。他认为项目协同管理一定是在组织目标的前提下，对各个单元体进行任务分解，并且根据企业战略层面上对各个项目单元体进行任务分解和排序，并对其进行资源优化配置，达到项目群进度控制目标。Steyn[11]对比关键路径的方法总结出了关键链技术管理方法的优越性，他不但制定了关键链技术的实施方案，还通过分支定界法所推演的项目实施计划，加上仿真技术模型对比研究，丰富了关键链技术理论的研究。Steyn[12]在 2002 年发表的文献中，又新加入了人的心理因素的影响因子的探讨，在基于 50%可能性完工的时间值为关键链方法的优化时间后，通过项目缓冲的计算、汇入缓冲区的设置和监控，确保获得完工率的最大值，同时可以达到对工程实施的监督与控制。

(2) 航行试验协同运作管理框架研究

针对航行试验管理的范围及关键管理要素的特点和需求分析，结合高技术远洋客船建造船厂自身的管理特点，以及各参与单位的分工特色，构建高技术远洋客船航行试验系统运作管理框架，设置航行试验管理组织机构，明确计划、质量、安全和后勤保障等 4 大块的责任分工，定义工作岗位、岗位人员职责、人员的配置等。基于 KPI 关键性能指标(航行试验总航次不超过 2 次；单航次航行试验时间不超过 15 天)的协同运作管理系统原理，量化相应指标，设计协同过程模型，在该模型评估下开发基于网络化的协同运作信息管理系统，便于实现在航行试验过程的高效管理。

Wei 等[13]提出新的制定计划和工程实施、监控、控制等方法的前提，并对有限资源的优化调度问题做了详细的讨论和研究。Bevilacqua 等[14]在将关键链与传统履约管理办法对比之后，发现解决问题的关键是处理好受限资源的分配。他进一步强调了在资源受限的情况下，利用进度控制手段才能更好地实现组织的管理目标。Hoel 和 Taylor[15]从原有的方法出发，为关键链管理中的缓冲计算提供一种新的方法。Kapsali[16]也指出项目管理要融入创新思维，要将资源匹配问题、资源组织协调问题考虑到项目的协同管理中来。

(3)航行试验协同运作管理应用研究

基于高技术远洋客船航行试验系统运作管理的组织机构和责任分工，全面梳理航行试验的各项因素之间的因果关系，明确各项指标之间的逻辑关系，层层分解各阶段试验任务，提炼各阶段航行试验的要点、重点和难点，制定各大类航行试验的组织实施路线图，并完善漏洞预防机制，从而实现确保管理策略的灵活性、有效性和完整性，使之成为不断发展的动态体系，满足高技术远洋客船在航行试验的各阶段的需求。

航行试验协同运作管理体系研究流程具体可参见图 1-1 所示。

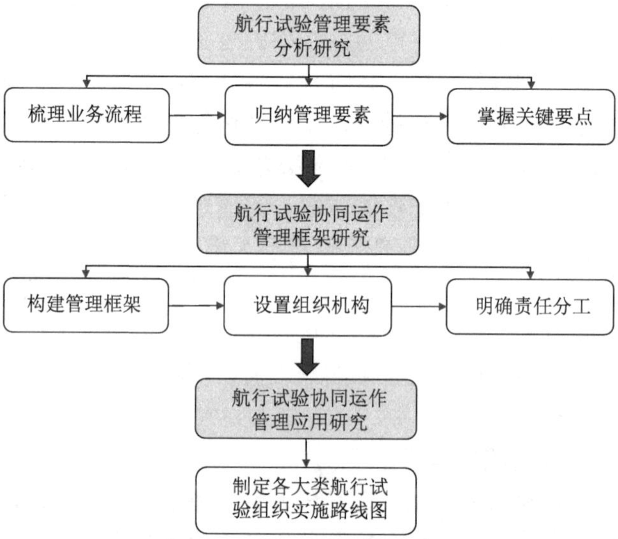

图 1-1 航行试验协同运作管理体系研究流程

1.1.3 航行试验风险管理体系

(1)国外理论研究现状

20 世纪 30 年代，美国保险业开始引入风险管理理论并用于实践，初步形成了企业内部的风险管理组织结构框架[17,18]。许多学者对风险管理方法展开研究，并开发了极值统计理论、数理统计、随机分析方法、应用概率论等方法。Dubois等[19]和Chanas等[20]研究发现，在工程项目建设中，各工序的持续时间有所不同，其统计规律也不相同，因此他们认为确定不同的工序的持续时间的分布形式应该有一定的针对性，进而提出了基于不同工期和工序分布进度风险的理论计算方法。然而，Abdelkader[21]提出了不同的观点，他认为工序的持续时间采用Weibull分布来表示比较合理。但在现代工程建设项目中，工序持续时间不仅会受到资源的约束，而且还会受到外界自然天气条件以及当前的市场经济环境等多重风险因素的影响。国内外学者对工序之间的相关性研究产生了兴趣。Bonnal等[22]研究了梯形模糊数，此方法解决了工期不确定情况下的项目进度安排问题，对项目工期的确定提出了具有一定指导性的建议。

Guenduez等[23]认为对工程建设项目中影响进度延迟的风险因素的识别可以利用相关性分析方法，该方法首先通过专家访谈并结合文献研究的方法将风险因素分为9大类，共计83个，然后利用相关性分析法筛选出了15个影响较大的风险因素。在项目进度风险的影响因素的分类上，专家学者根据所研究项目的不同特点，有着不尽相同的分类方法。

在20世纪后半期，一个项目的成功离不开体系化的风险管理这一思想已经为绝大部分风险管理学者所公认。相关学者认为，应当将风险管理方法纳入项目的建设中，从而达到提高项目完成的整体水平。美国、日本、德国等发达国家成立了很多风险管理协会，如日本成立的日本风险管理协会、工商企业风险管理与保险协会等。在这些平台上，风险管理的研究更加趋于专业化。20世纪80年代，美国学者在风险管理方面的研究具有一定的权威性；Cooper、Chapmen、Tahetal等学者根据风险的特性、原理和作用等方面对风险进行不同类别的划分，从而使项目风险管理水平不断提升[24]。除此之外，相关机构还制定了风险管理的一般准则，如美国风险和保险管理协会1983年年会上通过的“101条风险管理准则”，该准则成为标志性的管理准则[25]。

(2)国内理论研究现状

我国关于风险管理问题的研究起步较晚。20世纪80年代，我国正值改革开放的关键阶段，当时西方发达国家风险管理理论已日趋成熟，而国内学者才开始从外国的先进工商理论中吸收有效精华，引入项目管理理论、风险管理理论等。自此，风险管理问题在国内众多学者中引起了激烈的讨论。到了20世纪80年代中后期，国内关于风险管理理论的探讨逐步趋于成熟，将风险管理研究同中国特色社会主义改革开放的国情、“自负盈亏、自担风险”等经济政策的实施相结合，促使中国经营者与个人投资者以辩证的目光正确看待风险问题。在此基础上，风险管理理论在工程项目领域中得到了较快的应用和发展，越来越多的实践成果能够支撑风险管理理论，使得风险管理的研究获得了显著的进步[26]。

实际上，推动我国关于管理问题方面的研究进入高峰的标志性事件是20世纪90年代段开龄博士主编的《风险及保险管理之研讨——自传统的智慧挑战》书籍出版，该书籍得到了学者的广泛关注，自此我国关于风险管理问题的探讨也日趋活跃。雷胜强主编的《国际工程风险管理与保险》一书对风险管理的必要性进行了详细的阐述，该书具体生动地论述了企业面对风险时应当采取的措施。更重要的是，该书将“风险”一词从被污名化的边缘解救了出来，指导企业如何利用风险。随着改革开放的推进以及我国经济建设的不断深入，我国对风险管理方面的研究，无论是在理论上还是在实践上，都有了长足的发展，研究成果层出不穷[27]。2006年6月，国务院国有资产监督管理委员会颁布了《中央企业全面风险管理指引》，要求中央企业要全面开展风险管理的相关工作。2008年5月，我国财政部会同证监会、审计署、银监会、保监会联合印发了《企业内部控制基本规范》，要求2009年7月1日起在全国上市公司开始施行，并且鼓励非上市的大中型企业执行该规范。

常虹和高云莉[28]总结了项目管理在土木工程项目、金融项目中的应用情况，采用风险矩阵方法进行风险管理。周辉仁[29]考虑了人为因素，即人为决策和人的主观性，分析这些因素可能导致项目的失败，将离差最大化方法和特征根方法与现代化手段相结合，运用计算机系统辅助决策者决策，实现可视地评估可能发生的风险，提升项目的规划合理性。

1.1.4 航行试验风险评估

随着风险管理在项目进展过程中所占据的地位逐步增高和重要性逐步增加，风险管理也更多地被应用到工程项目中来。在船舶行业中，风险管理问题的研究主要集中在航运企业、船舶建造企业领域。在航运企业领域，风险管理的主要对象为船舶海上运营的安全问题。1993年，国际海事组织(IMO)海上安全委员会第62届会议上，英国相关学者提出了综合安全评估(FSA)思想，并建议将FSA作为一种战略思想应用到船舶领域中[30]。IMO将FSA定义为一种利用风险评估与费用收益评估，提高海上安全包括生命、健康、环境与财产安全的结构化、系统化方法[31]。这一思想得到了海上安全委员会的支持，自此英国、意大利、挪威等欧洲国家开始着手FSA方法体系的研究工作。为了开展FSA方法研究，国际船级社协会(IACS)1994年专门成立了FSA通信工作小组，积极开展FSA如何应用于制定或审议IACS的统一要求，以及如何应用于指导各船级社规范制定的研究，并且编写了《FSA培训教程》。英国对高速双体客船FSA的研究目标主要集中在船员和旅客等人为因素。意大利、挪威等国联合开展了在国际航行的客船上设置HLA(直升机降落区)的FSA研究，研究结果表明HLA是不必要的。这两个例子是最早将FSA完整应用的实例。中国船级社在2015年发布了《综合安全评估应用指南》[32]，并且与上海规范研究所合作应用 FSA 对长江地区高速船舶做了风险评估研究，目前中国开展 FSA 工作的单位主要为中国船级社。

船舶建造领域的风险管理则主要是根据项目的开展流程来进行研究，研究主要聚焦于船舶建造过程的风险管理、船舶设计过程中的风险管理、船舶试验和交付过程中的风险管理。在这些方面，相关学者的研究成果颇丰。程晓霖[33]结合某公司的实际案例对船舶设计项目进行了风险分析，识别出关键风险因素并提出了相应的控制措施，能够有效地保障船舶设计过程。上海交通大学的王旨[34]结合中海工业(上海长兴)有限公司承接的观景船的建造项目实际案例，对船舶的建造过程进行阶段性划分，分阶段分层次地进行风险研究，建立了风险分析框架，并且对风险因素进行了定性和定量化的分析，该项研究是一次实践和理论成功结合的例子。大连理工大学的朱康[35]结合 D 公司的 LNG 船舶项目实际，构建了风险管理流程，并对该 LNG 项目进行风险识别，结合风险因素的特征对风险因素进行了综合性分类，最后采用定性和定量的方法进行综合评估，为风险管理提供了理论依据。大连理工大学的张弛[36]结合某一 T 型集装箱船项目，将风险分成设计风险、物资采购风险、生产安全风险、项目质量风险、项目进度风险 5 大类风险，并采用风险矩阵方法对各项风险因素进行评估，为该项目的风险管理提供了理论依据。上海交通大学的胡人杰[37]结合 A 公司的 LNG 船舶设计和系统集成项目，分别采用德尔菲法进行风险识别，从而得到风险因素清单，利用模糊层次分析法进行定量化的评估，为该项目的风险管理奠定了理论基础。东华大学的叶华清[38]将船舶建造划分成 6 个重要阶段，并逐个对各个阶段进行风险识别得到风险因素清单，采用层次分析方法构建风险因素的层级结构并对其进行综合评估，最终提出相应的管控措施，并在船舶建造的全过程中进行风险监控，项目过程顺利进行，风险管理的效果得到了实践证实。

综合上述关于风险管理理论的研究可以发现，我国风险管理研究比西方国家起步较晚，虽然我国已经逐渐认识风险管理方面的问题并对相关理论加以应用，但是具体结合实践的工作还没有系统地展开，各个领域中风险管理的“衍生产品”类型尚缺乏多样性，专项风险管理的工作在工程实践中的规范力度不足。

目前，关于项目管理的工作主要集中在项目的中、后期阶段，对项目的前期准备和策划阶段并未给予足够的重视。而实际上，项目的风险贯穿项目的始终，所以为了项目的平稳有序进行，应当实施贯穿项目始终的系统性风险管理[39-42]。

在船舶行业的应用中，前人做了很多研究，同时越来越多的风险管理方法和工具被应用到船舶领域中。但是，船舶是一个极其复杂的系统，不同类型的船舶具有不同的功能，不同的功能需求具有不同的系统，所以单一化的风险管理方法具有局限性，并不能实现风险的全面识别，仍然需要对风险管理方法进行研究，建立适用于不同类型船舶的管理方法体系。

在船舶行业中，风险评估主要应用于船舶运营以及船舶建造过程，而在新建船舶的航行试验方面的应用几乎处于空白阶段。这也就意味着无论是学术界还是企业，对航行试验项目都没有给予足够的重视。随着船舶的智能化，随之而来的不仅仅是对建造技术的考验，同样也是对航行试验技术的考验。航行试验作为船舶交付前的最后一项系统性工作，航行试验项目的质量决定了船舶交付的顺利与否。所以应当对航行试验项目的风险评估给予足够的重视。

1.2　高技术远洋客船航行试验风险评估关键技术

高技术远洋客船航行试验项目相较于普通民船航行试验项目具有试验对象新、任务重、周期长、人力资源复杂、项目管理烦琐等特点，项目风险因素众多且具有模糊性，风险管理难度大。结合高技术远洋客船航行试验的特殊性，基于系统工程思想，构建出一套应用于高技术远洋客船航行试验项目风险评估的理论体系。

1.2.1　航行试验项目的风险管理体系

本书针对高技术远洋客船航行试验项目风险管理问题从高技术远洋客船的特点以及航行试验项目的特殊性入手，研究总结高技术远洋客船试验项目风险管理问题的特殊性，并结合高技术远洋客船航行试验项目的特点以及航行试验项目风险管理的特殊性，设计高技术远洋客船试验项目的风险管理流程，初步构建高技术远洋客船航行试验项目的风险管理体系。

1.2.2　航行试验项目风险识别方法体系的构建

本书基于系统工程思想，将高技术远洋客船航行试验项目看作一个复杂且庞大的系统，借助全生命周期理论，从时间的角度将项目进行阶段性划分，通过系统组成要素分析判断风险来源，通过项目工作结构分解，结合常用风险识别方法进行项目风险识别，从而构建出适用于高技术远洋客船航行试验项目风险识别的方法体系，并对该方法体系进行可行性论证，解决高技术远洋客船航行试验项目风险识别难度大的问题。并依托工业和信息化部“高技术远洋客船航行试验关键技术研究”项目，以上海外高桥建造的高技术远洋客船为研究对象，基于这种方法体系，分别对航行试验项目准备阶段、实施阶段进行风险识别，并得出风险因素清单，通过实例验证的方法论证该方法体系的有效性。

第 2 章　高技术远洋客船多航次航行试验体系研究

2.1　概　　述

相较于国外，我国高技术远洋客船经济的发展起步较晚，但也有其巨大的市场潜力；国家逐渐提高对其发展的重视程度，高技术远洋客船经济也逐渐成为社会关注的新经济焦点。

2.1.1　高技术远洋客船产业经济快速发展

调查数据显示，高技术远洋客船具有很强的承载能力，并一直保持着其特性。世界邮轮组织预计，到 2020 年，全球高技术远洋客船载客量将达到 3 000 万人，其规模之大凸显了高技术远洋客船产业的飞速发展。国际邮轮协会也表示，在发达国家中，多数成年人至今未坐过高技术远洋客船，有意愿体验的高达 95%。由此可以看出，在未来的旅游业市场份额分配中，高技术远洋客船产业将占据很大比重，其发展潜力巨大，将在产业经济中快速发展并可持续保持该势头。

中国香港、广西等地也正在筹划建设高技术远洋客船经济发展和合作的信息平台，通过对高技术远洋客船路线信息、挂靠港口情况、陆上旅游资源等方面的整理和分析，更好地促进高技术远洋客船经济的快速发展。这些迹象表明：中国以充足的准备来迎接高技术远洋客船产业的快速发展，在未来的高技术远洋客船市场经济中，中国将依靠巨大的现有、潜在市场占据较大的竞争优势，进而与现有高技术远洋客船巨头抢占更多的市场份额。

2.1.2　航行试验体系和方案研究的必要性

高技术远洋客船的设计与建造是一项极具挑战性的系统工程，涉及众多复杂技术和精细工艺。目前，该领域仍面临一些技术难题亟待解决，且核心技术尚未完全掌握。航行试验是船舶建造流程中至关重要的环节，这一综合性试验旨在确保船舶在正式交付前，其各项功能均符合相关法规规范和满足建造合同的要求。这一环节将对其航行性能及特定功能进行详尽的检验与验收。试验的成功与否直接关系到船舶能否顺利交付。考虑到航行试验涉及的项目众多、技术难度高、周期长以及参与人员广泛，因此，在试验前进行全面系统的研究和分析至关重要。

为了确保试验项目能够安全、有序和经济地进行，需要根据试验项目的具体内容制定详细的技术方案、计划安排以及风险防范措施。这些都需要建立在完善的高技术远洋客船航行试验管理体系之上。只有这样，才能确保试验的质量和结果满足相关合同的要求，从而推动高技术远洋客船产业的持续、健康发展。

2.1.3 研究内容及技术路线

高技术远洋客船的测试过程可细分为系泊试验、航行试验及首航试验 3 大阶段。每个阶段虽各有侧重点，但彼此紧密相连，互为支撑。系泊试验主要依托船厂设施和技术，侧重于设备与系统的基础调试，为后续航行试验奠定坚实基础。航行试验则全面检验船舶功能、性能与合规性，确保满足规范、合同要求，并揭示潜在的缺陷。最终，首航试验利用实际运营环境，全面验收生活服务系统，确保客船在交付后能够顺利投入运营。高技术远洋客船航行试验项目及条件分析研究旨在根据建造合同和相关海事、船检法规要求，系统性地梳理客船在建造及航行各阶段的试验项目，并深入剖析每项试验所需的技术条件。研究关注航行过程中的调试与对外报验环节，逐项探讨其必要的技术条件，从而确立航行试验的总体技术框架。这一研究为高技术远洋客船的航行试验航次规划、计划管理及其他相关技术决策提供坚实依据。

结合高技术远洋客船各个系统及功能的设计指标和要求，在航行试验规范的基础上，优化整理航行试验的所有测试项目，通过对引进技术文件的消化和吸收，结合广泛的项目调研，针对高技术远洋客船设备种类众多，系统庞大、繁多，试验工况复杂的特点，梳理典型试验项目，并进行了试验目的、试验内容、试验所需技术条件及试验测试仪器、工具等分析研究。

高技术远洋客船的航行试验是一项系统性工程，不仅涉及船厂自身内部各相关施工及调试部门，还需船东、船检、海事、设备服务商及其他检验服务机构等的监管和相互配合，涉及面广，配合人员多，跨度时间长。不同参与方之间的工作界面复杂，相互信息传递量巨大，这就需要一个科学的组织体系来监督和协调，明确各方责任分工，保证及时准确的信息传递，从而打破沟通壁垒，消除信息孤岛，实现互联互通，提高航行试验的计划执行效率，保障试验项目顺利进行。

针对航行试验项目的特征与目标，需要通过研究航行试验项目管理的关键技术，梳理业务流程，建立起高技术远洋客船多航次航行试验体系，解决试验过程中的问题，达到控制风险、降低成本、确保质量、合理配置资源，保证航行试验顺利开展的目的。

2.2　高技术远洋客船航行试验体系

高技术远洋客船在进行航行试验前需要明确航行试验的程序，确保航行试验能够稳步有序进行。高技术远洋客船航行试验一般分为航行试验前准备工作、试验项目条件分析以及总体性能测试 3 个部分。对上述 3 个部分进行研究的主要目的是优化整合航行试验项目，统筹策划整个航行试验项目的先后次序、计划节点和人员配备，制定可控的航行试验周期，以求整个航行试验取得高效性、经济性和可操作性。

2.2.1　航行试验前准备

高技术远洋客船航行试验前必须进行系泊试验，检查所有影响高技术远洋客船航行试验安全的系统是否处于正常、状态，如检验起货设备是否正常工作、高技术远洋客船的压载水系统是否可靠、高技术远洋客船上的安全救生设备数量及布置是否满足相关规定的要求。将系泊试验中所有与航行试验相关的项目进行调试，如果不满足要求，马上整改到位。

主机试车时，项目组应按海事局规定，挂上动车的信号旗，晚上要在艏、艉挂好信号灯，并根据船只的吨位大小，配备适当的缆绳，前后的船只必须保持一定的距离，防止意外事故的发生。进行系泊试验时，需要全面考虑船舶在航行试验时所有可能面临的试点情况，所以需要对工作发电机的工作情况进行检测，例如，在工作发电机失灵时，备用发电机及时启动以及并网发电的情况；应急发电机自启动发电以及对应急用电设备的供电情况。在保证主机安全的前提下，一些泵在规定的时间内按照要求有序地自动启动功能。动车过程中，人员一律停止工作。特殊需要作业的，必须经项目经理同意，并指定专人监护。在动车时，上下扶梯、浮桥应有专人监督，禁止人员上下。带缆绳也必须有专人检查，防止绳断船移。

在航行试验开始前的 48 h 内进行准备，对除主机以外的其他设备进行运行检测，确保这些设备在高技术远洋客船航行试验过程中不会突然失灵。提前将所有航行试验项目按照试验大纲的要求进行分割，并将各部分航行试验内容按照工作人员任务分发到相应工作人员的手中，并且让所有工作人员在航行试验前就对他们的工作内容进行了解，以免航行试验过程中无序状况的发生。同时，分发到航行试验工作人员手中的手册需要尽可能简练，方便工作人员熟悉。

航行试验前准备步骤分解如下：

(1) 由项目部牵头与船东、船检开会，根据高技术远洋客船建造周期以及相关手续审批的进度，初步确定航行试验日期。

(2) 根据航行试验日期，由综合办公室联系政府相关部门办理高技术远洋客船航行试验证书。

(3) 由项目部编制航行试验前必须完成的项目计划或者扫尾计划。在航行试验前 2～3 周开第一次航行试验前准备会议，并最终确定航行试验日期，提前(合同有规定)书面通知船东、船检航行试验日期。

(4) 由项目部提前 2 周编制《航行试验服务工程师需求计划》。除各设备的服务工程师外，还有测速、测轴功率的厂家；磁罗经校正师由综合办公室协助联系。

(5) 由生产管理部提前 2 周确定参加高技术远洋客船航行试验的船长和船员，或者专门的航行试验公司；根据船厂自身的情况确定是否要联系出港时的拖轮，如果需要拖轮，则聘请驾驶员、引水员，安排随航拖轮及通信工具，协助办妥无线电通信手续，并派员上拖轮配合航行试验工作。

(6) 由项目部提前做好航行试验前通信导航设备的调试工作，邀请船级社认可的厂家进行通信导航设备检验，并出具证明(为了确保在航行试验过程中准确掌握高技术远洋客船的位置、航速、航迹角等信息，高技术远洋客船自动识别系统设备必须在航行试验前安装完毕，并调试成功)。

(7) 由项目部在航行试验前 2～3 周提出航行试验油料申请单，物资部采购。

(8) 由安全与环境部(安环部)、项目部在航行试验前 2～3 周编制《航行试验应急预案》《航行试验值班管理规定》，办理航行试验证书时可能需要；在航行试验前 2～3 天，由安环部填写航行试验应急部署表，并张贴在驾驶室和主甲板；根据航行试验人员数量配置足够的救生衣；提前做好应急通道标识和各区域消防器材布置。

(9) 由项目部准备出港当天和航行试验中天气预报和港池潮水情况的通知、航行试验中专用工具领取单、备用油料清单、备用物资采办计划；根据航海试验大纲编制航海试验计划参加航行试验人员名单；做好航海人员住舱分配(必要时加装临时厕所及临时集装箱)。

(10) 由项目部编写《备航确认表》，提前一周下发给各单位。

(11) 由项目部编制进出港压载程序、航行各状态压载程序、强度试验状态压载程序；准备全船的图纸资料和各设备厂家提供的随机资料及图纸；准备航行试验中使用的航海试验大纲(中英文)各 6 份。

(12) 由项目部提前 1 周申请航行试验伙食费用和航行试验应急备用金，其中航行试验伙食费用由公司食堂领取，根据参加航行试验人员及数量进行生活用品采购，项目部可以另列一份船东、船检所需的物资清单给公司食堂一并采购；航行试验应急备用金由航行试验总指挥领取。

(13) 由质量部准备航行试验打印机、航行试验日报表、航行试验技术资料、图纸、说明书。

(14) 由项目部牵头在航行试验前 3～4 天召开航行试验会议，确定航行试验领导小组人员名单、航行试验总指挥、航行试验中各小组的组长及成员。航行试验各部门管理职责如下：

①工艺工法部：负责编制码头人员登船、物资吊运方案，码头动能源布置方案，船舶试航物资固定要求；提供前坞室布置图、落墩要求及坞墩载荷计算报告、码头吊车及登船梯布置图；识别试航过程中的风险，并制定规避、减轻和解决方案，形成风险登记册；提交试航前安全检查表。

②开发部：负责提供全船重量分布报告；明确试航加水舱室及舱室加水状态、编制试航过程浮态计算报告；配合供应商试航前装载计算机的功能测试；识别试航过程中的风险，并制定规避、减轻和解决方案，形成风险登记册；提交试航前安全检查表。

③设计一部：负责下发系泊阶段必须调试项目清单、试航后检验项目清单、交船后检验项目清单；提供试航必须完成的试航项目清单、码头系泊方案；提供船舶试航后进坞落墩后舱室放水方案；下发船东供应品及备品备件清单；提供码头靠泊临时外加电流阴极保护系统(ICCP)布置图；识别试航过程中的风险，并制定规避、减轻和解决方案，形成风险登记册；提交试航前安全检查表。

④高技术远洋客船项目部：负责编制试航指挥网络体系、船上陆上人员部署表；组织召开试航双周协调会议、试航前安全检查会议、工作安全分析(JSA)会议等项目类会议；负责高技术远洋客船试航开航拖航外包合同的编制、签订、审价和结算；统计汇总各部门试航过程中的风险识别，并形成风险登记册；编制各部门试航安全检查表、试航计划、试航程序变更流程；汇总存档各相关部门安全试航检查表；协调各相关部门试航期间试验流程作业；调解试航过程中问题；试航中安排值班人员；与海事部门报备和协调试航相关事宜；识别试航过程中的风险，并制定规避、减轻和解决方案，形成风险登记册；负责试航期间房间分配。

⑤民船与海工项目部：负责协调高技术远洋客船试航相关配合工作。

⑥精度技术部：负责试航监测项目梳理；与监测单位对接并协调相关事宜；识别试航过程中的风险，并制定规避、减轻和解决方案，形成风险登记册；提交试航前安全检查表。

⑦安环部：负责监督检查全船现场作业安全和消防管理工作；负责试航登船证的制作和发放；编制试航作业指南；协助试航总指挥进行应急疏散演练及消防演习；监督和组织各部门检查试航所用的消防和救生设施、设备的配置情况；提交试航前安全检查表。

⑧品质保证部：负责取得试航证书；确认试航前必要项目报验状态；记录试航报验项目所需相关数据；确认组织试航后需检查项目；组织船东、船检检验相

关工作；组织振动噪声测试、航速及操作性试验；识别试航过程中的风险，并制定规避、减轻和解决方案，形成风险登记册；提交试航前安全检查表。

⑨高技术远洋客船内装部：负责试航期间供应商施工团队的管理；固定及绑扎船上内装临时物资；配合试航期间调试相关作业；负责试航期间船用厨房、餐厅和冷库的设备使用管理及巡查工作；负责试航期间各部门人员使用房间临时保护工作；识别试航过程中的风险，并制定规避、减轻和解决方案，形成风险登记册；提交试航前安全检查表。

⑩搭载部：负责配合船舶离泊靠泊工作；完成试航前必须完工项目清单；识别试航过程中的风险，并制定规避、减轻和解决方案，形成风险登记册；提交试航前安全检查表。

⑪总装二部：负责舱室封舱工作、试航前舱室加水及接驳水工作、试航前舱室加油工作、试航压载调整；完成试航前必须完工项目清单；确认救生艇、救生筏操作人员到位情况；固定及绑扎船上临时物资；负责试航期间供应商施工团队的管理；识别试航过程中的风险，并制定规避、减轻和解决方案，形成风险登记册；提交试航前安全检查表。

⑫总装一部：负责配合试航相关作业；负责完成试航前必须完工项目清单；固定及绑扎船上临时物资；负责试航期间供应商施工团队的管理；识别试航过程中的风险，并制定规避、减轻和解决方案，形成风险登记册；提交试航前安全检查表。

⑬涂装部：负责试航期间脚手架搭拆事宜；确保试航前舱室油漆完工；负责试航期间结构绝缘、管系绝缘敷设和拆除工作；负责试航期间供应商施工团队的管理；识别试航过程中的风险，并制定规避、减轻和解决方案，形成风险登记册。

⑭生产保障部：负责编制试航期间后勤保障管理规定(包含餐饮、后勤物资、医疗、救生衣/圈的管理)；负责试航期间后勤保障工作(包含餐饮、后勤物资、医疗、救生衣/圈的管理)；负责试航前动能源拆除工作；识别试航过程中的风险，并制定规避、减轻和解决方案，形成风险登记册；提交试航前安全检查表。

⑮采购部：负责试航期间供应商的管理；负责船只码头加油及油品化验工作。

⑯集配部：负责试航期间备品备件管理；负责试航期间拖轮保障工作。

(15)航行试验前 1 天，由安环部做航行试验前安全教育。由生产管理部安排航行试验中值班表、航行试验中单边带对讲布置和航行试验当天港池清理；高技术远洋客船随时备航。

(16)本航次高技术远洋客船船员原则上在航行试验36 h前到达高技术远洋客船舶，最迟在航行试验 24 h 前到达高技术远洋客船舶，熟悉每个岗位的设备设施并进行演练，正确掌握操作规程，熟知应急预案的措施。

2.2.2　航行试验特点

(1) 高技术远洋客船航行试验概述

船舶建造的最后阶段要通过航行试验对船舶进行最终验收。航行试验是高技术远洋客船建造过程中的重要环节，它严格按照预定的大纲、相关标准和海事法规进行。这一试验过程旨在全面检验船舶的功能和性能，包括推进系统功能、操纵性、稳定性以及各类船载设备的运行状况。通过航行试验，可以验证船舶的总体性能是否达到预期标准，同时确保所有设备均符合法律法规和满足建造合同的要求。这一步骤对于确保船舶安全可靠并满足运营需求至关重要。

航行试验是指船舶在航行试验水域实船航行进行更全面的测试。系泊试验完成后，要解决系泊试验中发现的质量问题，直到满足航行试验条件后，方可进行航行试验。在航行试验中要测定高技术远洋客船的航速、操纵性、回转性、航向稳定性、惯性和指定航区的适航性等。因此，进行航行试验至关重要。这一试验能够全面检验船舶在真实航行环境下推进系统的效能，以及各类机电设备的实际运行性能。通过这一关键环节，可以确保船舶在交付后能够稳定、安全地执行各项任务。

(2) 高技术远洋客船航行试验特点

高技术远洋客船不同于一般的船舶，其上的绝大部分设备设施都是全新的。虽然航行试验前会对其设备设施进行调试，但与正常工作状态依然有所差距，对设备设施性能好坏不能准确掌握。高技术远洋客船航行试验有以下特点：

① 高技术远洋客船设备设施的不稳定性和复杂性。例如，主机只有在航行试验时才能开启，且只有航行试验时才知道主机质量的好坏，同时还有其他的设备设施需要在航行试验中才能发现问题并进行解决。而且高技术远洋客船更是大量设备系统的集成体，有更加复杂的电力负载需求，对其设备设施相互作用情况无法判定。

② 航行试验人员对高技术远洋客船感性认知不足，航行试验人员之间协调性差。为了满足航行试验人员数量要求，可能存在航行试验人员的不适任问题，例如，航行试验人员不熟悉操作设备设施，对设备的性能、基本原理等存在认识不足。当遇上突发状况时，不能有效地进行避险，或者操作人员不知道如何有效避险。

③ 船舶操纵的突发性、多变性和高强度性。由于航行试验是全面地检查高技术远洋客船在航行状态下主机、辅机以及各种机电设备和系统的使用性能，在航行试验中需要测定高技术远洋客船的航速、操纵性等，这些过程往往伴随突发性、

多变性、高强度性。

④ 对水域要求的特殊性。高技术远洋客船在航行试验过程中经常变向或变速，对水域宽度、稳定性、通航环境有一定的要求。因此进行海上航行试验需要满足相应的试验水域条件，否则会给海上试验带来风险。在航行试验过程中，若高技术远洋客船设备发生故障并遇上大量通航船舶，则容易发生海上交通事故。

⑤ 船上人员多且构成复杂。在航行试验时，船上人员除了船员外，还有船厂工人、船东代表、船检人员等调试人员，多数人员为非海上工作人员。因此高技术远洋客船船长在航行试验过程中十分重要。高技术远洋客船上有船厂领导、部门领导等，若航行试验中生产和安全存在不协调的情形，需要通过船厂或部门领导来协调。高技术远洋客船船长既要对高技术远洋客船和航行试验人员的安全负责，又要配合船厂完成好各个航行试验项目，在确保安全的前提下，尽可能满足航行试验项目的需要。

从航行试验的特点可以看出，航行试验中船舶自身、人员以及航行试验水域等都对高技术远洋客船航行试验的顺利完成有影响。

船舶功能试验是航行试验的重要组成部分。高技术远洋客船的船舶功能试验包括总体性能试验、轮机系统试验、船舶电气系统试验、系泊及救生设备试验 4 个部分。

总体性能试验部分是对高技术远洋客船进行全面评估的关键环节。为确保试验的准确性和有效性，需要根据船舶性能试验的考察点，将总体性能试验细化为多个具体的试验项目。这些项目涵盖了船舶的推进性能、操纵性、稳定性以及其他关键性能指标，旨在全面评估船舶在航行状态下的总体性能表现。通过这一系列的试验项目，能够更加精确地了解船舶的性能特点，为后续的优化和改进提供有力支持。针对总体性能试验每个具体项目，需深入研究其特点，并据此收集相关资料，确定相应的试验方法和步骤。基于这些研究，形成与总体性能试验紧密对应的航行试验程序。该程序涵盖航行性能、船舶能效设计指数（EEDI）试验以及操纵性能等关键的海上试验项目。同时，该程序还明确了总体性能试验的组织架构，包括测试人员的分工、测试工具的选择以及试验物资的筹备。这一完善的试验程序和组织架构，能够确保总体性能试验的顺利进行，从而全面评估高技术远洋客船在航行状态下的性能表现。

轮机系统试验是评估高技术远洋客船性能的重要环节，涵盖主推进系统、发电机组燃油消耗、海水淡化系统等多项关键的海上试验。为确保试验的准确性和有效性，需要针对轮机系统试验每个项目的特点，深入研究相关规范、资料图纸等，形成与轮机系统试验相对应的航行试验程序。该程序明确了轮机系统试验项目的具体内容，并详细规划了轮机系统试验的组织架构。在轮机系统试验组织中，需要明确试验人员的分工，并准备必要的试验物资，以确保试验的顺利进行。这一完善的试验程序和组织架构，能够全面评估轮机系统的性能，从而确保高技术远洋客船在航行中的可靠性和安全性。

在进行船舶电气系统试验时，根据高技术远洋客船电气系统的不同功能，将试验细化为多个具体的项目，每个项目都有其独特的特点和要求。为了确保试验的准确性和有效性，需针对每个具体的电气系统试验项目，收集并研究相关的规范和设备资料。基于这些研究，制定与船舶电气系统试验相匹配的航行试验程序。该程序详细规定了每个试验项目的操作步骤和方法，确保了试验的顺利进行。同时，该程序还涵盖试验过程中可能遇到的问题和解决方案，以确保试验的安全性和可靠性。通过这一细致的试验规划，能够全面评估船舶电气系统的性能，为高技术远洋客船的安全航行提供有力保障。

系泊及救生设备试验是高技术远洋客船建造过程中不可或缺的一环。为确保试验的准确性和有效性，根据船舶系泊及救生设备的不同功能系统，将试验细化为多个具体的项目，包括艏侧推、救生艇和救助艇等海上试验。每个试验项目都针对特定的设备功能进行考察，以确保其性能符合相关标准和要求。在试验组织方面，明确试验人员的分工，准备必要的试验工具和试验物资，以确保试验的顺利进行。通过这一系列的试验，能够全面评估系泊及救生设备的性能，为船舶的安全航行提供坚实保障。

2.2.3 航行试验实施计划

航行试验的具体内容详见表2-1。

表2-1　航行试验的具体内容

序号	调试文件	试验目的	试验内容	试验前准备工作
1	通用报警测试	对全船的报警系统进行测试和数据记录	1.根据 TMF24.02文件中的位置列表进行逐舱室内警报声压级测试 2.测试结果与 TMM0706 中背景噪声声强测试结果相比较，考查差值是否达到规范要求	1.系统设备工厂检验完成 2.系统各阶段安装、检测、验收完成 3.整个系统安装完工，功能可用，具备航行试验状态下抽样测试条件
2	公共广播测试	对全船的公共广播系统进行声压测量和数据记录	1.根据 TMF24.03文件中的位置列表进行逐舱室内警报声压级测试 2.测试结果与确定的考查差值是否达到规范要求	1.系统设备工厂检验完成 2.各阶段安装、检测、验收完成 3.整个系统安装完工，功能可用，具备航行试验状态下抽样测试条件

续表

序号	调试文件	试验目的	试验内容	试验前准备工作
3	EEDI 测速	测试 75%最大持续功率(MCR)推进下实船航速，并计算获得的 EEDI 值	1.在设计吃水 8.26 m(±10 cm)状态下，10 倍吃水水深海域，分别在 47%、65%、75%和 100%吊舱轴功率下测定航速 2.每个功率点下进行来回反向的各 10 min 航速，并同时记录风速、海况、水深等数据 3.对记录数据按照 ISO 15016 规则进行修正 4.计算得出最终获得的 EEDI 值	船舶具备航速测定状态，航行至足够水深区域
4	合同航速测试	验证航速是否达到合同要求	1.船舶状态调整至测速状态 2.在 47%推进功率下跑 4 个来回，测定航速、风速、水深、海况数据 3.在 75%推进功率下跑 2 个来回，测定航速、风速、水深、海况数据 4.在 100%推进功率下跑 4 个来回，测定航速、风速、水深、海况、吃水数据 5.数据处理，并进行必要的功率修正	1.坞内清理污底，保证船体和螺旋桨干净 2.测速前船舶浮态调整完毕，尽可能调至平浮，保证在设计吃水±10 cm 以内 3.减摇鳍回收 4.测速水域水深 10 倍吃水
5	操纵性试验	在载重线吃水下，测定高技术远洋客船的转向、急停、航向稳定性等 IMO 和规格书中要求的操纵性能指标是否达到	1.100% MCR 下全速急停试验 2.低速下单吊舱可用时的船舶操纵性 3.刹惯性试验 4.Zig-Zag 试验 5.转向试验 6.威廉逊旋回试验 7.横移试验	1.船舶调至压载状态，平浮，吃水尽量接近设计吃水 2.维持航向稳定，航速保持 IMO 要求航速(85%MCR 对应航速的 90%以上) 3.测速水域水深 4 倍吃水 4.海况良好，风速不超过 5 级，海况不超过 4 级
6	全船噪声测试	测试试验大纲中指定处所的声压等级	使用声压仪测定指定处所的声压等级，并记录数据	在 2 级风以下，设计吃水状态，10 倍吃水的水深水域，推进器功率升至 100%
7	全船振动测试	测试试验大纲中指定位置的振动水平	测定指定处所的振动水平参数，并记录数据	在 2 级风以下，设计吃水状态，10 倍吃水的水深水域，推进功率升至 100%
8	机器设备振动测试	测定船上机器设备工作时的自身振动水平，以考查和验证其可靠性	对试验大纲列表中的机器设备进行振动水平测试，并记录数据	所测机器设备进入稳定运转状态

续表

序号	调试文件	试验目的	试验内容	试验前准备工作
9	艏侧推振动测试	测定艏侧推引起的结构噪声和侧推器上部的起居处所内的振动、噪声水平	1.测定侧推电机振动水平 2.测定由侧推器传导的结构噪声水平 3.测定侧推器上方起居处所内指定位置的振动和噪声水平	1.侧推器安装及功能调试完成 2.艏侧推 100%功率，辅机正常工作 3.在 2 级风以下，10 倍吃水的水深水域
10	声音绝缘测试	测定试验大纲列表中指定处所间的隔声水平(声衰)，考查是否满足规格书要求	在声源处所设置噪声声源(同时测定声源声压级)并在指定相邻舱室测定噪声声压级，并记录数据	1.测试处所和房间应处于完全完工状态 2.确保外部噪声不会影响测试结果
11	敲击声音绝缘测试	测定试验大纲列表中指定处所上部甲板的冲击噪声隔声水平(声衰)，考查是否满足规格书要求	1.在所考查甲板上放置冲击发生器 2.在该甲板下方处所内测取声压数据，考查其是否满足规格书要求	1.测试处所和房间应处于完全完工状态 2.确保外部噪声不会影响测试结果
12	机器运转噪声影响测试	测定船上部分机器设备开始运转时对其周围舱室内噪声水平的增加影响是否在规格书要求范围内	1.在试验大纲附件中指定的设备正常运转时，测定其附近指定处所的噪声水平(测点选为乘客睡眠位置) 2.与该处所背景噪声水平相比较，考查设备运转造成的声压级升高是否超过规格书限制	1.试验涉及的相关机器设备具备涉及工况下运转能力 2.已完成要求的舱室噪声测试 3.被测舱室内装尽量完成，如在未完成状态下开展试验则视结果偏保守 4.确保外部噪声不会影响测试结果
13	舱底及压载水系统试验	舱底及压载水系统泵及系统功能性试验，包括油水分离和防横倾系统	1.污水井检验：液位开关及舱底管路吸口 2.舱底水系统：舱底泵测试(离心泵闭阀试验) 3.日用舱底水系统：日用舱底水泵测试及油水分离器测试 4.防横倾系统：防横倾泵测试及系统功能试验 5.压载系统：压载泵测试，压载水处理装置测试及系统功能试验	1.系统设备调试结束 2.管路试压及冲洗完成 3.阀门遥控系统及舱室液位遥测系统调试完工 4.监测与控制系统(IAMCS)遥控及就地控制
14	蒸汽及凝水系统试验	锅炉及蒸汽系统功能试验	1.燃油锅炉：所有报警点和控制板功能 2.废气锅炉：主机 85% MCR，前后机舱各选一台 3.输送泵测试 4.锅炉安全阀测试 5.汽包蓄压试验	1.系统设备调试结束 2.管路试压及冲洗完成 3.主发电机完成负荷试验 4.海水冷却系统调试结束 5.IAMCS 遥控及就地控制

续表

序号	调试文件	试验目的	试验内容	试验前准备工作
15	造水机系统试验	造水机功能试验	1.测试设备所有报警点及遥控功能 2.单次单台造水机功能试验 3. 4 台造水机同时进行功能试验	1.海水冷却系统调试结束 2.主发电机完成负荷试验 3.主机高温 4.冷却水系统调试结束 5.海水冷却系统调试结束 6.IAMCS 遥控及就地控制
16	海水及淡水冷却系统试验	系统功能试验并按设计设定平衡阀	1.泵组功能试验，离心泵闭阀测试 2.热交换器功能试验，流量及压损测量 3.三步平衡阀设定：系泊设定(交验)初次航行试验优化设计，二次航行试验最终设定	1.系统设备调试结束 2.管路试压及冲洗完成滤器及热交换器清洁 3.IAMCS 遥控及就地控制
17	燃油系统试验	系统功能试验	1.输送泵组测试 2.供油单元功能测试 3.分油机单元功能测试 4.快关阀系统功能测试	1.管路试压及冲洗完成 2.IAMCS 遥控及就地控制
18	EEDI 验证试验	系统抽样试验	略	略
19	蒸汽发电机组试验	系统功能试验	1.汽轮机启动 2.汽轮发电机组并车操作 3.汽轮发电机组负荷测试 4.汽轮机停车	1.系统设备调试结束 2.蒸汽及凝水系统调试结束 3.IAMCS 遥控及就地控制
20	耐久性试验	设备及系统功能试验	1.推进器最大设计输出功率运转 4 h 2.推进器最大持续输出功率运作 2 h 3.推进器最大倒车功率	1.主发电机负荷试验完成 2.推进器系统调试完成
21	生活污水处理系统运营检验	功能试验	取样检验	相关收集系统试验结束
22	焚烧炉操作试验	焚烧炉操作试验	1.准备足够 3 h 焚烧的干垃圾 2.干垃圾输送系统试验 3.干垃圾焚烧系统试验	1.系统调试结束 2.足够 3 h 焚烧的干垃圾
23	食品垃圾管理系统正常操作模式试验	系统功能试验	略	略
24	中压配电板快速优先脱扣试验	中压配电板快速优先脱扣功能验证	1.多模式下防火测试协议(FPT)功能测试 (1)3 台机组在网的进出港模式 (2)4 台机组在网的进出港模式 (3)3 台机组在网的进出港模式，联络开关断开 (4)3 台机组在网的航行模式 (5)2 台机组在网的航行模式 2.海试阶段的单机组失效 FPT 功能测试	1.机械完工 2.电气完工 3.仪表完工 4.远程功能完工

续表

序号	调试文件	试验目的	试验内容	试验前准备工作
25	自动化系统试验	自动化系统船级社符号验证	1.无人机舱测试 2.报警记录 3.主参数记录 4.操纵测试	1.系统完整性 2.遥控检查
26	黑启动试验	失电测试	1.不使用失电 MgO 泵情况下的电源恢复 2.通过功率管理系统(PMS)使用失电 MgO 泵启动情况下的电源恢复	1.系统完整性 2.电气检查 3.遥控检查
27	联合操纵系统测试	联合操纵系统测试	1.开机和调整 2.交付和演示 3.故障模式分析	1.系统完整性 2.移动部件 3.系统清洁 4.底座紧固 5.电气检查 6.仪表安装校验 7.遥控检查
28	导航系统试验	航行设备(综合驾驶台系统)测试	1.自动舵 2.船载航行数据记录仪(VDR) 3.电罗经 4.磁罗经 5.计程仪 6.测深仪 7.雷达 8.AIS	1.系统完整性 2.电气检查 3.仪表安装校验
29	磁罗经校正试验	磁罗经校正	1.校正前的偏差测量 2.偏差最小化 3 校正后的偏差测量	无
30	阴极保护功能测试	阴极保护功能测试记录	1.艏部系统初步检查 2.艏部系统测试 3.艉部系统初步检查 4.艉部系统测试	无
31	多台发电机并车试验	测试多台发电机并车运行的负载分配	1.一号和二号发电机的并车试验 2.一号、二号和三号发电机的并车试验 3.一号、四号和五号发电机的并车试验 4.一号、二号和四号发电机的并车试验 5.一号、二号和三号发电机的并车试验 6.一号、三号和四号发电机的并车试验 7.三号、四号和五号发电机的并车试验 8.三号和四号发电机的并车试验	1.系统完整性检查 2.运行自由度检查 3.电气检查 4.仪器仪表的合理安装、校准和认证 5.遥控功能检查

续表

序号	调试文件	试验目的	试验内容	试验前准备工作
32	发电机自动电压调节器测试	发电机自动电压调节器测试	1.负载测试： 发电机突卸试验 2.负载增加试验： (1)侧推马达 (2)空压机马达 (3)机舱变压器 (4)推进变压器	1.系统完整性检查 2.运行自由度检查 3.电气检查 4.仪器仪表的合理安装、校准和认证 5.遥控功能检查
33	安全返港测试程序	验证电力推进系统的设计：任意临界值范围内的火灾或单个水密舱进水后，能否满足安全返港的要求	1.左舷吊舱推进系统失效 (1)最糟情况的设定 (2)试验条件预设及最糟情况方案模拟 (3)最糟情况的影响 2.右舷吊舱推进系统失效 (1)最糟情况的设定 (2)试验条件预设及最糟情况方案模拟 (3)最糟情况的影响	1.系统完整性检查 2.运行自由度检查 3.设备清洁度检查 4.底座紧固 5.电气检查 6.仪器仪表的合理安装、校准和认证 7.遥控功能检查
34	推进控制系统海上试验	验证电推系统的功能性	1.推进控制系统海上试验 2.吊舱海上试验 3.遥控系统海上试验	1.系统完整性检查 2.运行自由度检查 3.设备清洁度检查 4.底座紧固 5.电气检查 6.仪器仪表的合理安装、校准和认证 7.遥控功能检查
35	推进系统海上试验程序	测量 11 kV 和 690 V 电网在不同推进马达功率和发电机装置下的总谐波失真	分别测量 11 kV 高压和 690 V 低压配电板的总谐波失真	1.系统完整性检查 2.运行自由度检查 3.设备清洁度检查 4.底座紧固 5.电气检查 6.仪器仪表的合理安装、校准和认证 7.遥控功能检查
36	能效设计指数的验证	能效设计指数的验证	记录相关电气数据： 1.主柴油发电机低温冷却系统淡水循环泵 2.主柴油发电机海水冷却泵 3.艏部机舱燃烧空气送风机 4.艏部机舱送风机 5.艉部机舱燃烧空气送风机 6.艉部机舱送风机	略

续表

序号	调试文件	试验目的	试验内容	试验前准备工作
37	抛锚试验	验证锚机和掣链器满足相关规范、功能使用等合同技术要求	1.抛锚试验 2.起锚试验 3.驾驶室控制板放锚测试	1.系统安装完整 2.部件运转正常 3.满足管系洁净度要求 4.基座固定检查 5.电气安装检查 6.仪表等附件安装校准检查
38	侧推器航行试验	验证侧推器满足船舶规格书技术要求，完成侧推器最终认可试验	1.最大螺距试验 2.回转试验（侧推器组合、侧推和吊舱组合不同工况） 3.横移试验(4 种不同风向) 4.侧推舵效试验	1.完成侧推器系泊试验项目和前期遗留项目 2.系统安装完整 3.部件运转正常 4.满足管系洁净度要求 5.基座固定检查 6.电气安装核查 7.仪表等附件安装校准检查 8.远程控制检查
39	减摇鳍航行试验	按设备技术规格书，完成航行试验阶段的减摇鳍认可试验，并记录测试结果	1.系泊试验阶段未完成项目 2.强制减摇试验(合同航速和船东选定航线) 3.重力油柜溢流流量试验	1.获取排水量和稳性高的数据，数据符合试验要求 2.准备额外的集油容器
40	送/抽风机试验	提供有关船上通风、排风和送风机测试的完整记录	1.风机转速测试 2.电压、电流、相位 3.气流测试	1.风机工厂试验 2.风管及支架提交 3.结构风管检查及补漆 4.设备提交 5.电气检查 6.风机逻辑验证 7.管道 A60 绝缘目测检查 8.通风风闸机械安装及调试
41	机舱温度测试	提供船舶运行时有关辅助机舱和主机舱温度测试的完整记录	机舱和辅机舱各选点温度	1.风机工厂试验 2.风管及支架提交 3.结构风管检查及补漆 4.设备提交 5.电气检查 6.风机逻辑验证 7.管道 A60 绝缘目测检查 8.通风风闸机械安装及调试 9.送/抽风机试验
42	暖通空调夏季试验	在合同条件下，在正常船舶运行过程中演示按设计参数运行的常规和应急 HVAC 系统，保持良好的船舶湿度和温度调节效率，演示空调冷水机组的容量正确性，并进行优化以达到指定的条件	1.各空调房间温度湿度测试 2.其他船东认为必要的测试	船舶正常运行

2.3　高技术远洋客船多航次航行试验方案设计

高技术远洋客船试验需要明确试验项目的内容和试验条件，保证各部分试验始终在有准备的情况下进行。同时，还需要明确各部分试验项目需要的人员、物资、设备，增加航行过程中各试验的容错率。综合以上关于航线选择、试验项目规划、风险源分析及试验过程风险评估研究，并结合高技术远洋客船各系统及功能的设计指标和要求，在航行试验规范的基础上，优化整理航行试验的所有测试项目，并形成航行试验项目总表。

针对目标要求，需结合国产首制大型高技术远洋客船的技术特点，罗列分析其航行试验项目的内容和技术条件等，在此基础上，充分利用各试验项目间的逻辑关系，统筹安排每次航行试验项目和计划节点，完成航行试验航次和试验计划安排。

高技术远洋客船两个航次航行试验计划见表 2-2、表 2-3。

表 2-2　航行试验第一航次试验计划

日期	序号	转速/(r/min)	水深/m	试验项目	耗时/min	开始	结束
7/15	D0-02	0	N/R	安全及应急逃生演习	120	7/15 15:00	7/15 17:00
	D0-03	0	N/R	发电机组、主推进器及艏侧推等设备备车检查	900	7/15 17:00	7/16 8:00
7/16	D1-01	0	N/R	离码头状态确认及吃水测量，约 8.1 m	60	7/16 8:00	7/16 9:00
	D1-02	20	N/R	离码头、航行	90	7/16 9:00	7/16 10:30
	D1-03	30	N/R	航行系统试验-海试部分	960	7/16 10:00	7/17 2:00
	D1-04	N/R	N/R	磁罗经校正	180	7/16 11:00	7/16 14:00
	D1-05	0	N/R	拖轮及无关人员离船	60	7/16 14:00	7/16 15:00
	D1-06	30	N/R	航行至锚地	480	7/16 15:00	7/16 23:00
	D1-07	0	N/R	下锚	90	7/16 23:00	7/17 0:30
7/17	D2-01	0	N/R	推进控制系统海试-ABB 进行系统设定	900	7/17 0:00	7/17 15:00
	D2-02	0	N/R	压载泵及扫舱泵功能试验，打压载及排压载功能试验	720	7/17 0:00	7/17 12:00
	D2-03	0	N/R	重油转换、加热、分离、输送等功能试验	1 200	7/17 0:00	7/17 20:00
	D2-04	0	N/R	压载水处理系统功能试验	240	7/17 8:00	7/17 12:00
	D2-05	0	N/R	消防和甲板冲洗水系统试验-HAT 剩余部分	240	7/17 8:00	7/17 12:00
	D2-06	0	N/R	压载调平至设计吃水 8.25 m±10 cm	180	7/17 12:00	7/17 15:00

续表

日期	序号	转速/(r/min)	水深/m	试验项目	耗时/min	开始	结束
7/17	D2-07	0	N/R	液舱液位检查-液位遥测系统试验	420	7/17 8:00	7/17 15:00
	D2-08	0	N/R	锅炉轻油转重油	120	7/17 12:00	7/17 14:00
	D2-09	0	N/R	主柴油机轻油转重油			
	D2-10	0	N/R	起锚	90	7/17 15:00	7/17 16:30
	D2-11	132	TBD	全船噪声测试：技术区域外检，其他区域内检			
	D2-12	132	TBD	全船振动测试：技术区域外检，其他区域内检			
	D2-13	65	TBD	通用报警测试：技术区域外检，其他区域内检	7 920	7/17 16:30	7/23 4:30
	D2-14	65	TBD	公共广播测试：技术区域外检，其他区域内检			
	D2-15	N/R	N/R	间歇性噪声测量			
	D2-16	0～132	N/R	推进系统海上内部测试	1 920	7/17 16:30	7/19 0:30
	D2-17	N/R	N/R	ICCP 功能试验	240	7/17 16:30	7/17 20:30
	D2-18	N/R	N/R	发电机自动调压器功能试验	480	7/17 16:30	7/18 0:30
7/18	D3-01	N/R	N/R	快速优先脱扣功能测试	480	7/18 1:00	7/18 9:00
	D3-02	132	N/R	发电机组并车负载分配试验-HAT 剩余部分	720	7/18 9:00	7/18 21:00
	D3-03	N/R	N/R	主发电机排气烟度测试	720	7/18 9:00	7/18 21:00
	D3-04	N/R	N/R	自动化-PMS 功能试验-HAT 剩余部分	1 800	7/18 9:00	7/19 15:00
	D3-05	N/R	N/R	自动化-智能电网功能试验	1 800	7/18 9:00	7/19 15:00
	D3-06	N/R	N/R	设备振动测量	1 320	7/18 9:00	7/19 7:00
	D3-07	N/R	N/R		720	7/18 9:00	7/18 21:00
	D3-08	132	N/R	大气冷凝器效用试验	600	7/18 21:00	7/19 7:00
	D3-09	132	N/R	机舱温度测试	600	7/18 21:00	7/19 7:00
	D3-10	N/R	N/R	造水机系统功能试验	900	7/18 21:00	7/19 12:00
7/19	D4-01	0～132	N/R	推进系统海试-A1 推进控制系统海试	1 440	7/19 2:00	7/20 2:00
	D4-02	N/R	N/R	蒸汽透平发电机试验-HAT 剩余部分	900	7/19 7:00	7/19 22:00
	D4-03	N/R	N/R	废气洗涤系统功能试验，柴油机 50%、60%、70%、80%、85%负荷各 30 min	300	7/19 17:00	7/19 22:00
7/20	D5-01	128/132	N/R	推进系统海试- A2 推进器海试	660	7/20 2:00	7/20 13:00
	D5-02	N/R	N/R	电网谐波测量	360	7/20 7:00	7/20 13:00
	D5-03	65	N/R	推进系统海试-A3 遥控功能海试	360	7/20 13:00	7/20 19:00
	D5-04	N/R	N/R	生活污水处理系统试验-HAT 剩余部分	600	7/20 13:00	7/20 23:00
	D5-05	N/R	N/R	生活垃圾处理系统试验-HAT 剩余部分	600	7/20 13:00	7/20 23:00

续表

日期	序号	转速 /(r/min)	水深/m	试验项目	耗时/min	开始	结束
7/20	D5-06	30	N/R	艏侧推器海上试验	600	7/20 13:00	7/20 23:00
	D5-07	30	N/R	艏侧推振动和噪声测试	600	7/20 13:00	7/20 23:00
	D5-08	N/R	N/R	减摇鳍系泊试验-HAT 剩余部分	600	7/20 23:00	7/21 6:00
	D5-09	65	N/R	减摇鳍航行试验	600	7/21 6:00	7/21 9:00
7/21	D6-01	N/R	N/R	联合操纵系统测试-海试部分	720	7/21 9:00	7/21 21:00
	D6-02	65	N/R	航行至抛锚/测速区域	420	7/21 21:00	7/22 4:00
7/22	D7-01	0	≥90	抛锚试验(90 m 水深)	180	7/22 4:00	7/22 7:00
	D7-02	0	N/R	推进系统状态检查并进行测速设定，船舶吃水 8.25 m±10 cm，减摇鳍收起	240	7/22 4:00	7/22 8:00
	D7-03	0	N/R	起锚	90	7/22 7:00	7/22 8:30
	D7-04	132	≥85	航速自测-100%推进功率计 1 圈测速	180	7/22 8:30	7/22 11:30
	D7-05	85	≥85	航速自测-75%推进功率计 1 圈测速	90	7/22 11:30	7/22 13:00
	D7-06	85	≥85	航速自测-65%推进功率计 1 圈测速	90	7/22 13:00	7/22 14:30
	D7-07	65	≥85	航速自测-47%推进功率计 1 圈测速	180	7/22 14:30	7/22 17:30
	D7-08	N/R	N/R	无人机舱试验准备，返航向锚地	150	7/22 17:30	7/22 20:00
	D7-09	N/R	N/R	超高频呼叫系统测试(驾驶室呼叫推进器)	90	7/22 17:30	7/22 19:00
	D7-10	112	N/R	无人机舱试验	720	7/22 20:00	7/23 8:00
7/23	D8-01	0	N/R	下锚	60	7/23 8:00	7/23 9:00
	D8-02	0	N/R	黑启动试验	180	7/23 9:00	7/23 12:00
	D8-03	0	N/R	增压器清洗试验	480	7/23 12:00	7/23 20:00
	D8-04	0	N/R	调整压载至返航状态	360	7/23 14:00	7/23 20:00
	D8-05	0	N/R	重油转轻油	60	7/23 20:00	7/23 21:00
	D8-06	30	N/R	起锚返航	600	7/23 21:00	7/24 7:00
7/24	D9-01	30	N/R	拖轮就位，引航员登船	90	7/24 5:30	7/24 7:00
	D9-02	≈5kn*	N/R	救助艇释放试验(左舷1艘,不低于5 kn)	120	7/24 7:00	7/24 9:00
	D9-03	0	N/R	靠码头/进 2#坞前坞室坐墩	300	7/24 9:00	7/24 14:00

* kn，节，航速单位，1 kn=1 nmile/h

表 2-3　航行试验第二航次试验计划

日期	序号	转速 /(r/min)	水深/m	试验项目	耗时/min	开始	结束
8/17	D0-02	N/R	N/R	安全及应急逃生演习	120	8/17 15:00	8/17 17:00
	D0-03	N/R	N/R	发电机组、主推进器及艏侧推等设备备车检查	900	8/17 17:00	8/18 8:00

续表

日期	序号	转速/(r/min)	水深/m	试验项目	耗时/min	开始	结束
8/18	D1-01	N/R	N/R	离码头状态确认及吃水测量，吃水约 8.1 m	60	8/18 8:00	8/18 9:00
	D1-02	20	N/R	离码头、航行	90	8/18 9:00	8/18 10:30
	D1-03	0	N/R	拖轮及无关人员离船	60	8/18 10:30	8/18 11:30
	D1-04	30	N/R	航行至锚地	540	8/18 11:30	8/18 20:30
	D1-05	0	N/R	锚地抛锚	120	8/18 20:30	8/18 22:30
	D1-06	0	N/R	柴油机轻油转重油	120	8/18 22:30	8/19 0:30
	D1-07	0	N/R	锅炉轻油转重油	120		8/19 0:30
	D1-08	0	N/R	推进系统状态检查	480		8/19 6:30
	D1-09	0	N/R	调整压载至测速吃水 8.25 m±10 cm	480		8/19 6:30
8/19	D2-01	0	N/R	液舱液位检查	90	8/19 5:30	8/19 7:00
	D2-02	0	N/R	起锚			
	D2-03	65	N/R	航行至测速水域	600	8/19 7:00	8/19 17:00
	D2-04	65	TBD	通用报警测试-第一次海试后剩余部分	5 760	8/19 7:00	8/23 7:00
	D2-05	65	TBD	公共广播测试-第一次海试后剩余部分			
	D2-06	132	TBD	全船噪声测试-第一次海试后剩余部分			
	D2-07	132	TBD	全船振动测试-第一次海试后剩余部分			
	D2-08	N/R	≥85	航速测速状态确认及推进动力系统设定，船舶吃水 8.25 m±10 cm，减摇鳍收起	720	8/19 17:00	8/20 5:00
8/20	D3-01	132	≥85	EEDI 航速测试-100%推进功率计 2 圈测速	240	8/20 5:00	8/20 9:00
	D3-02	132	≥85	合同航速-100%推进功率计 2 圈测速			
	D3-03	132	≥85	EEDI 电气用户功率测量			
	D3-04	100	≥85	EEDI 航速测试-75%推进功率计 1 圈测速 EEDI-75%	120	8/20 9:00	8/20 11:00
	D3-05	100	≥85	合同航速-75%推进功率计 1 圈测速			
	D3-06	85	≥85	EEDI 航速测试-65%推进功率计 1 圈测速 EEDI-65%	120	8/20 11:00	8/20 13:00
	D3-07	65	≥85	EEDI 航速测试-47%推进功率计 2 圈测速 EEDI-47%	180	8/20 13:00	8/20 16:00
	D3-08	65	≥85	合同航速-47%推进功率计 2 圈测速			
	D3-09	N/R	N/R	首次海试项目需要补测的项目-第一部分	780	8/20 16:00	8/21 5:00

续表

日期	序号	转速/(r/min)	水深/m	试验项目	耗时/min	开始	结束
8/21	D4-01	N/R	≥35	推进系统状态检查与设定，准备船舶操作性测试	120	8/21 3:00	8/21 5:00
	D4-02	132	≥35	100%推进功率下全速急停试验	180	8/21 5:00	8/21 8:00
	D4-03	132	≥35	推进控制系统海试A1-25/26应急停船			
	D4-04	25	≥35	低速下单吊舱船舶操纵性试验	90	8/21 8:00	8/21 9:30
	D4-05	85	≥35	IMO 航速惯性试验	120	8/21 9:30	8/21 11:30
	D4-06	85	≥35	威廉逊旋回试验	120	8/21 11:30	8/21 13:30
	D4-07	85	≥35	极限转向试验	120	8/21 13:30	8/21 15:30
	D4-08	85	≥35	Zig-Zag 换向试验	120	8/21 15:30	8/21 17:30
	D4-09	N/R	N/R	推进系统检查并进行耐久性试验状态设定	120	8/21 17:30	8/21 19:30
	D4-10	85	N/R	返航向锚地	600	8/21 19:30	8/22 5:30
	D4-11	132	N/R	耐久性试验-100%推进功率向前，8 h	480	8/21 20:00	8/22 4:00
	D4-12	132	N/R	推进器耐久性试验-A2 推进器海试			
	D4-13	132	N/R	主电力系统热成像扫描			
8/22	D5-01	N/R	N/R	中压/低压电缆，母排接口及低压变压器温度记录	120	8/22 6:00	8/22 8:00
	D5-02	N/R	N/R	推进系统安全返港功能试验	480	8/22 6:00	8/22 14:00
	D5-03	N/R	N/R	首次海试项目需要补测的项目-第二部分	1 080	8/22 14:00	8/23 8:00
8/23	D6-01	0	N/R	下锚	90	8/23 8:00	8/23 9:30
	D6-02	0	N/R	重油转轻油	120	8/23 8:00	8/23 10:00
	D6-03	0	N/R	调整压载至返航状态	480	8/23 8:00	8/23 16:00
	D6-04	30	N/R	起锚返航	600	8/23 16:00	8/24 2:00
8/24	D7-01	30	N/R	拖轮就位，引航员登船	60	8/24 2:00	8/24 3:00
	D7-02	N/R	N/R	靠码头/进 2#坞前坞室坐墩	360	8/24 3:00	8/24 9:00
	D7-03	N/R	N/R	柴油机缸套检查(每台机 4 号缸)	2880	8/24 9:00	8/26 9:00

2.4 本章小结

针对高技术远洋客船设备种类众多、系统庞大且繁多、试验工况复杂的特点，梳理出典型试验项目，并进行试验目的、试验内容、试验所需技术条件及试验测试仪器、工具等分析研究。

对包括航行试验项目和首航运营试验项目在内的试验内容根据建造船厂的设施条件、技术能力和管理体系等重点开展相关的技术研究。同时开展试验工序前移研究工作，即将后续阶段进行的试验项目或者试验内容优化前移至前一阶段，尽量将海上试验项目前移至系泊试验阶段进行，以达到提高试验效率、节约成本的目的。针对研究的目标船型特点，共梳理出 9 个试验项目试验内容前移至系泊试验阶段，4 项首航运营试验阶段部分试验内容前移至航行试验阶段，总航行试验项目 42 个，依此开展相应的技术研究，从而大大压缩了航行试验的单个航次周期。

第 3 章　高技术远洋客船生活功能系统试验研究

3.1　概　　述

高技术远洋客船的生活功能系统试验涵盖了多个关键试验项目，以确保船舶的生活保障系统、安全及管理系统、综合娱乐系统，以及空调通风系统等各项功能均能满足乘客的需求和安全标准。这些试验项目的目的在于验证这些系统在真实航行环境下的性能，从而保证乘客在船上的居住舒适度和整体满意度。生活功能系统试验研究技术路线如图 3-1 所示。

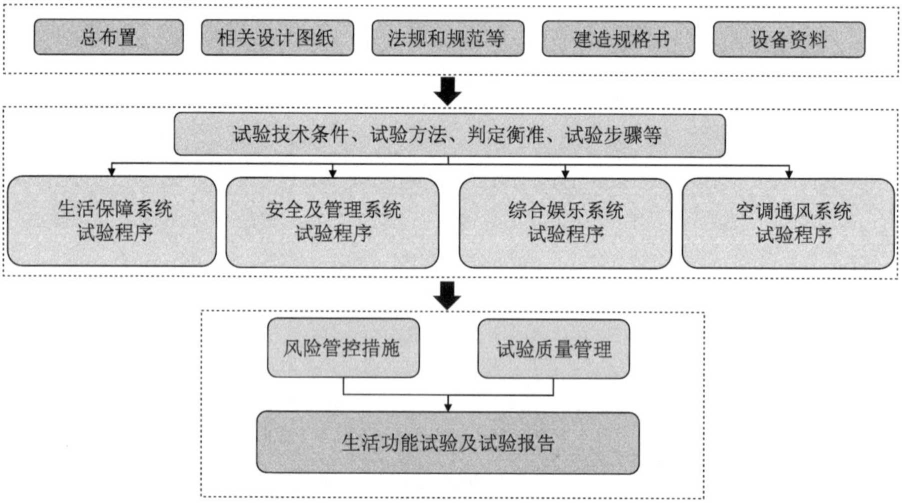

图 3-1　生活功能系统试验研究技术路线

首先，本章根据生活相关系统的设计和建造情况，将生活功能试验按照不同系统功能划分为 4 个子专题。

(1) 生活保障系统试验

生活保障系统试验是确保高技术远洋客船乘客日常生活需求得以满足的关键环节。在这一试验中，重点对通道系统、客房换洗系统、餐饮保障系统以及污水和垃圾收集处理系统等进行全面的海上试验。这些试验旨在验证各系统在航行状态下的实际运行效果，确保其性能稳定、安全可靠，为乘客提供舒适、便捷的船上生活环境。

本部分研究思路的核心在于根据生活保障系统功能的试验考核重点，首先，将其细化为多个具体的试验项目，以便全面评估和提升系统的性能。然后，根据各系统试验项目的特点，收集相关的法规规范资料、设计图纸、设备资料等进行试验技术条件、试验方法、判定衡准和试验步骤等研究，形成对应的航行试验程序。

为确保生活保障系统试验的成功率和每个航次的经济性，针对可能出现的异常情况，要制定详细的排查预案。预案中应深入研究生活保障系统试验的各个环节，分析影响测试结果的关键因素，并提出针对性的技术方法和步骤。这些方法和步骤旨在当试验结果异常时，能够迅速、准确地定位问题并进行排查。通过预案，形成高技术远洋客船生活保障系统试验的异常排查试验程序，以确保在面临挑战时能够迅速应对，保障试验的顺利进行。生活保障系统试验技术路线如图 3-2 所示。

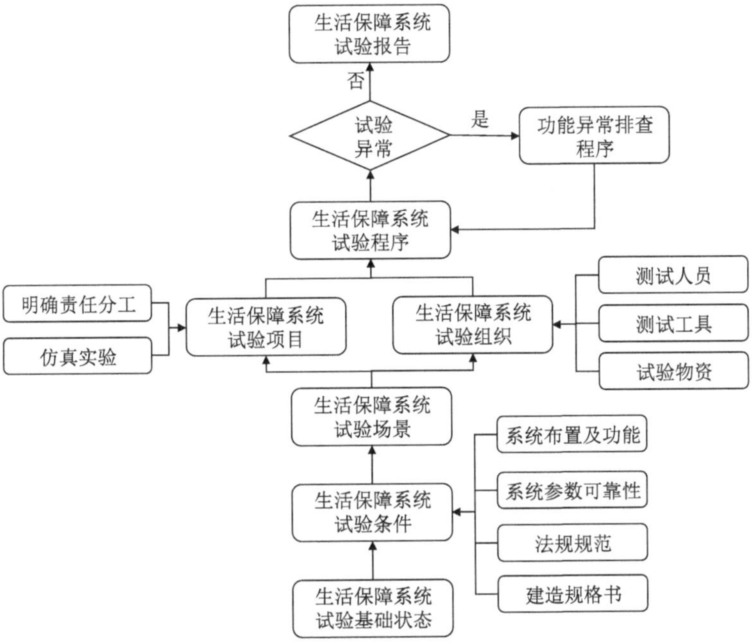

图 3-2　生活保障系统试验技术路线

(2) 安全及管理系统试验

安全及管理系统试验是确保高技术远洋客船在航行过程中安全无虞的关键环

节。该试验涵盖了安全管理系统、应急切断系统、火灾报警和气体探测系统(fire alarm and gas detector system，简称火气探测系统)、人员安保系统以及航行安全系统等多个方面的海上试验。这些试验旨在验证船舶在各种紧急情况下能够迅速、有效地响应，保障乘客和船员的生命安全。

根据各系统试验项目的特点，收集相关的法规规范资料、设计图纸、设备资料等进行试验技术条件、试验方法、判定衡准和试验步骤等研究，形成对应的航行试验程序。为确保试验的成功率，提高每个航次的经济性，针对安全及管理系统试验可能出现异常结果，无法达到设计的各项技术指标，造成相关的航行试验无法正常完成的现象，研究制定详细的排查预案。通过对安全及管理系统试验中的各个环节进行仿真研究，分析影响测试结果的关键因素，针对性地提出试验结果异常时进行排查测试的技术方法和步骤等，形成高技术远洋客船安全及管理系统试验异常排查试验程序，以备航行试验时使用。

(3)综合娱乐系统试验

高技术远洋客船综合娱乐系统的航行试验主要针对娱乐系统范畴内的高技术远洋客船室内外娱乐照明系统、音响系统、视频系统及其他根据需求配置的设施等。在航行试验过程中，遵循综合娱乐系统的试验程序，开展相关的功能和性能方面的测试，根据功能和性能指标检测系统试验结果的符合性，支撑后期返回码头进行系泊时的修订。高技术远洋客船综合娱乐系统的航行试验根据基于国产首制大型高技术远洋客船全船娱乐系统航行试验程序的研究成果，按照试验程序，在航行试验过程中，测试国产首制大型高技术远洋客船全船娱乐系统的各项功能和性能，检验其指标的符合性。

为确保试验的成功率，提高每个航次的经济性，针对综合娱乐系统试验可能出现异常结果，无法达到设计的各项技术指标，造成相关的航行试验无法正常完成的现象，还需研究制定详细的排查预案。通过对高技术远洋客船综合娱乐系统试验中的各个环节进行研究，分析影响测试结果的关键因素，针对性地提出试验结果异常时进行排查测试的技术方法和步骤等，形成高技术远洋客船综合娱乐系统试验异常排查试验程序，以备航行试验时使用。

在相应试验航次中按照各方正式批准的航行试验程序进行测试试验，并记录分析相关的试验结果，完成综合娱乐系统的航行试验。

依据综合娱乐系统航行试验程序研究成果和针对国产首制大型高技术远洋客船制定的综合娱乐系统航行试验程序，完成国产首制大型高技术远洋客船的综合娱乐系统的航行试验。综合娱乐系统试验程序研究流程如图 3-3 所示。

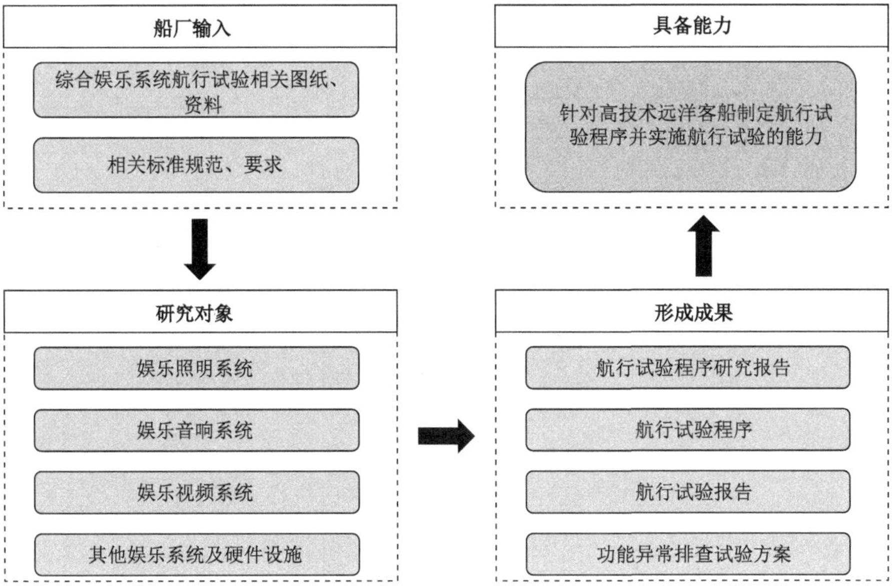

图 3-3　综合娱乐系统试验程序研究流程

(4) 空调通风系统试验

高技术远洋客船的空调通风系统试验是指空调通风海上综合联调试验，主要包括机舱区域和生活区域的机械通风系统、空调系统和水系统分别在正常工况和灾害状况下的海上联合调试。

首先，根据高技术远洋客船空调通风系统自身特点，针对系泊试验阶段、航行试验阶段和运营试验阶段不同的目的，正确划分海上航行阶段试验项目和试验内容。

然后，根据各功能试验项目的特点，收集相关的法规规范、设计图纸、设备资料等进行试验技术条件、试验方法、判定衡准和试验步骤等研究，形成对应的航行试验程序。

最后，为确保试验的成功率，提高每个航次的经济性，针对空调通风综合联调试验可能出现异常结果，无法达到设计的各项技术指标，造成相关的航行试验无法正常完成的现象，还需研究制定详细的排查预案。

通过对空调通风海上综合联调试验中的各个环节进行仿真研究，分析影响测试结果的关键因素，针对性地提出试验结果异常时进行排查测试的技术方法和步骤等，形成空调通风海上综合联调功能试验异常排查试验程序，以备航行试验时使用。空调通风海上综合联调试验技术方案如图 3-4 所示。

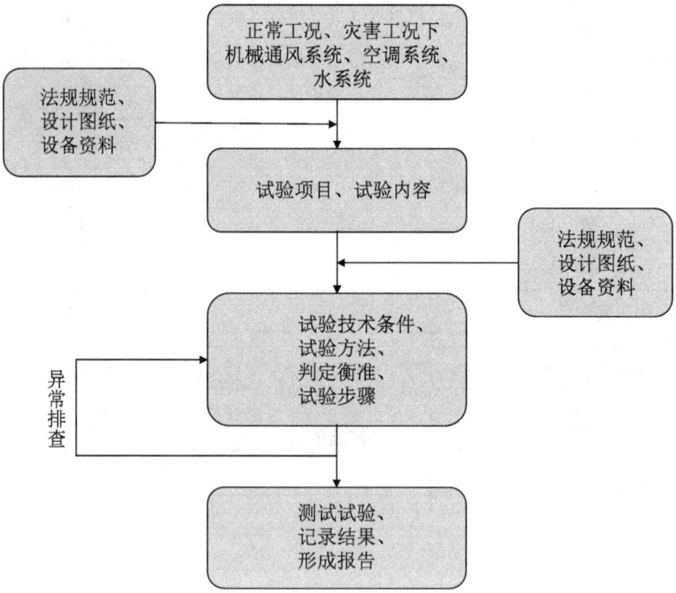

图 3-4　空调通风海上综合联调试验技术方案

后续将分章节，分别论述相关功能试验。

3.2　生活功能试验程序

高技术远洋客船作为现代船海技术的结晶，不仅需要提供安全可靠的航行体验，还必须满足乘客和船员对于生活和工作环境的舒适与便利需求。生活功能是这些需求中至关重要的一部分，其涵盖的系统如生活保障、安全及管理、综合娱乐、空调通风等，必须能够正常运转，以确保乘客和船员的居住体验和工作效率。因此，对相关系统的全面试验和验证，是实现这一功能保障的关键环节。

航行试验阶段研究了关键生活保障系统、安全及管理系统、综合娱乐系统以及空调通风系统的试验流程和试验方法。为确保这些系统的设计和建造符合适用的法规规范和满足建造合同的相关要求，需结合实船测试进行全面的验证。通过这一系列的试验和验证工作，确保这些系统在实际航行中的可靠性和稳定性，为船舶的安全运行提供坚实的保障。

本节研究高技术远洋客船的生活功能相关系统，旨在分析其在不同工况下的试验性能目标。通过结合模拟测试方法，建立评估生活系统运转和响应的有效手段。实际项目中，还需基于这些评估结果，参考相关规范，精心设计生活功能试验方案，形成详尽的指导性文件。这份文件需要详细规定试验条件、安全提示、程序步骤、数据记录及判定衡准，为掌握高技术远洋客船生活功能试验的关键技术提供全面的指导。

3.2.1　生活保障系统试验程序研究及应用

生活保障系统是保障船上全体乘员基本生活需求的关键系统，不仅要为全体乘员提供生存所需的水、食物和空气，还需要收集、处理代谢和生活产生的废物，同时还需要满足全体乘员的出行需求。生活保障系统直接关系到船上乘员的生命安全、身心健康和航行体验，因此，针对生活保障系统进行系统的综合测试分析，确保生活保障系统正确有效运作，是保证船舶可持续运营、提高安全经济效益的最基本要求。

(1) 生活保障系统试验体系研究

本研究需要基于高技术远洋客船实际航行过程中的生活保障系统的设计，系统研究航行试验阶段生活保障系统试验所涉及的技术性需求、试验程序、试验物资和试验方法。

首先，对高技术远洋客船的生活保障系统进行深入分析，明确其构成及功能目标。然后，在此基础上，参照相关的行业规范和建造合同要求，构建相应的试验指标体系。这一体系旨在全面评估生活保障系统在船舶航行过程中的性能表现，确保其满足设计要求，并为后续的试验工作提供明确的指导和依据。在构建的试验指标体系基础上，设计综合试验与部分模拟分析的方法论。这一方法论旨在建立不同运转工况下生活保障设施正常运行的试验指南体系，并特别关注特殊状态下(如火灾或进水事故后的安全返航、弃船撤离等)生活保障系统的特定运转状态。参考相关规范和标准，根据具体工况计算试验所需的人员和物资，并制定详细的生活保障系统试验程序。最后，通过实船航行试验，对航行中的服务和物资管理，废水废物的存储、处理和排放等能力进行全面考核。这一过程不仅综合评估和确定了生活保障系统的指标衡准和试验方法，还为未来实际运营中的系统运转、实时监测和状态评估提供了宝贵的数据支持和技术指导。

(2) 生活保障系统试验场景研究

生活保障系统是高技术远洋客船运营时完全投入使用的系统，系统的安装质量、不同负荷下的工作状态、技术性能和其他系统的关联及对其他系统的影响，直接决定远洋客船航行状态下的可靠性，关系到乘员的舒适性、远洋客船航行的稳定性和经济性，需要在航行试验阶段进行全面考核。

试验场景研究是对组成生活保障系统的设备和系统进行辨识，在多航次航行试验体系和试验方案指导下进行分析，以试验项目在安全、质量、进度和成本等方面全面受控为原则，协同船东、船检和其他服务商等各方共同推进项目的开展，制定航行试验阶段必须完成的试验内容，实现精准高效的航行试验项目管理，在计划周期内完成风险可控的航行试验。

(3)生活保障系统试验项目研究

① 通道系统试验

客船的出行包括乘客和船员的上下船过程以及在船体公共空间的活动。高技术远洋客船的通道系统主要涉及通道设备和登乘系统，其系统覆盖的主要设备包括楼梯、扶梯、电梯和舷梯等。

该系统功能的实现需要通过设备性能、配置方案、联合调试等体现出来。因此，高技术远洋客船通道系统的测试需要涉及以上系统设备的选型、布置、可靠性、调试和维护等方面。另外，为了能够明确测试的标准，需要在测试前进行试验指标的研究，并建立完整的试验指标设定流程。

本研究基于对高技术远洋客船通道系统的构成和功能目标分析，明确通道系统所涉及的所有设备和子系统的设备型号、性能信息和配置方案，参照相关规范和建造合同，初步设计形成相应的试验指标体系。

基于高技术远洋客船通道系统功能的研究，对通道系统的设备选型和布置进行详细研究和论证，研究通道系统试验所需要的测试设备、物资、参与人员数量、分配和流动方式等试验技术性条件。

通过设计人流数值参数，包括人流密度和人流活动速率等负载，分别针对关键通道系统设备，开展可靠性的研究，并对关键通道系统开展模拟仿真试验，研究高技术远洋客船出行保障系统在不同工况下的可靠性试验方法，建立不同人员负荷下通道系统设施的正常运转试验指南，以及特殊状态下(如火灾或进水事故后的安全返航状态、弃船撤离状态等)通道系统的特定运转状态试验指导手册；在紧急工况条件下，对通道系统在高负荷条件下的调试和系统管理的响应水平进行试验研究。测试后对结果进行收集和处理，并参考相关规范和标准，根据相应工况，形成高技术远洋客船通道系统的试验程序，应用于航行试验，并对试验的结果进行分析，完成试验。

② 客房换洗系统试验

客房换洗服务包括客舱和船员舱的清洁、被服清洗和烘干、存储等方面，因此客房换洗系统主要涉及舱房的被服清洗和烘干的设备及相应的子系统。

为了检验客房换洗系统的功能，需要设计合适的检验标准，因此需要基于乘员舱室区域的洗衣、烘干和熨烫的使用需求，存储空间需求以及设备布置、性能及相关规范的研究，建立相应的高技术远洋客船客房换洗系统的试验性能指标体系。

基于高技术远洋客船客房换洗系统的功能目标，研究论证客房换洗系统的设备选型和布置方案，分析客房换洗系统试验所需要的测试设备、物资、参与人员数量、分配和流动方式等试验技术性条件。

研究高技术远洋客船客房换洗系统的工作时间、工作负荷等参数的设计方法，设计客房换洗系统的设备性能、配置信息和人员清洁洗换情况等试验输入条件，在航行试验时，研究设计高技术远洋客船客房换洗系统在不同工况下的可靠性的试验方法，指标包括拆换时间、清洗和烘干时间、工作质量等，建立人员负荷下客房换洗设施的正常运转试验指南体系。基于被服存储空间的功能分析结果，研究被服存储空间的设计和布置检验方案。基于上述研究，对结果进行收集和处理，参考相关规范和标准，结合相应工况，形成高技术远洋客船客房换洗系统的试验程序，应用于航行试验，并对试验的结果进行分析，完成试验。

③ 餐饮保障系统试验

餐饮服务是高技术远洋客船服务的重要特色，提供了多种餐食种类(水果、蔬菜、肉类)、餐饮形式(自助餐、点餐)、餐饮空间(酒吧、餐厅、自助餐区)、餐饮服务时间(食物存储和加工时间、食物供应服务时间、餐饮用品和空间的清洁时间)等；而餐饮保障空间则主要包括食物存储空间(包括冷库、冰柜等)、厨房和餐厅等。餐饮保障系统为乘客和船员提供了食物存储、加工和饮食的空间、处理设备及管理保障，该系统主要涉及餐饮空间功能、环境控制和安全性监管、设备选型及布置、运行可靠性、安装和调试以及相应子系统。

高技术远洋客船餐饮保障系统的试验基于对餐饮保障各子系统的功能、容量、主要设备技术参数、建造规范及其他相关规范的研究结果，形成相应的试验性能指标体系，包括多个子系统，即食品的存储和加工、食品的供应服务和清洁处理等，试验指标包括存储环境指标、加工设备性能、运转效率等。

基于对餐饮保障系统功能和配置方案的分析，研究餐饮保障系统试验所需要的测试设备、物资、参与人员数量、分配和流动方式等试验技术性条件。研究餐饮保障系统的工作时间、工作负荷等参数的设计方法，对餐饮提供时间的人流和餐饮量进行预估研究，设计选择不同的参数，研究对餐饮保障系统的模拟试验方法，设计高负荷状态时餐饮保障系统在不同工况下的可靠性试验方案，指标包括菜品制作、进餐批次间的换台时间、工作质量等，建立人员负荷下餐饮保障设施的正常运转的试验指南体系，以及特殊状态下(如遇险或航期调整等)餐饮保障系统的特定运转状态的试验指导手册，并在航行试验时，对餐饮保障系统开展在典型工况下可靠性的实船试验。

基于以上的研究内容，参考相关规范和标准，制定高技术远洋客船餐饮保障系统的试验方案，形成餐饮保障系统的试验程序，应用于航行试验，并对试验的结果进行分析，完成试验。

④ 生活污水收集处理保障系统试验

生活污水收集处理保障系统是生活保障系统的重要组成部分。高技术远洋客船每天的运转会产生大量的生活污水。污水收集处理是将生活污水收集后经过专用设备处理，然后回收利用或排放到海中，主要涉及生活污水处理装置和生活污水消毒设备。随着国际航运业对污水处理和排放的要求不断提高，对高技术远洋客船的生活污水收集处理保障系统的检验要求也更加严格。

生活污水收集处理保障系统的试验研究基于船舶生活污水收集和处理相关法规、污水处理设备和系统功能原理及基本设计参数的分析，从排放水标准、设备和系统运行可靠性、自动工作要求及特殊要求等方面研究相应的试验性能指标体系。

分析生活污水收集处理保障系统设备（水质净化设备、排放管道等）的安装环境和配置方案，研究生活污水收集处理保障系统试验所需要的测试设备、物资、参与人员的数量和分配，以及污水种类和体积等试验技术性条件。

研究污水质量要求、试验持续时间、负荷系数等试验参数的设计方案，形成相应设备及系统进行排放水质量检测的方案；研究包括在紧急状态以及高温、低温、高湿度、振动的工况条件下对污水收集和处理系统进行可靠性的试验方案，确保排放水质符合要求；使用自动工作、误动作报警和人工紧急控制等性能标准，研究对该系统的自动工作的测试方案；分析研究该系统装设处所的安全性，形成污水收集排放系统的安全性测试方案。

基于上述研究，参考相关规范和标准，根据相应工况，形成高技术远洋客船生活污水收集处理保障系统的试验程序，应用于航行试验，并对试验的结果进行分析，完成试验。

⑤ 垃圾收集处理保障系统试验

船舶垃圾是指产生于船舶正常营运期间并需要连续或定期处理的各种食品废弃物、生活废弃物、操作废弃物、货物残留物、焚烧炉灰、食用油、渔具和动物尸体等，分为生活垃圾和生产垃圾 2 大类，其处理方法主要有 3 种，即暂时收存、粉碎处理和焚烧处理。

高技术远洋客船的载客量大，每天生产、生活所产生的垃圾量巨大。为了满足相关法规对环境保护和船舶运营管理的要求，需要对垃圾收集处理系统进行试验研究。

垃圾收集处理保障系统的试验研究基于对船舶垃圾收集和处理的相关法规、垃圾处理设备和系统功能原理及其基本设计参数的分析，从垃圾的分类、系统运行可靠性和联合调试等方面研究相应的试验性能指标体系。

基于对垃圾收集处理保障系统设备（分类设备、粉碎设备等）的安装环境、功能目标和相关规范的研究，对垃圾收集处理保障系统试验所需要的测试设备、物资、参与人员数量、垃圾数量和种类等试验技术性条件进行预估研究。

研究垃圾种类、试验持续时间、负荷系数等试验参数的设计方法，形成对相应设备及系统进行垃圾处理检测的方案；研究包括在紧急状态以及高温、低温、高湿度、振动等工况条件下对高技术远洋客船垃圾收集和处理系统的可靠性进行试验的方案，确保垃圾处理质量符合要求；对该系统的自动工作要求进行测试，要求能够自动工作、误动作报警和人工紧急控制；分析和研究对该系统装设处所的安全性的检验方案。

基于上述研究，对结果进行收集和处理，参考相关规范和标准，研究相应工况，形成高技术远洋客船垃圾收集处理保障系统的试验程序，应用于航行试验，并对试验的结果进行分析，完成试验。

(4) 生活保障系统功能异常排查试验研究

在航行试验阶段，为最大限度地提高航行试验的经济性，在试验发生结果异常时，需根据预先研究的排查方案，对影响试验结果的各个环节进行排查，找出试验失败的原因，为下一步解决问题提供技术依据。

高技术远洋客船生活保障系统功能异常排查试验研究是对各相关系统测试试验中的各个环节进行分析，剖析影响测试结果的关键因素，从而针对性地提出试验结果异常时进行排查测试的技术方法和步骤等，并根据实测试验的需要应用于排查试验中。

3.2.2　安全及管理系统试验程序研究及应用

高技术远洋客船安全及管理系统主要包括安全管理系统、应急切断系统、火气探测系统、人员安保系统和航行安全系统，各系统紧密联系，相互配合，全面覆盖了航行的全过程。因此，安全及管理系统的综合验收，不仅要分别对各子系统进行功能性检测，还要检验子系统之间协同运作的准确性与高效性。

为确保安全及管理系统的有效性，需要深入研究设计布置方案，并广泛收集使用指南、规范等关键信息。依托软硬件管理档案，采用单独检测与联调测试相结合的方法，全面评估各子系统的功能参数。通过运用设计指标，形成针对各子系统的功能性检测方案，确保安全及管理系统在实际应用中的可靠性和稳定性。在验证了各子系统的功能性后，需进一步研究各子系统间的配合运转检测。考虑到航行过程中可能遭遇的高速、高震、火灾等危险情况，要深入分析这些灾害对安全及管理系统的影响及其危害程度。利用模拟试验方法，研究并建立一个评估系统，用于衡量安全及管理系统在危急状况下的响应水平。同时制定详细的试验方案和程序，以应对各种危急状况。为测试整个系统在典型状况下的联调能力，设计相应的参与人员数量和物资配置，并通过模拟演习来检测系统的应急响应水平。最终形成的这套高技术远洋客船安全及管理系统的试验方案及程序，不仅将在相关试验中得到应用，还可为实际运营中的系统运转、实时监测和状态评估提供有力的数据支持和技术指导。

安全及管理系统是集成系统，根据《国际海上人命安全公约》(以下简称 SOLAS 公约) 第Ⅱ-2 章 G 部分特殊要求第 23 条，2010 年后建造客船需要提供安全中心，安全中心内需要提供约 17 项系统的全部功能和辅助决策功能要求(可以是管理体系或计算机系统)。

安全及管理系统是全船所有安全相关系统的上层公共监测和控制平台，集成了全船安全相关设备和系统，是全船安全相关系统的集中监视、报警、控制和指挥系统，目的是提升安全事故的报警应对能力。该系统组成主要包括服务器、操作站、视频墙、访问点、网关及 Wi-Fi 等，接入系统由火灾报警与气体探测系统(FDS)、实时监测报警系统、闭路电视(CCTV)系统、卫星通信系统、稳性计算机等组成，其主要功能如下：

(1)管理：作为上级安全管理系统，实现对应急切断系统、水密门系统、火灾系统以及稳性计算机等系统监测和控制。

(2)显示：综合显示安全系统实时状态。

(3)报警：发出系统报警。

(4)辅助决策：进行动态排查，协助操作员在火灾、进水等灾难下的决策和救援部署。

(5)传递：将安全信息传递到发动机缸内制动阀(ECR)等其他需求区域。

安全及管理系统试验主要包括安全管理系统、应急切断系统、火气探测系统、人员安保系统和航行安全系统等的海上试验。

首先，根据安全及管理系统功能试验考核的重点，将安全及管理系统试验按照不同系统功能划分为若干具体的试验项目。

然后，根据各系统试验项目的特点，收集相关的法规规范资料、设计图纸、设备资料等进行试验技术条件、试验方法、判定衡准和试验步骤等研究，形成对应的航行试验程序。

最后，为确保试验的成功、提高每个航次的经济性，针对安全及管理系统试验可能出现异常结果，无法达到设计的各项技术指标，造成相关的航行试验无法正常完成的现象，研究制定详细的排查预案。通过对安全及管理系统试验中的各个环节进行仿真研究，分析影响测试结果的关键因素，针对性地提出试验结果异常时进行排查测试的技术方法和步骤等，形成高技术远洋客船安全及管理系统试验异常排查试验程序，以备使用。

经过研究，整个安全及管理系统，将分为以下几个子系统进行试验验证。

(1)安全管理系统(SMS)试验

安全管理系统是一个集成化的平台，它涵盖了综合安全监控系统、传感与监测系统、安全信息网络与通信系统、信息管理系统以及辅助决策系统等多个关键组件。通过整合和分析来自各个系统的安全数据信息，安全管理系统能够为操作者提供全局化的安全集中报警、实时监测、辅助决策以及操作指导。这一系统不仅显著提高了操作员对安全事故的预警响应速度和处理的合理性，还是现代化安全监测和管理体制的核心基石，它为船舶的安全运行提供了坚实的技术支撑，具有无可替代的重要意义。安全管理系统是高技术远洋客船安全的上级管理系统，通过采集安全相关的下级系统状态、报警和控制指令，然后以图形/表格形式向操作员提供实时监控，以智能辅助技术向操作员提供决策辅助，并将指令按照设置控制流程发布到末端执行系统/设备，实现对应急事件的快速、安全处置。

安全管理系统整体由工作站、服务器、打印机和网络等终端组成。根据其组成，安全管理系统采用双冗余器配置。安全管理系统的作用是提供一个安全系统的公共管理平台，基于安全返港（SRtP）设计原则(MSC.216)，利用冗余配置来实现。通过将主、备用服务器布置在不同防火主竖区内，分别采用不同不间断电源(UPS)供电策略，实现任一单一故障不影响到系统正常功能的布置。

安全管理系统是一套孤立系统。系统主操作界面布局在驾驶室、安全中心和集控室内，主要组成如下：

① 驾驶室布置 1 台工作站。

② 安全中心布置 1 台标绘台、2 台工作站，以及 1 套视频墙及其服务器。

③ 集控室布置 1 台工作站。

工作站的显示器不少于64色配置，并且具备1年的系统和应用记录存储容量。此外，工作站提供的系统 UPS，应能切断控制，设备的运算能力应至少满足页面刷新率小于 1 s 的要求。

系统网络在服务器外额外提供一个接入点，用于外部维护访问等。

安全管理系统的网络接口将连接至船舶其他电气系统，基本涵盖了船舶上所有的电气系统。

高技术远洋客船安全管理系统试验将在规范规定的技术条件下，对试验技术条件、试验方法、判定衡准、试验步骤等进行研究，形成相应的试验程序，应用于航行试验，并对试验的结果进行分析，完成试验。安全管理计算机系统(SMCS)主用户界面如图 3-5 所示。

(2) 应急切断(ESD)系统试验

应急切断系统是船舶在遇到火灾、烟雾、进水或其他紧急情况时的重要安全保障措施。它能够通过精准控制防火门、水密门、阀门、泵组、主机、风机和风门等设备设施，迅速将所有关联设备调整至安全状态。同时，该系统能够激活相应的消防救助措施，有效遏制突发事件的蔓延，最大限度地保障船员和船舶设备的安全。这一系统的存在对于确保船舶在遇到紧急状况时能够迅速做出反应，减少事故损失具有至关重要的作用。因此，根据国际相关法规，高技术远洋客船需要制定针对紧急情况的有效反应程序。

应急切断系统需要连接船舶上所有重要的控制系统，包括消防、通风、水密门等。

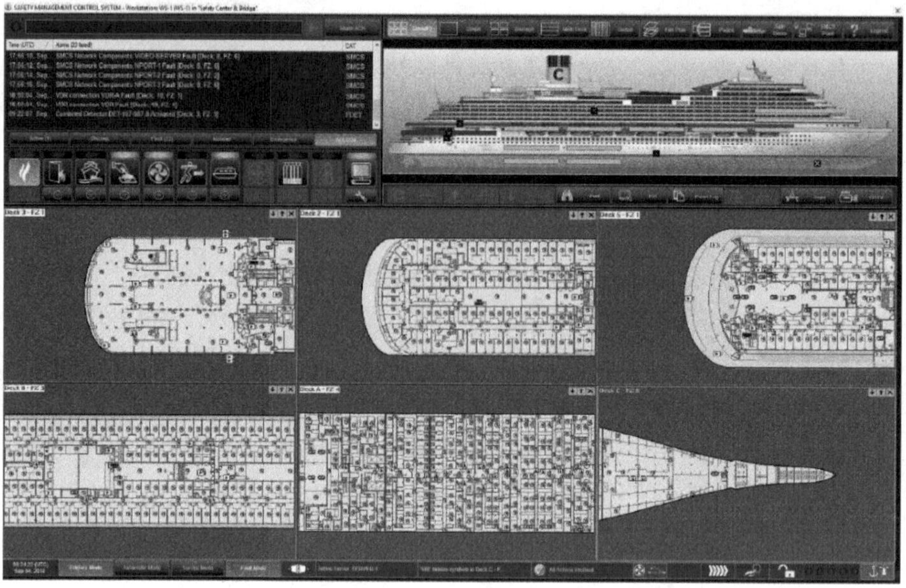

图 3-5 安全管理计算机系统(SMCS)主用户界面

应急切断系统在每个主竖区内部也需要提供 UPS 电源，以便应急切断系统在故障模式下可用。

应急切断系统除系统控制的设备外，还与船舶上其他系统有接口，且应急切断命令需在紧急情况下传递给其他系统，以便系统控制相应的设备进行切断操作，并接收执行结果的反馈。

应急切断矩阵控制板布置在集控室和安全中心内。控制板上按钮常开(ON)，带指示灯。控制回路提供断路检测功能。

① 集控室内矩阵控制板功能组成

- 关闭生活区通风系统，每个主竖区独立配置。
- 关闭机舱/辅机舱区域，每个分油机和发电机舱、推进器舱、配电板间独立配置，另提供一个其他处所共用切断。
- 关闭控制处所通风，包括驾驶室、集控室、广播中心以及每个安全电气设备间。
- 关闭油泵。
- 左、右舷装载释放。
- 排烟控制。

② 安全中心内矩阵控制板功能组成

- 关闭生活区通风系统，每个主竖区独立配置。
- 关闭机舱/辅机舱区域，每个分油机和发电机舱、推进器舱、配电板间独立配置，另提供一个其他处所共用切断。

- 关闭控制处所通风，包括驾驶室、集控室、广播中心以及每个安全电气设备间。
- 关闭防火门，每个主竖区独立配置。
- 关闭油泵。
- 左、右舷装载释放。
- 排烟控制。
- 激活低位照明，每个主竖区独立配置。

可以根据 SRtP 要求单独设置。

③ 防误操作保护盖

应急切断就地控制按钮应提供防误操作保护盖，布置在下列区域的逃生位置上：

- 2 套，分别布置在左、右装载站，用于控制灰水单元。
- 4 套，分别布置在焚烧炉所在舱室出口处。
- 2 套，分别布置在左、右装载站，用于控制淤油泵、舱底水泵、润滑及液压油泵、真空泵和污水处理单元。
- 2 套，分别布置在分油机所在舱室出口，用于控制燃油供给泵和辅助油泵，其中艏、艉主柴油机组和供油单元提供 2 套独立开关控制，锅炉单元提供 1 套独立开关控制。
- 1 套，布置在洗衣房外部出口位置，用于洗衣设备和通风控制。
- 1 套，布置在厨房入口处，用于厨房通风和电源控制。

高技术远洋客船的应急切断系统试验需在规范规定的技术条件下，对应急切断系统试验的技术条件、试验方法、判定衡准、试验步骤等进行研究，形成相应的试验程序，应用于航行试验，并对试验的结果进行分析，完成试验。安全管理系统界面下应急切断网络视图如图 3-6 所示。

(3) 火气探测系统试验

船舶火灾极具破坏性，一旦发生将严重威胁全船人员的生命安全及财产安全。由于船舶火灾通常发生在封闭且通道狭窄的环境中，人员疏散极为困难，这大大增加了灭火和自救的难度。因此，船舶防火工作是一项系统工程，需要从全船防火设计入手，确保防火措施的有效性。为了对火灾风险进行精确监控，需开展火气探测系统的试验研究，以提高对船舶火灾的预防和应对能力，降低火灾对船舶安全造成的潜在威胁。

火气探测系统是用于火灾监测、气体泄漏监测的报警系统。该系统通过遍布全船的探测器、报警按钮等有效地对各个风险点进行实时监控和预警，通过分析监测物质燃烧后烟雾、温度和红外等物理现象变化，实现火灾报警，及时发出险情预警并激活相应消防动作。

图 3-6　安全管理系统界面下应急切断网络视图

典型的火气探测系统一般有 2 种架构模式，即集中式和分散式，如图 3-7 和图 3-8 所示。

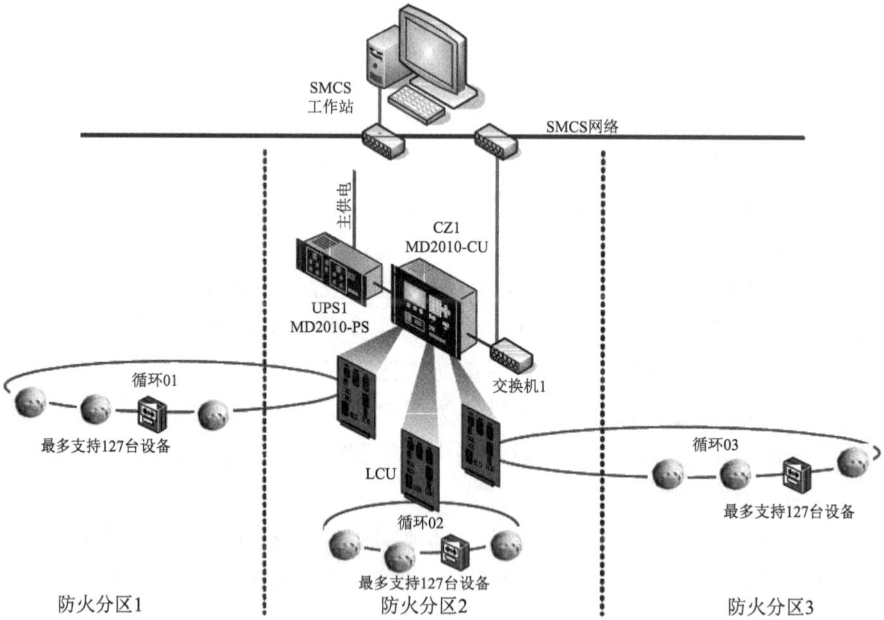

图 3-7　火气探测系统集中式架构模式

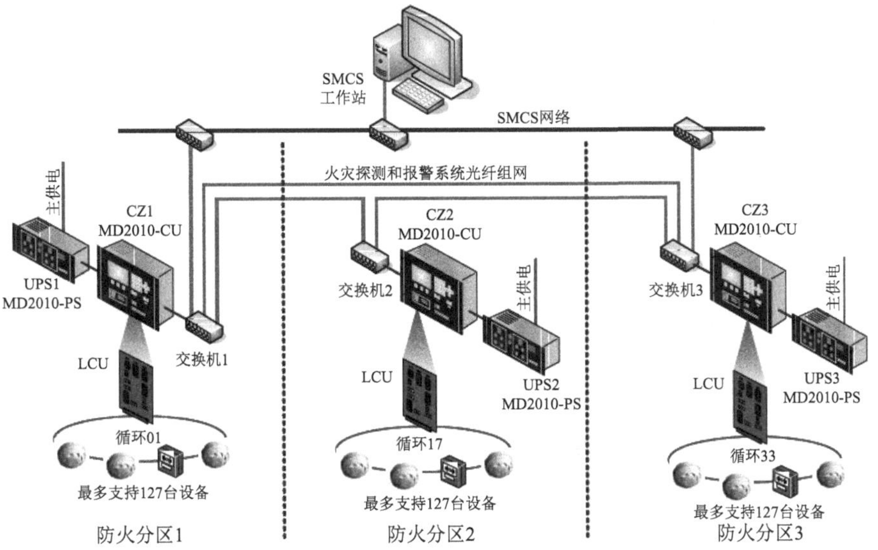

图 3-8　火气探测系统分散式架构模式

除以上常规架构模式外，符合 SRtP 要求的船舶，还需要在原有的基础上，增加 SRtP 考量，满足规范要求的 SRtP 功能。火气探测系统分散式架构 SRtP 模式如图 3-9 所示。

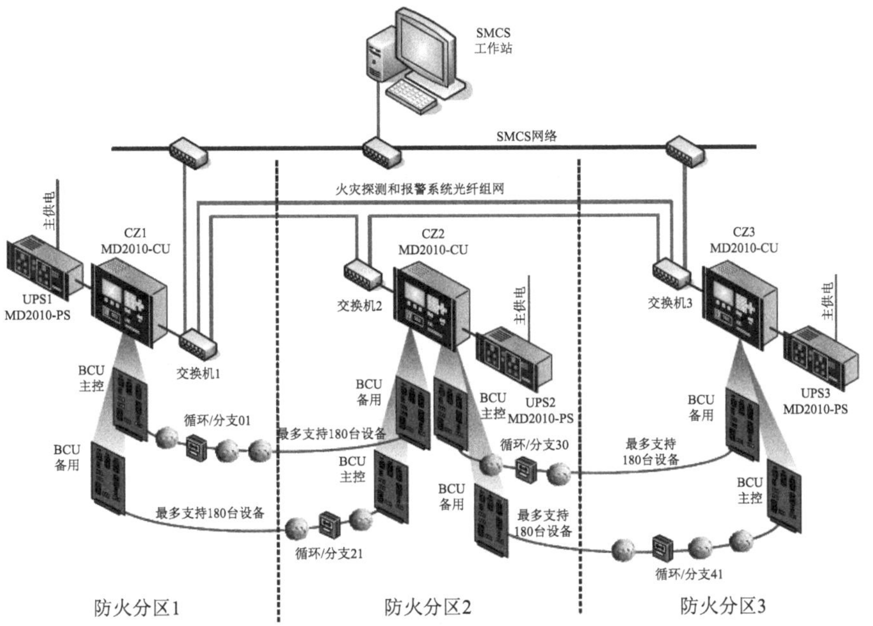

图 3-9　火气探测系统分散式架构 SRtP 模式(BCU 表示电池控制单元)

高技术远洋客船的火气探测系统试验将在规范规定的技术条件下，对火气探测系统试验的技术条件、试验方法、判定衡准、试验步骤等进行研究，形成相应试验程序，应用于航行试验，并对试验的结果进行分析，完成试验。火气探测系统应满足快速、准确和可靠等设计原则，以尽早地发现火灾并进行控制。试验中也将检查相应功能。

(4) 人员安保系统试验

人员安保系统是一个综合性的安全监控与防护体系，其核心功能在于利用先进的数字识别技术和反馈机制，实现对船舶人员安全的实时监控和预警。该系统通过高效识别潜在的安全风险，结合视频信息检测与区域控制技术，对舱室及其他关键区域实施严格的安全限制措施。这不仅确保了船员和乘客的安全，还大幅提升了船舶整体的安全防护能力。

高技术远洋客船人员安保系统试验需在规范规定的技术条件下，对人员安保系统试验的技术条件、试验方法、判定衡准、试验步骤等进行研究，形成相应的试验程序，应用于航行试验，并对试验的结果进行分析，完成试验。

(5) 航行安全系统试验

航行安全系统包括姿态预报系统、操纵性能评估系统、避障与路径规划系统和运动控制系统等 4 个子系统。其中，每个系统又针对性地设计了问题识别、实时评估和及时控制等 3 个类别的指标。在掌握全船航行安全系统设计布置信息的基础上，参考相关法规，分析相关信息，研究设计完整的高技术远洋客船航行安全系统的评价指标体系。

高技术远洋客船航行安全系统试验需在规范规定的技术条件下，对航行安全系统试验技术条件、试验方法、判定衡准、试验步骤等进行研究，形成相应的试验程序，应用于航行试验，并对试验的结果进行分析，完成试验。

(6) 其他安全及管理系统试验

安装精度累积误差大、调试过程不完整、精密设备受到电磁干扰或者测试设备精度不合格等情况，容易造成相关的设备、系统等的试验结果无法达到设计的各项技术指标，无法正常完成相关的航行试验。

除安全管理系统、应急切断系统、火气探测系统、人员安保系统、航行安全系统外，安全及管理系统还包括设备安全监控、物品安全管理等其他系统，因此也需要对其他安全及管理系统进行试验。

基于其他安全及管理系统的功能目标和设备组成，设计高技术远洋客船其他安全及管理系统的试验指标；针对常规使用、振动、断电等工况，设计设备类别、运行工况等试验输入条件，其他安全及管理系统可靠性的检验方法；设计监测反应时间、数据和图表的精确性等试验参数，设计其他安全及管理系统航行试验程序，应用于航行试验，并对试验的结果进行分析，完成试验。

(7) 安全及管理系统功能异常排查试验研究

在航行试验阶段，为最大限度地提高航行试验的经济性，在试验结果异常时，需根据预先研究的排查方案，对影响试验结果的各个环节进行排查，找出试验失败的原因，为下一步解决问题提供技术依据。

高技术远洋客船安全及管理系统功能异常排查试验研究将对各相关系统测试试验中的各个环节进行仿真研究，分析影响测试结果的关键因素，从而针对性地提出试验结果异常时进行排查测试的技术方法和步骤等，并根据实测试验的需要应用于排查试验中。

(8) 全船通用报警试验

高技术远洋客船的通用报警系统采用声光结合的报警方式，声音报警借助全船公共广播系统，声压等级需达到船级社规范要求，闪光报警借助视觉报警系统（这主要是服务于有听力障碍的乘客）。该通用报警系统结合高技术远洋客船上主竖区的设置进行冗余排布，与船上电视系统、就地娱乐系统、火气探测系统、报警灯柱系统、救生艇登艇处照明系统、低位照明系统、雾笛系统、自动化系统等多个系统均有信号连接，功能接口更为复杂。

为确保高技术远洋客船的安全航行，需深入研究通用报警系统的接口功能、试验条件、试验方法、判定衡准以及试验步骤等。这一过程将严格遵循相关规范，针对特定的海况条件进行。通过这项研究，形成一套完整的试验程序，并在航行试验中应用，以验证报警系统的性能和可靠性。这将为船舶的安全运行提供有力保障，同时也为未来船舶的设计和建造提供重要参考。通用报警警报器分布如图 3-10 所示(圈标位置为警报器)。

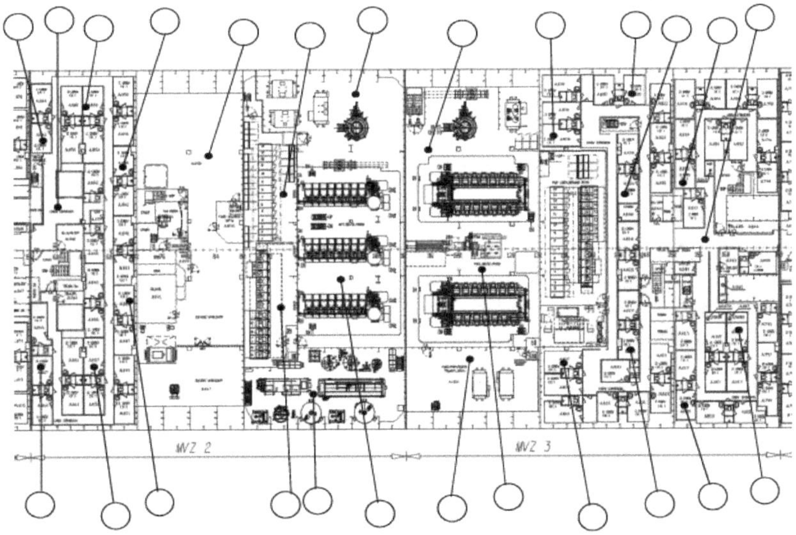

图 3-10　通用报警警报器分布(圈标位置为警报器)

(9) 公共广播系统试验

高技术远洋客船上公共广播系统不仅兼用于通用报警系统的声音报警以及就地娱乐系统的背景音乐播放，还用于火警报警、船员警报、常规通知和紧急通知，系统结合高技术远洋客船上主竖区的设置进行冗余排布，包含多个区域的寻呼站和报警板，并分成多个分区呼叫网络，与船上电视系统、就地娱乐系统、火气探测系统、报警灯柱系统、救生艇登艇处照明系统、低位照明系统、雾笛系统、自动化系统等多个系统均有信号连接，功能接口更为复杂。

为此，需在规范规定的海况条件下，对高技术远洋客船上公共广播系统的接口功能、试验条件、试验方法、判定衡准、试验步骤等进行研究，形成相应的试验程序，应用于航行试验。

3.2.3 综合娱乐系统试验程序研究及应用

高技术远洋客船的综合娱乐系统是客船旅游价值的直接体现，同时也是高技术远洋客船的复杂系统之一，直接影响乘客的旅游体验和运营商的经济效益，且由于高技术远洋客船的特殊性，对娱乐系统的安全性有更高的要求。因此，针对高技术远洋客船综合娱乐系统进行系统的综合测试分析，确保综合娱乐系统功能和性能可靠实现、系统运转完善、运行安全有效，这是保证高技术远洋客船可持续运营、保持经济效益的先决条件。

高技术远洋客船的综合娱乐系统较陆上娱乐系统，具有明显的差异，其在娱乐系统的集成设计上受海洋环境运行工况、船舱空间、通舱连接、甲板及舱室结构和布局的高密度性、网络环境、航行安全、乘客及船员人身安全、船上资源管控等因素影响，系统的集成设计、系统布局、硬件连接等具有高度复杂性、集成度和密集性。因此，其航行试验程序需要定制化设计，遵循定制的娱乐系统试验程序，才能检测系统的指标达成性和可靠性，完成娱乐系统的航行试验。

综合娱乐系统航行试验程序研究及应用主要依据船厂提供的国产首制大型高技术远洋客船全船娱乐系统相关资料(包括设计资料、目标船相关设计资料及相关的供应商提供资料、设计布置方案等)，参考娱乐设施管理档案，并按照设计指标分别开展娱乐系统在室内外运行环境的功能及性能测试；同时，针对部分特殊娱乐设备，应开展相应的安全性测试；结合船厂对国产首制大型高技术远洋客船的全船娱乐系统的建造和系泊调试，开展大型高技术远洋客船综合娱乐系统的航行试验程序研究。

此外，需根据形成的综合娱乐系统航行试验程序，进行国产首制大型高技术远洋客船的航行试验，测试国产首制大型高技术远洋客船综合娱乐系统的功能可达性、性能和可靠性。高技术远洋客船的综合娱乐系统一般由娱乐系统范畴内的娱乐照明系统、音响系统、视频系统及其他根据船东及运营商需求配置的设施和辅助系统等，对高技术远洋客船综合娱乐系统的航行试验程序的研究也将从这几个方面出发开展相关分析与设计，形成对应的指导文件。

综合娱乐系统试验的研究内容如下：

(1)娱乐照明系统试验

高技术远洋客船娱乐系统范畴内的娱乐照明系统主要涉及室内外的舞台灯光、船外建筑照明和室内外的装饰性照明。其中，以舞台灯光和船外建筑照明为典型娱乐照明系统，一般采用 DMX 控制协议、RS485 串口通信协议及 DALI 协议，根据具体功能实现对灯光系统的设计和工程化。

舞台灯光控制系统主要用于配合各类不同规模的现场表演进行效果照明，是演出空间构成的重要组成部分，主要应用于具有现场表演的场所、音乐厅、酒吧、餐厅等娱乐场所，其中以具有现场表演的场所为核心。

船外建筑照明控制系统设计的目的一般是充分体现高技术远洋客船夜间形象，用光照技术、阴影技术等多种方式，创造出一个与自然光照下明显不同的效果，从而体现出客船风格和形状特点。完美的高技术远洋客船船外建筑照明控制系统效果取决于照明器材和对现代照明技术的娴熟应用，但更取决于丰厚的艺术修养和对大型高技术远洋客船外立面的深刻理解。

高技术远洋客船的娱乐照明系统功能类型多、工作时间长、照度要求复杂，因室内外环境条件不同，需要对室内和室外的娱乐照明系统制定相应的航行试验程序进行试验。

①室内娱乐照明系统试验

基于高技术远洋客船室内娱乐照明系统的设计方案，明确室内娱乐照明系统试验的设备和系统范围，参考相关标准规范和高技术远洋客船建造合同，从工作时间、设备运转、照明功能效果等方面研究相应的室内娱乐照明系统试验性能指标和标准。

在确保室内娱乐照明系统设备正常工作的基础上，参考规范和高技术远洋客船建造合同，研究室内娱乐照明系统照度测试的测试点数量和位置；设计不同工作时长，研究室内娱乐照明系统性能稳定性的测试试验程序；设计多种运行工况，多次进行上述试验，以确保室内娱乐照明系统的正常运转。

②室外娱乐照明系统试验

室外娱乐照明系统主要为船外动态灯光系统和部分场所的装饰灯光系统，主要用于体现高技术远洋客船夜间的外部形象。室外娱乐照明系统可能会遭受风雨、暴晒和海水等干扰，因此需要在上述特殊条件下，开展室外娱乐照明系统的功能和性能试验。

分析室外娱乐照明系统可能遭受的多种天气条件，基于高技术远洋客船室外娱乐照明系统的设计方案，明确室外照明系统试验的设备范围，参考相关标准和高技术远洋客船建造合同，从工作时间、设备运转、照度等方面研究相应的室外娱乐照明系统航行试验性能指标和标准。

设计不同运行工况，如运行时间、运行环境条件等，研究室外娱乐照明系统性能稳定性的试验方法，并多次进行上述试验，以确定室外娱乐照明系统的正常运转。

高技术远洋客船娱乐照明系统航行试验研究将根据船厂提供的相关资料进行，形成相应的航行试验程序，应用于娱乐照明系统的航行试验，并对实船试验的结果进行分析，完成试验。

(2)娱乐音响系统试验

娱乐系统范畴内的音响系统同样也是大型高技术远洋客船综合娱乐系统的重要组成系统之一。高技术远洋客船的娱乐音响系统典型应用场所为具有现场表演的场所。娱乐音响系统一般使用专业音响设备，并要求有大功率的扬声器系统和功率，演讲或演出用的传声器与扩声用的扬声器同处于一个厅堂内，存在声反馈的问题，所以音响系统一般采用低阻值直接传输方式。

高技术远洋客船的娱乐音响系统又可分为观演场所的娱乐音响系统和其他场所的娱乐音响系统。

观演场所的娱乐音响系统主要面向以剧场等为代表的具有现场表演功能(大、中、小型表演)的场所。其对音质的要求很高，受建筑声学条件的影响较大。对于大型现场演出的音响系统，要用大功率的扬声器系统和功率放大器，在系统的配置和器材选用方面有一定的要求。

基于高技术远洋客船观演场所娱乐音响系统的设计方案，明确观演场所娱乐音响系统航行试验的设备范围，参考相关标准和高技术远洋客船建造合同，从设备运转、音效指标和设备衔接等方面研究相应的观演场所娱乐音响系统试验性能指标和标准，以及试验程序。

在确保观演场所娱乐音响系统设备正常运作的前提下，深入研究并测试观演场所的声场环境，包括混响、增益和低音等要素的最佳设计方法和程序，同时探索这些要素的优化策略。此外，还要研究如何对娱乐音响系统与其他相关的视频设备、娱乐设备进行联合调试和测试。为了验证这些方法和程序的有效性，在多种不同的运行工况条件下进行多次试验。这些工作都是为了确保观演场所娱乐音响系统在各种情况下都能正常、高效地运行，为观众提供优质的娱乐体验。

其他场所的娱乐音响系统主要面向体育场、KTV 和休息场所等。这种系统应用于综合性的多用途群众娱乐场所。人流多、杂声或噪声较大，故要求音响设备要有足够的功率，较高档次的还要求有很好的重放效果，故也应配置专业音响器材，在设计时要注意供电线路与各种灯具的调光器分开。对于歌舞厅、酒吧、餐厅、KTV 等场所，还要配置相应的视频图像系统。

基于高技术远洋客船其他场所音响系统的设计方案，明确其他场所娱乐音响系统航行试验的设备范围，参考相关标准和高技术远洋客船建造合同，从设备运转、音效指标和设备衔接等方面研究相应的其他场所娱乐音响系统试验性能指标和航行试验程序。

根据其他场所娱乐音响系统的运行环境，设计不同运行工况；研究测试其他场所混响、增益、低音等参数的试验程序和优化方法；研究对其他场所娱乐音响系统和与之相连的其他视频设备、娱乐设备进行联调测试的方法。

(3) 娱乐视频系统试验

高技术远洋客船全船娱乐系统范畴内的娱乐视频系统一般包括互联网协议电视(internet protocol television，IPTV)、影视播放和LED显示3部分，实现相应的视频、图像显示及播放功能。

IPTV通过宽带网络为用户提供视频直播类、视频点播类服务，还可以提供信息服务、互动游戏、KTV等增值业务。IPTV的主要特点在于它的交互性和实时性，即用户可以在任何时候点播节目库中喜欢的节目内容，还可以参与感兴趣的节目进行互动讨论。

根据船东运营商的需求，高技术远洋客船一般配置影院，可以是普通影院、IMAX影院，甚至更高水平的影院，同时会配置相应的系统硬件，并设计实现功能的系统结构和网络结构。

根据对从芬坎蒂尼集团引进的图纸资料的研究，LED显示系统是大型高技术远洋客船上应用非常广泛的娱乐视频系统，其在大多数室内外娱乐场所都有应用，涉及尺寸不一的LED显示系统和对应的控制器等硬件配置。

由于不同娱乐视频设备运行的室内外环境条件不同，在航行试验过程中需要对室内和室外的娱乐视频系统分开进行试验。

① 室内娱乐视频系统试验

基于高技术远洋客船室内视频系统的设计方案，明确室内娱乐视频系统航行试验的设备范围，参考相关标准和客船建造合同，从设备运转、视频效果指标和设备衔接等方面研究相应的室内娱乐视频系统试验性能指标和标准，以及航行试验程序。

在确定室内娱乐视频系统设备正常工作的基础上，研究对播放显示模式(如投影模式)和屏幕进行测试等的方法；研究对视频系统和与之相连的其他视频、音响、娱乐设备进行联调测试的方法。在多种工况条件下，以确定室内娱乐视频系统的正常运转。

② 室外娱乐视频系统试验

室外娱乐视频系统一般包括搭建在外部的大型LED显示屏显示系统及观影系统。这些系统可能会遭受风雨、暴晒和海水等干扰，因此需要在上述特殊条件下，开展室外娱乐视频系统的性能试验。

分析室外娱乐视频系统可能遭受的多种天气条件，基于高技术远洋客船室外娱乐视频系统的设计方案，明确室外娱乐视频系统航行试验的设备范围，参考相关标准和高技术远洋客船建造合同，从设备运转、视频效果指标和设备衔接等方面研究相应的室外娱乐视频系统试验性能指标和标准，以及相应的航行试验程序。

在不同的运行工况条件下，如测试时间、测试天气等，研究对视频显示设备和系统进行测试的方法和程序，以及功能和性能优化方法；研究对娱乐视频系统和与之相连的其他视频、音响、娱乐设备进行联调测试的方法。在多种航行工况下，进行多次试验，以确保室外娱乐视频系统的正常运转。

娱乐视频系统航行试验程序研究将根据船厂提供的相关资料，进行上述研究，形成相应的航行试验程序，应用于娱乐视频系统的航行试验，并对航行试验的结果进行分析，完成试验。

(4)其他娱乐系统试验

高技术远洋客船的其他娱乐系统一般是根据需求配置的，不同的船型其他娱乐系统均不相同。可能会配置丰富的游乐设施，如水上乐园、电子游戏厅、水上滑梯、儿童乐园等娱乐场所及相应的硬件设施。这些娱乐系统及设施的功能较陆上的设施在运行环境、用户需求、修理维护、设备接口等多方面存在较大的差异，因此这部分娱乐系统及硬件设施的航行试验不仅要包含常规测试和评估，还需根据高技术远洋客船运营环境的特点、硬件设施，以及系统的功能和性能目标，针对特定设备或特殊工况开展专项检验。

高技术远洋客船的其他娱乐系统从运行环境角度划分，可分为室内和室外，其航行试验程序需要分开进行研究和制定。

① 室内其他娱乐系统试验

研究高技术远洋客船室内其他娱乐系统（如游乐设施）的运营方式、开放时间、承载力和设备标识性能，预设航行试验期间可能参与的人员数量和设备条件，研究航行试验指标和试验条件的方法和程序，如测试人员数量、设备负载和使用时间；研究不同负荷下性能试验的方法和程序。

为保障娱乐设施的安全运行，需深入研究设施的功能特性和人员使用行为特点。在此基础上，分析设施中易发生风险的区域，如设备运行区域、乘客区域等，并关注可能出现的断电、过载、耗损等危险状况。为全面评估设施的安全性，应设计包括危险状况、设施状态、人员使用状态、人员负荷水平等在内的试验输入参数，并研究相应的安全性试验方法和程序。同时，还要考虑娱乐设施在断电、过载、耗损、安全事故以及风浪颠簸等工况下的表现，设计评估设施制动(包括主动制动和被动制动)反应时间及制动效果的方法和程序。这些研究将为娱乐设施的安全运营提供有力支持。

为确保室内其他娱乐系统的顺畅运行和高效集成，要深入研究联调方法和程序。这些研究主要依据娱乐系统的总体性能集成配置、总体空间集成配置、与其他系统接口配置的要求进行，分析不同娱乐系统之间的相互作用和影响，制定合适的联调策略，确保各系统能够协同工作，提供优质的娱乐体验。

参考相关规范和标准，以及针对实船的相关内容的研究，形成高技术远洋客船其他娱乐系统试验的试验标准和试验程序，并应用于实船测试。

② 室外其他娱乐系统试验

室外其他娱乐系统常会遭受风雨、暴晒和海水等干扰，因此需要在上述特殊条件下，开展室外其他娱乐系统的性能试验。

分析室外其他娱乐系统可能遭受的多种环境条件，设计不同的运行工况，如运行时间、天气情况等，研究在运行工况条件下室外其他娱乐设备的性能测试的方法和程序，分析娱乐设施的功能特性和人员使用行为特点，分析设施易发生风险的区域，包括设备运行区域、乘客区域和其他区域，设计安全性试验的方法和程序(例如光老化和海水腐蚀的研究)；分析室外其他娱乐设施可能发生危险状况的工况(例如断电、过载、耗损、安全事故、风浪颠簸)，设计对娱乐设施的制动(包括主动制动和被动制动)反应时间及制动效果进行评估的方法和程序。依据娱乐系统总体性能集成配置、总体空间集成配置、与其他系统接口配置的要求，对室外其他娱乐系统的联调方法和程序进行研究。

(5)综合娱乐系统功能异常排查试验研究

在航行试验阶段，为最大限度地提高航行试验的经济性，在试验出现结果异常时，需根据预先研究的排查方案，对影响试验结果的各个环节进行排查，找出试验失败的原因，为下一步解决问题提供技术依据。

高技术远洋客船综合娱乐系统功能异常排查试验研究将根据船厂提供的相关资料，结合船厂对国产首制大型高技术远洋客船的全船娱乐系统的建造和系泊调试，对各相关系统测试试验中的各个环节进行研究，分析影响测试结果的关键因素，从而针对性地提出航行试验结果异常时进行问题排查的技术方法和程序等，指导实际试验中的问题排查，提高航行试验效率和价值。

3.2.4　空调通风系统试验程序研究及应用

空调通风系统控制了高技术远洋客船内部空间温度、湿度、空气质量等因素，同时也屏蔽了外界干扰因素(如空气污染物、恶劣天气等)，因而能直接对全体乘员的舒适度和健康度产生决定性影响。高技术远洋客船的空调通风系统非常复杂且庞大，主要分为一般通风系统、空调风系统和排烟系统 3 个子系统。该系统的主要功能目标是气流的组织、空气品质控制和烟气蔓延控制。

空调通风系统试验主要分为系泊阶段、航行阶段和运营阶段，主要内容包括空调通风设备单机功能试验、空调通风系统联调试验以及空调通风系统运营性能试验等。为达到空调通风系统试验目的，同时提高航行阶段的经济性，首先需要分析各项试验内容，对其进行精确合理的划分，精简航行阶段和运营阶段内容。

系泊阶段试验是航行和运营试验的基础，通过对各设备单机功能的试验验证，确认其是否满足设计要求。对于高技术远洋客船，最重要的还是航行阶段试验，其主要是各系统联调试验，同时在各类航行工况下，验证空调通风系统功能，以满足后续运营阶段的需求。运营阶段试验主要根据乘客和船员的实际需求对空调通风系统进行再平衡和微调，以求整套系统进一步满足实际需求。

基于以上研究，形成空调通风综合联调试验程序，应用于高技术远洋客船的航行试验，并对试验结果进行记录和分析，完成试验。也可为将来运营阶段中空调通风系统的实时监测、运转维护和灾害应急处置提供支持和指导。

空调通风系统试验的研究内容如下：

(1) 正常工况下机舱及辅助机舱区域通风试验研究

高技术远洋客船机舱及辅助机舱区域空调通风系统主要包括该区域的送排风系统、各办公场所空调通风系统等。该区域正常工况下的测试试验目的是考量海洋环境中相关设备及系统在航行状态工况下的运转情况和控制情况。

正常工况下机舱及辅助机舱区域通风试验研究将在规范规定的技术条件下，对相关系统试验技术条件、试验方法、判定衡准、试验步骤等进行研究，主要包含基于计算流体动力学(CFD)分析的机舱及辅助机舱关键温度及压力测试点选取的研究、关键设备的测试试验研究等，形成相应的机舱区域及辅助机舱区域通风系统综合联调试验程序，应用于高技术远洋客船的航行试验，并对试验的结果进行分析，完成试验。

(2) 正常工况下空调冷媒水系统试验研究

高技术远洋客船作为一体化大型水面船舶，部分负荷运行问题比较突出，为提高舱室的舒适性和便捷性，需保证舱室的冷热舒适性，冷媒水系统则需要进行多阶段调试试验，才能做到稳定运行、匹配末端负荷变化和水力平衡。

航行阶段试验是基于系泊阶段调试试验基础以及安全返港系统配置上，在正常航行工况时，冷媒水系统能在指定区域提供及时和有效服务的各类操作试验。首先应对各末端水量进行测试，验证系泊试验的调试结果，进一步分析实际航行阶段的负荷变化特点，根据各区域负荷的实际变化趋势，调整冷媒水系统平衡状态。最终给出联调试验的方案，并通过实船航行试验验证其运转能力。

(3) 正常工况下空调通风系统夏季综合联调试验研究

正常工况下空调通风系统夏季综合联调试验是指对空调系统、通风系统等空气控制系统之间的综合调试，在实际航行条件下，各个区域外界负荷随航向的变化而发生非规律性的变化，夏季综合联调试验需要在航行时，在真实外界负荷变化的条件下，测试房间温湿度、进一步平衡风量及水量、验证各设备选型的准确性，对整个系统进行验收。空调通风系统夏季综合联调试验，一般在运营阶段进行试验，但为保证空调通风系统的设计效果，同时降低运营阶段的风险，将夏季综合联调试验提前至航行阶段进行试验，以求为后续运营阶段降低调试返工工作量，提高乘客体验的舒适度。

针对空调通风系统夏季综合联调试验，首先应参照相关规范要求，在航行试验中对系统各相关设备和部件展开相关检测，形成相应的质量记录。深入分析船上通风质量要求和航行状态特点，以实际航行中的昼夜、船舶机舱区域及生活娱乐区域的空调通风要求为指导，分析不同时间、不同区域的采暖、供冷、空气质量等试验的参数，评估空调通风系统及其控制系统的运转性能指标。同时设计出空调通风系统夏季综合联调试验的方案，并通过实船航行试验验证其运转能力。

(4) 灾害事故下空调系统航行试验研究

除了正常工况，高技术远洋客船的空调通风系统应具备火灾、进水、防疫条件下的危害响应能力，在遇到火灾、进水和传染病疫情传播时，空调通风系统应能快速响应，迅速隔绝或排出有害气体，保证空气质量。因此在航行试验时，用设备、通道部分关闭等方式模拟火灾等灾害发生状况下空调通风系统出现的部分故障状态，检测空调通风系统在特殊状态下的运转能力。

灾害事故下高技术远洋客船机舱区域空调通风系统综合联调试验的目的是检验在应急操作模式下，机舱区域的空调通风系统的控制响应能力和状态监测情况等。

本研究基于系泊阶段调试试验基础以及安全返港系统配置，研究在发生火灾、进水事故或传染病疫情传播时，空调系统能在指定区域提供及时和有效服务的各类操作试验。

灾害事故下空调系统航行试验研究将在规范规定的技术条件下，对相关系统试验技术条件、试验方法、判定衡准、试验步骤等进行研究，形成相应灾害条件下空调通风系统试验程序，应用于高技术远洋客船的航行试验，并对试验的结果进行分析，完成试验。

(5) 空调通风系统功能异常排查试验

在航行试验阶段，为最大限度地提高航行试验的经济性，在试验发生结果异常时，需根据预先研究的排查方案，对影响试验结果的各个环节进行排查，找出试验失败的原因，为下一步解决问题提供技术依据。

高技术远洋客船空调通风系统功能异常排查试验研究将对各相关系统测试试验中的各个环节进行仿真研究，分析影响试验结果的关键因素，从而针对性地提出试验结果异常时进行排查测试的技术方法和步骤等，并根据实测试验的需要应用于排查试验中。

3.3　生活保障系统试验程序研究

3.3.1　通道系统

(1)舷侧登乘通道

舷门是指在防撞舱壁之后、干舷甲板以下的舷侧或干舷甲板以上封闭上层建筑内的装货门或者供乘客及船员日常使用的出入门。根据乘客及船员上下船的功能需求，高技术远洋客船两侧舱壁外板上设有专门满足此类功能的舷门。舷侧登乘通道的布置需要和乘客及船员登船后的人员流线相匹配，其总体布置需求见表 3-1。

表 3-1　舷侧登乘通道的总体布置需求

名称	总体布置需求
乘客及船员登乘口	位于平行中体前段，与舷梯配合使用，且靠近乘客电梯集中区，便于乘客及船员前往各自房间
乘客登乘口	位于船舶的中部及中前部，两处皆集中布置有乘客电梯，方便乘客乘坐电梯到达各自房间

乘客及船员进出口的舷门与其他舷门一样，需要满足 SOLAS 公约、载重线规范及船级社规范的要求，确保其密性及结构完整性，满足破舱稳性的要求。舷门和其他关闭设备应在驾驶室配备指示器并具备航行中报警功能。

乘客及船员登乘用的舷门的开孔尺寸主要考虑与舷梯配合使用时舷梯的宽度及吊机的回转半径等要求。

乘客及船员登乘口配置需求表见表 3-2。

表 3-2　乘客及船员登乘口配置需求表

名称	数量	开启方式	位置
乘客及船员登乘口	4 个	液压驱动	2P+2S
乘客登乘口	4 个	液压驱动	2P+2S
总计	8 个		

规范对登离船设施的相关要求主要包括：SOLAS 公约第Ⅱ-1 章第 3-9 条；MSC.1/Circ.1331 通函中规定配备在 2010 年 1 月 1 日或以后建造的船舶上的用于登离船设施的舷梯和跳板梯应符合使用的国际标准；IMO Resolution MSC.308

(88)；IMO Resolution A.1045(27)；PVAG 及 ADA 中的相关要求。

用作港口登离船用的舷梯的规范的一般设计要求如下：

最大设计操作角度应不大于 55°；舷梯应能从水平到 55°范围内安全使用；舷梯的宽度应不小于 600 mm；舷梯位于最大设计操作角度时，其下平台应不高于水面 600 mm(最轻载水线)。本书项目的高技术远洋客船根据自身特点确定相关参数需求，选择的典型舷梯数据如下：舷梯的正常服务角度为 35°，最大机械角度为 45°；双走道，总宽为 2 m；带自调平踏步，下平台带轮子，上下端及梯侧面铰接斜坡方便运行李；设可倒栏杆，旁边有安全网。

航线上各港口的情况差别很大，如码头高度、是否提供登船桥等，舷梯布置时必须考虑自带舷梯的适用性。除了常规的 0 甲板（DECK0）外，需要在上层甲板增加布置舷梯以适应不同的码头高度。

本书项目的高技术远洋客船舷梯的布置需求如下：

0 甲板（DECK0）和 1 甲板（DECK1）每舷分别布置 2 个供乘客及船员上下的舷梯，并配手动折臂吊和舷梯固定装置。3 甲板（DECK3）中部布置 1 个供登船桥用的敞开区域，并配电动滑移吊、手动舷梯及附属装置。

(2) 乘客电梯、船员服务电梯和自动扶梯

高技术远洋客船内部交通包括日常运营时人和物的交通，具体有乘客垂直交通、行李运输、干粮和食物运输、工作通道、酒店布草运输、船上工作小车交通。通过设计阶段的交通规划，保证高技术远洋客船日常高负荷运营时，各交通线路在空间、时间上互不干涉，高效有序，提高船员服务效率的同时，提高乘客的度假体验，进而产生可持续的经营效益。

本书项目的高技术远洋客船有 6000 多人在横向和垂向上并行交通，内部工作流程繁多，客流、物流交通复杂，因此在设计阶段需要通盘考虑前场、后场的工作流程和交通运输需求，合理规划路线，并配备恰当的电梯设施。

涉及电梯的规范主要是制造规范，安全方面有电梯的行业规范 EN 81-1:1998，卫生要求方面需要满足美国公共卫生署(USPH)要求，无障碍设计方面需要满足 PVAG 及 ADA 要求，其他还需参照相应的船级社检验要求。

乘客电梯规划的主要原则是：与船员服务电梯分离，并尽可能与船员工作路线分离。

乘客电梯布置规划的主要影响因素是高技术远洋客船总布置规划。其中，影响垂直交通的主要因素包括乘客甲板总层数、登船通道、中庭、主餐厅、自助餐厅、剧场、客舱等。

航行期间，乘客需要在每一层乘客甲板之间频繁穿梭，因此客梯的行程需要尽可能覆盖所有乘客甲板。本项目的登船口在 0 甲板、1 甲板、3 甲板左右舷位置。因此电梯规划要覆盖主要的几个乘客登船口。

根据总布置图的 6 个主竖区（下文布置中简称为 MFZ）划分，乘客电梯沿船长方向可设置成 3 个电梯群，电梯群间隔距离大致为均布。同时，主梯道中转平台与电梯厅共用，以提高空间利用率。

参考规范推荐以及吨位和载客量相近的成熟船型配置，高技术远洋客船选择 16 部乘客电梯，电梯额定人数为 18 人。

船员电梯主要功能是用于高技术远洋客船内部的食物、备品、布草等物流运输以及满足船员日常工作交通需要。

相较于乘客区域，船员服务区域属于后场，为了避免前场和后场的交叉，保障乘客休闲体验和船员工作生活秩序，高技术远洋客船上的船员服务电梯不得经过乘客区，并根据运营实际需求进行配置。

船员服务电梯的功能较多，位置分布比较零散，多用于小型货物运输和少量船员的交通，因此对电梯数量的要求较多，但是不需要集中布置，并且对电梯的额定载重和轿厢面积要求也不高，满足人员和货物小车通行即可。

本书项目的高技术远洋客船需配置 12 部船员服务电梯，电梯额定人数为 7～18 人。船员服务电梯需要运输食物，制造工艺需要满足 USPH 的要求。

本书项目的高技术远洋客船艉 3、4 甲板的餐厅为两层餐厅，用餐高峰期，主厨房和两层餐厅之间传菜和船员服务异常频繁，上行和下行同时发生，并且交通量很大，持续时间长。因此此处需要设置自动扶梯这种零等待的便捷交通。自动扶梯没有轿厢，操作空间大，船员视线效果好、船员之间沟通协调方便、上行和下行可同时进行，互不冲突。由于餐厅和厨房面积都比较大，覆盖全船宽度，为提高交通效率，可设置两对自动扶梯，左右舷各布置一对。每部自动扶梯均可反转，由设置在每对扶梯内的机房驱动。按要求布置相应的火/烟报警、水喷淋灭火、绝缘、防火门等设备设施。

自动扶梯具有以下优点：

① 比垂直电梯的输送能力大，输送速度能达到每小时 6000 人左右。

② 连续运转，乘梯者不会有等待的感觉。

③ 单方向运行，自然地规划人流行进方向，减少冲突。

④ 可简单乘降，乘客不会有上楼的负担。

3.3.2　厨房

(1) 基本功能要求

厨房是餐饮后方工作的区域，是多功能集成的场所，主要功能有食品准备、洗涤清理和烹饪。厨房区域包括运用大量加热设备的炒菜热区、冷餐区、烘焙区、甜品区、洗锅洗碗区、走道、配餐间、厨师办公室和冷库区等，是加工制作、准备食物、清洗锅碗的场所。厨房内应设置良好的通风、排风设备，自然采光和照明设备。厨房净高、设备及工作台设计应满足操作要求，满足人机学设计原理。厨房里的炉灶、锅碗及其他设备，应适合于船舶计划乘客的最高额之用。炉灶前面的通道宽度至少为 1 m，工作台和厨房其他设备前面的通道宽度应为 0.8 m。

主厨房通常布置在低层甲板靠船艉区域，除了主厨房之外，上建区域根据配置需求还会布置若干小厨房，根据对应服务的餐厅类型(如自助餐厅、特色餐厅、烧烤餐厅等)为各类厨房配置相应的餐厨设备。厨房面积按供膳和设备情况，以及参考相近的母型船来定。受船上空间的限制，厨房较其他舱室的人均面积要小。

从食品储存、加工使用、工艺流程等方面考虑，厨房布置应靠近冷库、粮库、杂品库等食品仓库，以及餐厅、酒吧等舱室；还应避免厨房的烟气影响餐厅环境。食品仓库位置应便于厨房工作人员取送食物，考虑到厨房特殊环境和工作情况，厨房设在低层甲板的后端部，同时应设在机舱的上方，厨房日常使用所需的不同压力等级的蒸汽由机舱的锅炉提供。厨房应和主要餐厅相邻，方便厨房的食物送到餐厅，提升乘客的就餐体验和提高船员的工作效率。

本书项目的高技术远洋客船的主厨房布置在 DECK3 MFZ2～MFZ3 区域，主餐厅附近，其余小厨房和配餐间设置在较高层甲板，在对应特色餐厅/自助餐厅附近。船员厨房单独设置，布局在 DECK0 MFZ4～MFZ5，船员餐厅附近。所有厨房的总面积为 4 000 多平方米，可服务乘客和船员共计 6 000 多人。

(2) 厨房设备的选择与配置

厨房需配置有效的、给船上全体人员准备食物所必需的各种机械以及加工设备等。其应紧固、结实，使空气畅通，容易维修和清洗。在设计阶段必须注意设备的用电量，这是选用发电机容量需要考虑的一个相当重要的因素。

厨房设备的配置要根据船员及乘客人数、用膳方式及服务制度而定。主厨房主要分为冷/热菜区、烘焙区、甜品区、洗锅洗碗区等。其余厨房，如紧邻特色主题餐厅的各特色厨房、自助餐厅的开放式吧台及厨房、烧烤餐厅厨房等，需根据服务餐饮的类型做相应的设备缩减及布局调整。厨房设备类型包括生食品准备用具、餐具及调味品用具、熟食品配发用具、污物处理用具、西餐厨房及配餐间用具。具体包括电灶、煎锅、汤锅、烤箱、土豆去皮机、切肉片机、污物处理机、电加热板、多用机、洗碗机、冰箱、工作台、碗碟架、洗池、咖啡机和电水壶等。

高技术远洋客船主厨房的冷/热菜区、烘焙区、甜品区、洗锅洗碗区等各区域布局分开，包含几百个各类烹饪设备，主通道流线宽敞，紧邻主餐厅。其余小厨房设置在紧邻对应餐饮区域，各自面积为几十至几百平方米。设备根据餐饮需求配置。

(3) 有关法规规范的要求

SOLAS 公约规定厨房周围应为 A 级分隔；包含烹饪设备的区域需定义成 12 类处所，即厨房。

MSC.847 通函中规定配餐间根据设备功率的不同，被定义成不同的区域类别。

① 根据 MSC.847 中 3.10 节的要求，在独立的小配餐间不能有烹饪设备，例如，点餐区或者茶水间包含的咖啡机、洗碗机、微波炉、电水壶或类似设备的功率不高于 5 kW；电加热板设备功率要小于 2 kW，并且表面温度不高于 150℃。以上两种情况下，这类区域可以定义为防火等级比较低的 9 类区域。

② 根据 MSC.847 中 3.12.1 节的要求，咖啡机、洗碗机、微波炉、电水壶或类似设备可以大于 5 kW；或者电加热板功率小于 5 Kw。这些区域被定义为 13 类区域，也就是配餐间。

③ 根据 MSC.847 通函中 3.12.2 节的要求，带电加热板功率超过 5 kW 的厨房设备，需要定义为 12 类区域，即厨房。

定义成不同种类的区域和相邻的舱室分隔所需的防火等级不同，因此，应特别注意所包含的设备类型和功率。

(4) 卫生安全要求

卫生标准需满足 USPH 要求，区域分类消毒，设备的布置和施工工艺节点能做到无死角清理和卫生防护，所有厨房设备的布置应便于厨房卫生的打扫和清洁工作，严格遵守相关国家、地区的卫生防疫要求。

本书项目的高技术远洋客船的厨房满足 SOLAS 公约和 MSC.847 等规范的要求，严格设置 A 级防火分隔，防火分隔上配备对应等级的防火门，并做如下安全系统的设计。

① 被动式探火设计

根据 SOLAS 公约第Ⅱ-2 章第三部分探火相关要求，客船上大部分区域都需要运用被动式探火系统进行保护，厨房作为高危险失火区域，更需要布置火灾探测的传感器。在防火法规《国际消防安全系统规则》(FSS Code) 中，对于厨房区域的传感器设计需要使用感温探头，依据防火法规配置感温探头进行探火。

设计能有效地识别火灾警报，降低或消除误报警率，并保证在真正的火灾发生时，触发报警状态。通过快速响应，最大限度地保护人员和财产的安全。以下为部分传感器选型的具体原则，但不仅限于此。

冷餐区域：该区域不产生大量热量，选用报警条件 57℃的感温探头。

冷库：该区域温度一般低于或接近 0℃，选择报警条件在 57℃的感温探头。

烘焙区：该区域温度较高，选用报警条件在 78℃的感温探头进行保护，既起到防止温度较高产生误报警的情况，又可以保证在真正的火灾发生时触发报警。

厨房走道：该区域不产生大量烟气，可选用烟温复合探头，提高火灾报警效率。

热炒菜区：该区域温度较高，因此可选用报警条件在 78℃的感温探头进行常规保护。同时该区域上方废气烟道内需要安装报警条件在 140℃的感温探头进行火警探测。

厨师办公室：选择带蜂鸣器的复合防火探头，并实现当厨房区域任意火警探测器发出报警信号时，厨房办公室的蜂鸣器能够激活并提示办公室内的人员及时反应，有效地保护人员安全。

洗锅洗碗区：该区域会产生大量高温水汽，因此可选用报警条件在 78℃的感温探头进行保护。

配餐间：配餐间一般有咖啡机、饮料机、小冰箱等设备，一些配餐间有洗碗机、小型加热设备。该区域的火警传感器的选择原则上使用烟温复合探头。

② 深煎锅报警和保护设计

大型高技术远洋客船的厨房配置需要大量油炸和油炒方式烹饪的深煎锅设备。深前锅设备的使用及其使用产生的大量油气显著增加了失火风险。对于深煎锅设备的报警和保护需要重点设计。

根据 SOLAS 公约第Ⅱ-2 章第三部分探火要求，深煎锅设备需要固定式灭火系统的保护，如高压水雾喷淋、深煎锅专用插座、高温报警探测和声光报警设备。所有保护设备的操作控制和状态指示需要布置在厨房之外的船员处所且易于到达和识别。

深煎锅设备实现的保护功能包括：

• 高压水雾或等效的固定式灭火设备，配专用的监测单元和控制阀，布置在厨房外。

• 在固定式灭火设备激活后自动切断深煎锅及专用插座供电。

• 灭火系统动作的发生需要有就地的声光报警指示提醒厨房人员。

• 固定式灭火系统的动作状态指示需要同时在火警系统或安全管理系统中显示。深煎锅就地安全切断箱需要布置于厨房外，可与厨房安全控制箱集成设计。

另外，深煎锅设备或单独或与其他厨房设备共用的集气罩设备需要根据实际的厨房布局进行配置。集气罩设备与烟气管道相连，形成厨房通风设计的一部分。

厨房的通风需要切断以保证火灾故障边界的控制，防止火势蔓延。相关设备包括厨房抽风机、送风机、废气管道、布置于废气管道内的防火上风闸以及厨房集气罩设备内的防火下风闸。

高技术远洋客船上乘客和船员数量众多，厨房所占空间也比一般客船大，其出入口也往往设计为多路进出，方便物料、厨师的进出。根据 SOLAS 公约相关要求，通风切断的手动按钮开关应布置于厨房的所有出口处。在有布置厨房就地切断箱的出口，可将通风切断的按钮开关集成于该切断箱内。

(5) 噪声要求

厨房的噪声不应超过 75 dB。

(6) 相关试验

① 电加热设备运行试验，通排风设备运行试验，疏排水测试试验，按 USPH 规范要求检测。

② 深煎锅灭火系统测试：

· 自动/手动灭火系统测试，参考 ISO 15371: 2024。手动灭火系统装置标签应清晰可见。

· 温控器带报警测试：测试温度传感器测量精度，达到报告温度自动切断电源，激活灭火系统、报警系统。

3.3.3　餐厅

(1) 基本功能要求

餐厅是船舶重要的公共场所之一，其保证在有限的时间和空间范围内，向全船乘客提供就餐条件。餐厅最能激发乘客兴致，在愉快的气氛和周到的服务中，餐厅会给乘客旅游留下美好的印象，所以餐厅的设计与服务质量会直接影响营运效益。大型高技术远洋客船一般设置 2～3 个主餐厅，1～2 个自助餐厅，若干特色餐厅、酒吧、甜品站等，能满足上千人同时就餐。餐厅一般靠近船艉布置，乘客可以边用餐边欣赏大海景观。除了乘客餐厅外，还有船员/管理人员餐厅。餐厅的设计应满足人员就餐空间，注意流动路线的合理性，紧邻厨房、配餐间和吧台。

(2) 设计要求

① 规范要求

餐厅的大小及餐桌椅的数量视乘客数量而定。

乘客餐厅所能容纳进餐人数占总人数的比例应不小于 40%，平均每位乘客所占的最小甲板面积应不小于 1 m^2。

餐厅内的餐桌应牢固在甲板上，椅子可以为转动式的。餐桌的宽度对面而坐的不得小于 0.6 m，同向而坐的不小于 0.4 m，每一位乘客座位所占餐桌的长度不得小于 0.5 m。餐桌有方桌、圆桌和长方桌，桌椅的边缘不能有尖角。

② 照明

为了使整个房间亮堂，应保持清洁，最好采用整体扩散照明，餐桌周围兼用壁灯或吊灯的局部照明，并根据建筑师的设计设置一些调光照明。餐厅用色必须能增进食欲，以形成清爽、新鲜、美观且令人愉快的气氛。

③ 餐厅布置

高技术远洋客船餐饮单元是每位游客都必须使用的场所，在就餐时间内容易聚集大量的人流，这将对整船的重心和稳性造成一定的影响。特别是大型餐厅的设计，如主餐厅、自助餐厅等，适宜采用中轴线对称、均衡布置等手法，并应通过整船计算验证。

餐饮单元是典型的瞬时大量人流空间，在就餐时间会有大量人流涌入，服务和管理的压力较大，所以餐饮单元内部设计适宜强调有序高效。对于大型餐厅，适合使用有利于管理的分组团设计，将复杂的大型餐厅分解成更小的组团单元；流线设计宜简洁流畅，避免无用、冗余流线和较多交叉流线，减少游客之间的干扰。

餐饮单元的环境舒适性与灯光、噪声、温度、气味等物理指标密切相关。在餐饮单元设计过程中，需要对这些指标进行专项设计，使餐饮空间的环境能够达到游客就餐时的舒适性要求。

④ 饮食卫生

餐厅必须配备餐具消毒设施，用过的餐具必须及时清洁、消毒。未经消毒的餐具不得供乘客使用，使用一次性餐具的客船应有餐具使用前的保管、防污染措施。食品的采购、加工、储存、销售应符合《中华人民共和国食品卫生法》规定，餐厅应整洁卫生，有防蝇、防虫、防鼠和防尘设施。

本书项目的高技术远洋客船的DECK3/DECK4 主餐厅可容纳2 000多人进餐，约占全船乘客定员的30%；自助餐厅设在DECK10，可容纳900人进餐，并在DECK5设有火锅餐厅、牛排餐厅、鱼餐厅、铁板烧餐厅、烧烤餐厅和啤酒花园等，各能容纳100人左右就餐。部分餐厅的灯带调光功能满足不同风格餐厅的就餐氛围和艺术效果。

餐厅的测试主要有声、光、电等设备的调试，啤酒系统的调试等。

3.3.4 冷库

冷库是用于储存食物的区域，主要材料是冷库板。根据温度要求的不同，冷库分为冷冻库、保鲜库和干货库等。冷库里设置冷风机来达到制冷效果。

根据储藏食物种类的不同，冷库又分为肉库、鱼库、蔬菜库、奶库、干货库和啤酒库等。各食物准备区设置在冷库邻近处，以便食物的预处理。冷库里的食品通过小车，由专用货梯升降到达各厨房区域。

冷库的设计应满足USPH等食品卫生安全要求，表面易清洁，无死角。

本书项目的高技术远洋客船的冷库主要布置在DECK0 MFZ1～MFZ3区域，设冷冻库、保鲜库和干货库等，并设置相应的食物准备区，用于解冻、粗加工食物，通过专用货梯运送到各厨房区域。

冷库的试验主要包括USPH规范要求的检验、冷库的保温试验、冷藏系统的密性试验和冷藏系统的打冷试验等。

3.4 安全及管理系统试验研究

3.4.1 航行试验安全及管理系统概述

(1) 概念及组成

船舶安全及管理水平直接关系到运营的成败及持续发展的空间。建立以综合安全状态监测为基础的现代化安全监测和管理体制，不仅可以适应全面、高效的运营需求，为安全运行提供可靠的技术保障，而且能够显著提高在遭受突发状况的应急响应效率，具有十分重要的安全经济效益。高技术远洋客船安全及管理系统主要包括安全管理系统、应急切断系统、火气探测系统、人员安保系统和航行安全系统，各系统紧密联系，相互配合，全面覆盖了航行的全过程。

(2) 安全管理系统

安全管理系统是一个高度集成化的综合性平台，其设计涵盖了从综合安全监控系统的部署、传感与监测网络的构建，到安全信息流通与通信网络的建立，再到信息管理系统的运作以及辅助决策支持系统的集成。这一系统通过高效整合并分析各子系统产生的安全数据，为操作者提供全局性的安全监控、实时报警、辅助决策支持以及操作指导，从而极大地提升了船员对安全事故的预警反应速度和处理决策的合理性。作为现代化船舶安全监控与管理体系的核心，安全管理系统不仅为船舶的安全航行提供了强有力的技术保障，更在保障人员生命安全、降低事故风险、提高运营效率等方面发挥着无可替代的重要作用。

(3) 应急切断系统

应急切断系统用于船舶在火灾、烟雾、进水或其他突发事件情况时，通过控制防火门、水密门、阀门、泵组、主机、风机和风门等设备设施，促使所有关联设备进入安全状态，并激活相应的消防救助措施，防止突发事件蔓延，以保证人员和设备的安全。

(4) 火气探测系统

船舶结构具有特殊性，火灾往往发生在封闭且通道狭窄的空间内，这使得人员疏散变得极为困难，进一步加大了灭火和自救的难度。因此，船舶防火工作不仅仅是一项简单的任务，而是一个复杂的系统工程，需要从全船防火设计的角度出发，确保各项防火措施的有效性和可靠性。为了更好地监控火灾风险，提高船舶火灾预防和应对能力，需深入开展火气探测系统的试验研究，以便及时发现火情，并迅速采取措施，降低火灾对船舶安全造成的潜在威胁。这将有助于确保船舶在面临火灾等紧急情况时，能够迅速、准确地做出反应，最大限度地保护人员和财产安全。

火气探测系统是一种关键的报警系统，专门用于火灾和气体泄漏的实时监测。该系统通过安装在船舶各个关键部位的探测器和按钮，实现了对潜在风险点的全方位、实时监控。一旦探测到火灾或气体泄漏等异常情况，系统会立即发出预警信号，并迅速激活相应的消防措施，以确保船员和乘客的安全。通过这种高效的监测和响应机制，火气探测系统为船舶的安全航行提供了重要的保障。

(5) 人员安保系统

人员安保系统是一个集成化的安全监控与防护平台，它运用尖端的数字识别技术和实时反馈机制，对船舶上的人员安全进行全面监控和预警。通过精准识别潜在的安全隐患，该系统结合视频信息检测技术和区域控制策略，对舱室及其他关键区域实施严格的安全限制和管理。这不仅确保了船员和乘客的人身安全，也显著增强了船舶整体的安全防护水平，为船舶的平稳运行提供了坚实的保障。

(6) 航行安全系统

随着近年来航运业的快速发展，全球范围内的船舶碰撞、搁浅等事故屡屡发生，并造成了严重后果。造成这些航行安全事故的因素包括人为因素、船舶因素和环境因素。航行安全系统是与航行直接相关的“人员”、“设备”和“环境”的集成系统，用于航行驾驶、航迹规划、避碰避障以及减摇等控制。航行安全系统包括姿态预报系统、操纵性能评估系统、避障与路径规划系统和运动控制系统等 4 个子系统。

(7) 航行试验总体安全需求

① 航行试验安全管理始终贯彻“安全第一，预防为主”的工作方针，正确地处理航行试验安全工作与航行试验任务进度的关系，把航行试验的安全工作放在航行试验一切工作的首位。

② 要始终贯彻执行航行试验安全的文件、命令、指示和规定。组织公司员工加强对法规的学习，增强法规意识。在航行试验之前应该定期开展培训，落实实际船舶行业所规定的航行试验标准。

③ 制定航行试验安全的规定、标准、制度和措施，使航行试验规章制度能够落实到位，使试航人员在航行试验过程中能够有章可循、有法可依。

④ 坚持安全工作在领导思想中的地位，要重视航行试验过程中指挥人员的意见，真正把安全工作当作重中之重的核心工作来抓。

⑤ 抓住问题的关键，保障航行的安全进行。加强航行试验试航人员的培训工作，思想教育到日常管理，全方位提高航行试验的整体素质。

⑥ 明确航行试验各部门职责。各部门、各类人员均应该按照航行试验过程中的岗位职责开展工作，按技术标准进行检查。要认真完成每一项航行试验工作，不能降低标准，简化程序，要时刻保障航行试验的安全。

(8)安全及管理系统总体指标

①指标建立原则

• 系统性原则。

设置评价指标体系时，首先要考虑它的系统性，这是设置评价指标体系的首要原则。系统性原则要求：

首先，不同的安全及管理系统需要不同的安全评价指标，不同的评价指标具有不同的作用。因此，在建立安全及管理系统评价体系时，要根据安全及管理系统的内在要求选择和制定有关的评价指标，然后根据指标间的内在联系，进行有序的衔接和组合，使其成为一个完整的指标系统。

其次，要注意指标之间应协调一致。安全管理活动和安全管理内容是一个统一的整体，评价指标则可能是对某一层次、某一方面管理绩效的反映。如果设置指标时过分强调某一方面的意义，或指标不是由一个部门统一下达，就会造成指标之间不协调和不统一。这种不协调和不统一会给全面评价安全管理绩效的工作带来困难，甚至会把安全管理活动引向错误的方向。因此，设置评价指标体系时，必须注意各指标之间应协调一致。

• 实用性原则。

评价指标和评价指标体系的设置应当和安全及管理系统的具体需要相适应，且应具有实用性。为此，就要注意处理好以下问题。

评价指标要简明，含义要确切，指标之间应相互衔接。

评价指标要尽可能地与统计、会计复核及其岗位责任制的口径相一致，以便能充分地运用统计、会计核算的成果及岗位责任制方面的职责要求，使其计算范围和计算方法都建立在有科学根据的基础之上。

评价指标应具有可考核性。评价指标应该是可以分成不同的等级，并具有相应的得分标准，这样，针对不同的安全管理绩效能得出不同的安全评价结果，便于评价人员和评价组织确定成效，比较优劣。

评价指标体系应保持相对的稳定性。评价指标体系一旦建立，为保持其权威性，评价指标不宜多变，否则会导致人们思想和安全管理行为的混乱，影响安全管理目标的实现和安全管理成效的获得。

• 制度化原则。

评价指标体系一旦建立，经实践检验效果很好，则应用制度将其确定下来。因为，评价指标不仅是用来评价某个部门或某个个人的安全管理成绩和效果，而且是用来评价企业内部所有部门或个人的安全管理成绩和效果的。用制度将评价指标体系确定下来，有利于增强指标体系的约束力，增加成绩和效果评价的对比性，提高评价结论的历史价值，使其成为对某个部门或某个个人进行安全奖惩的重要历史依据。

② 成绩与效果指标

安全及管理系统成绩与效果是指安全管理主体在一定时间内所获得的实际的安全工作成绩与效果。评价安全管理成绩与效果应是评价活动所应遵循的一个基本指导思想。对安全管理实绩的评价，重点应放在以下方面。

- 考核其所取得的真正效益。

这里所指的真正效益，是眼前效益和长远效益的统一，是微观效益和宏观效益的统一，是经济效益和社会效益的统一。获取尽可能大的效益是航行试验安全及管理系统的根本目的和最终归宿，是一切安全管理活动追求的核心内容。安全评价活动的要旨，在于确定安全管理的真正效益并做出相应的评价。

- 考核安全管理目标的实现程度。

安全管理效益的追求总是要通过具体的安全管理目标体现出来。如果说，安全管理效益是安全管理的根本目的和最终归宿，安全管理目标则是安全管理活动的相对出发点和终点，是安全管理主体追求管理效益和效果的真实状况。安全管理目标也就成为考核评价安全管理成绩与效果的重要标准，成为安全评价活动的主要内容之一。

为了保证安全评价结果的全面、真实、准确和客观，评价安全管理目标的实现程度，可如前所说，从安全管理目标的完成程度、困难程度、努力程度等多方面进行综合评价。

③ 职责履行程度指标

安全管理的过程也是一个履行安全管理职责的过程。安全管理职责履行情况如何，直接影响航行试验的安全管理水平、安全管理效益的高低、安全管理目标的实现程度。为改进安全管理，推动安全管理的良性循环，安全评价活动还应深入到安全管理活动内部，对安全管理职责的履行程度进行评价。就一般情况而言，对安全管理职责的评价主要有以下方面。

- 安全决策。

安全决策在安全管理过程中占有核心地位。安全管理系统的其他各项活动，如安全计划、安全指挥、安全协调和安全监督等，都是围绕安全决策展开的。安全决策正确，则安全管理效率与安全管理效益成正比；安全决策错误，则安全管理效率越高，安全管理损失也就越大。因此，安全决策是决定安全管理效益的首要因素。而安全决策的中心职责是制定科学、正确的安全目标。为此，评价安全决策活动是否履行了其职责主要是看其是否能正确提出问题；是否在科学预测的基础上，设计出多个可供选择的、能解决问题的安全目标；是否对多个安全目标进行充分论证和比较；安全决策的目标是否达到了优化的要求等。

- 安全计划。

安全计划是指根据安全管理系统的目标，对未来安全管理过程进行具体安排与部署的安全管理活动。就实质而言，安全计划是安全决策目标的具体纲领和实施安排，是指挥、协调、监督的标准和前提条件，在安全管理过程中起着承上启下的中心环节的作用。为此，评价安全计划活动是否履行职责，主要是看其是否从人、财、物的实际情况出发；是否是安全决策目标的具体落实和周密展开；是否因考虑不周而经常更改；是否能适应安全指挥、安全监督、安全协调等职能的进行与展开。

- 安全指挥。

安全指挥是指依靠一定的权威，按照统一意志和指令，调度组织成员活动，发挥成员间合作效能，使安全决策目标和编制的安全计划付诸实施的安全管理活动。这就决定了安全指挥是安全管理实际运行的推动者。没有安全指挥，安全决策的目标和编制的安全计划就不能成为现实，安全监督和安全协调也就无法着手进行。安全指挥又是安全管理过程有效性的直接决定者，安全指挥职责履行不到位，整个安全管理过程就难以顺利运转，安全管理的高效率就会成为一句空话。为此，评价安全指挥职责是否履行到位，要紧紧围绕“效率”这一中心内容，是否发掘了企业内部各类资源的潜能，各类资源是否得到了充分合理的利用；企业内各机构设计、各人员安排是否配置得当；制定的安全工作规范是否健全、完善；从安全管理层到安全执行层是否齐心合力、团结一致等。

- 安全协调。

安全协调是指在安全管理过程中，对安全管理的各种要素、各个环节、各个方面进行动态的组织和调节，使其达到和谐、统一和平衡，以确保安全管理目标和安全计划顺利实现的安全管理活动。评价安全协调活动是否得当，主要是看其是否在安全计划实施过程中，消除了计划任务委派中的不确定性和交叉重复性，不断地调整和完善安全计划；是否调整了人员在工作中的各种关系，建立了最佳的人员结构；是否缓解和解决了安全管理活动在动态过程中出现的新矛盾和问题；是否在航行试验中创造了一种和谐的气氛，提高了试航过程中的工作效率等。

- 安全监督。

安全监督是指为确保安全管理目标的实现，依据安全计划的标准，对安全管理执行活动进行监察、督促的安全管理活动。评价安全监督活动是否履行了职责，主要是看是否依据安全计划标准检查、核实执行活动的实际状况；是否发现偏差并督促执行部门纠正偏差；是否把不符要求的安全管理活动拉回到正确的轨道上来。

3.4.2　安全管理系统试验

(1) 安全管理系统概述

安全管理系统本质上是为了在现有系统的基础上能够实施进步的安全风险管理以及运行安全管理系统，让当前系统能够具有更加清晰和全面的保障体系。因此在实际操作当中，它强调进一步积极主动地开展事故安全管理以及预防预警工作，同时需要相关安全部门在工作中进一步注意安全计划的细分，并进行相关风险信息的收集以及后期的整合分析工作，通过相关的信息整合来排查安全风险。安全管理系统也会为部门之间提供更加有效的安全技术支持，以促进内部相关安全工作的交流与互动。其核心就是风险管理，就目前来说，通常认为的风险管理主要包括工作当中的风险识别、评估以及控制 3 大阶段。这 3 大阶段是一个有序循环的过程，它通过风险优先控制的顺序来进行风险事态的管理工作，与传统的安全管理有很大的不同。一般来说，传统的安全管理是通过分析事件的发生原因，来阻止不安全与不稳定的事件在今后的工作中再次出现；现在的安全管理是通过对风险隐患进行提早的排查与控制，从而预防不稳定事件的发生。

其与传统的安全管理的区别之一是它认为安全管理是具有相应成本的，因此在风险控制的过程当中，存在一个可接受的节点，在此节点之后安全保障才是排第一位的。在目前航行试验的安全管理当中，实行安全管理模式的时候，应当将工作的重心放在对风险的识别以及评估等环节，通过一系列的工作，找出整个航行试验安全管理系统中存在的缺陷及问题并加以解决，通过采取切实有效的措施来推动整个安全体系的进一步有序发展。

航行试验安全管理系统是基于以往航行试验安全管理中的问题以及在内外部环境变化的前提下，执行安全、科学的发展理念，持续推进安全管理，借鉴试验安全管理理论建立的。安全管理系统在实现的过程中，主要是通过对航行试验进行系统化的安全管理来实现安全管理目标。在管理中，对于各种潜在的风险，持续地加以纠正，通过对风险的识别、对数据的收集，来对航行试验的安全性加以评估。航行试验安全管理体系的目的是在航行试验风险出现之前就对风险进行识别和评估，通过各种积极的方式来降低或者消除风险。该系统借鉴安全管理体系模式，其核心是危险识别和安全风险管理，将安全风险降低并维持在一个可接受的程度或其以下。航行试验安全管理体系在具体的管理过程中，对于航行试验识别潜在风险有着重要的作用，可以帮助试验人员尽快地发现试验过程中的缺陷。

安全管理系统包括综合安全监控系统、传感与监测系统、安全信息网络与通信系统、信息管理系统和辅助决策系统。该系统通过集成分析来自不同子系统的安全数据信息，向操作者提供具有全局视野的安全集中报警、监测、辅助决策以及操作，能够有效提高操作员对于安全事故的预警及时性和处理合理性，是现代化安全监测和管理体制的基础，可以为安全运行提供可靠的技术保障，具有非常重要的意义。

(2) 安全监控系统试验特点

① 安全监控系统概述

为切实保障高技术远洋客船内的人身和财产安全，有必要设立一套完善的综合安全监控系统对建筑物内外环境进行全方位的监控。这套系统以安保管理中心为核心，安全电视监视系统、电子巡逻系统和通道控制系统为其所辖子系统，并设有安全信息与图像储存与检索处理系统，相关联动系统还包括电梯控制系统和火灾自动报警系统。这些系统如果由保安人员分别来协调工作与管理，工作强度大，效率低，尤其是当出现突发事件时，可能应接不及、顾此失彼。若将各自独立的系统综合集成起来，互相联动控制，信息以网络方式互联，信息与图像资料进行统一管理，则可以使安保系统构成一个统一的集成化综合安全监控系统，从而提高安保工作质量。

安全监控系统是安全管理系统中的重要组成部分，是航行试验安全保障的重要内容，同时也是一种先进的、防范能力极强的综合系统。近几年，随着智能化技术的不断普及，安全监控系统在航行试验安全管理中也得到了广泛应用。通过该系统能实时、形象、真实地反映被监视对象的画面，为安全防范和航行试验的现代化管理提供有效、可靠的手段。因此建设一套安全可靠、技术先进的安全监控系统不仅关系到航行试验的合理性，而且也关系到该系统在航行试验中的应用和升级发展，更重要的是为航行试验的安全和现代化管理提供可靠的保障。

安全监控系统由摄像、传输、控制与显示 4 个主要部分组成。该系统是双向的传输系统，既要向接收端传输视频信号，又要向摄像机传送控制信号和电源。根据不同的规模可组成单头单尾系统、多头单尾系统和多头多尾系统。就航行试验安全管理而言，通常情况下认为，多头单尾系统是比较适合的方式。

航行试验中安全监控系统的设计要点：

• 根据试验管理人员对系统功能的要求，确定系统技术和系统组成，包括系统是传统的闭路电视监控系统还是多媒体闭路电视监控系统，是黑白系统还是彩色系统，以及图形分辨率等。

• 根据系统组成，确定设备配置。

• 根据高技术远洋客船舱室分布特点，确定摄像机和其他设备安装位置；按照监视目标和周围环境条件，选择摄像机的品种和防护措施。

• 按照摄像机分布和环境特征，确定传输线的敷设方式。

• 考虑闭路电视监控系统与航行试验安全管理系统其他子系统的适应性。

② 安全监控系统技术条件

• 主控台。

安全监控系统的核心设备为主控台，它不仅要完成对图像信号的处理与显示，而且还要对有关设备实施控制。它是多种设备的组合，根据系统功能要求来决定，主要有视频切换器、控制键盘、摄像机和电源等设备。目前，随着计算机技术的应用，多媒体计算机作为控制台的主控设备也很常见。

图像的处理。安全监控系统对所传输的图像信息具有切换、记录、重放、加工和复制等功能。视频切换器能手动和自动编程，它将所有视频信号在指定的监视器上进行固记或时序显示，也可以进行图像混合、画面分割和字幕叠加等处理。在用于安全管理监控系统中，视频切换器应具有与报警控制器联网的接口，当报警发生时切换出相应部位的图像，并能进行记录和重放，以便分析、处理所发生的事故。

图像的记录及重放。安全监控系统采用摄像机实现记录和重放功能，这种摄像机的特点是可以长时间录像(目前普遍使用 24 h 录像)，因为这种方式可以快速重放所记录的画面，而且具有遥控功能，系统可以对摄像机远距离操作，或利用系统中的控制信号自动操作摄像机。目前，在一些航行试验中多采用多媒体计算机进行数字录像。

图像的显示。监视器是安全系统的终端显示设备。监视器的选择应根据整套系统的技术性能指标及使用目的来选择。选择彩色监视器或黑白监视器时应与系统的摄像机一致，屏幕的大小应根据控制中心的面积和监视人数进行选择。监视器的清晰度应相当于或高于摄像机的清晰度，以充分发挥摄像机的性能。根据实际工程需要，监视器的数量应与摄像机数量成适当比例。重点部位监视器与摄像机的比例一般不小于 1∶3，非重点部位不小于 1∶8。

- 摄像头。

镜头是安装在摄像机前端的成像装置，它分为定焦距镜头和变焦距镜头。一般来说，当监视固定目标时，可选用定焦距镜头。当需要改变监视目标的观察视角或视角范围较大时，宜选用变焦距镜头和遥控云台。当视距小而视角大时，可选用广角镜头，如电梯轿厢内的摄像机镜头就应选用水平视场角大于 70°的广角镜头。

监视目标逆光摄像时，宜选用具有逆光补偿的摄像机。监视目标亮度高低相差较大或昼夜使用的摄像机，应选用自动光圈镜头或电动光圈镜头。当需要遥控时可选用具有光对焦、光圈开度、变焦距的遥控镜头。需要隐蔽安装的摄像机，宜采用针孔镜头或棱镜镜头。总之，摄像机镜头的选择除考虑应用场合、环境、价格和机械安装等因素外，更重要的是考虑镜头成像的规格与摄像机靶面规格相一致。根据高技术远洋客船现有的舱室条件选择合适的摄像头。

- 信号传输。

航行试验安全监控系统中，信号主要分为图像信号和控制信号。图像信号由摄像机流向监控中心，控制信号由控制中心流向摄像机，从而对摄像机的镜头、光圈、云台等进行控制。

图像信号分为视频基带信号和射频信号，其传输线有不平衡电缆(同轴电缆)、平衡对称电缆(电话电缆)和光缆。平衡对称电缆和光缆一般用于长距离传输，而航行试验过程中一般采用同轴电缆传输视频基带信号。当采用 75-5 同轴电缆，一般传输距离为 300 m 时，应考虑使用电缆补偿器；当采用 75-9 同轴电缆时，摄像机和监视器间的距离在 500 m 以内可不加电缆补偿器。当图像信号远距离传输时，通常采用光缆或其他传输线射频传输。

安全监控系统应具有对电动云台、电动变焦镜头、防护罩和电源的控制功能。控制中心与受控中心的距离及受控设备的多少决定电视监控系统的控制方式。

当摄像机数量少，控制距离不超过 500 m 时，宜采用直接控制方式，并用多芯电缆传输控制信号。这种方式控制线的数量多，施工量大。

当摄像机数量少，控制项目较少，控制距离在 1 000 m 以内时，可采用间接控制方式。这种方式控制线数量也较多。

由于计算机技术的极大进步，现已将数字技术广泛应用于传统的模拟电视监控领域，这就是数据编码微机控制方式。这种方式采用串行码传输控制信号，只需 2 根系统控制线，不仅适用于大中型系统的控制及长距离传输，还可以用软件将监控与报警系统兼容起来。

③ 安全监控系统试验方法

· 主控台。对主控台的图像处理、记录、重放、加工和性能进行试验。

· 摄像头。对摄像头的实际使用情况进行校验，判断其是否满足安全管理系统的需要，以及空间布局情况。

· 信号传输。对信号传输的稳定性和速度进行试验，并检验在异常情况下是否满足功能需求。

④ 安全监控系统判定衡准

安全监控系统的总体指标是利用最新电子技术、图像处理技术和视频传输技术等，实现对各监控点的安全情况及突发事件全方位的监视与控制。航行试验的安全监控系统应遵循以下原则。

· 设备先进，经济实惠。安全监控系统应采用当前先进的技术，所选设备技术性能优良、功能完善、工作稳定可靠，使整个系统在相当长的一段时间内保持国内外先进水平，同时兼顾试验单位的具体情况，本着实用、可靠、经济的原则，在节约及降低成本的前提下发挥系统最大的作用。

· 操作方便。安全监控系统的操作应具有简单、方便、灵活、易于掌握的特点。操作人员经过短时间培训后能够熟练地使用及进行简单维护。

· 性能稳定。作为监控系统，其稳定性至关重要。该系统成熟先进、设备性能稳定。

· 方便扩容升级及系统集成。安全监控系统应留有充分的余地，以便日后进行系统扩容、升级及集成。

⑤ 安全监控系统试验步骤

· 主控台。

对主控台的图像处理、记录、重放、加工和性能进行试验。

调取过去 24 h 内的监控。

对视频的完整性进行检查，包括但不限于视频的覆盖范围、声音以及清晰度。

通过 U 盘等外接存储导入高分辨率视频，测试其加工性能。

- 摄像头。

根据现有的摄像头绘制航行试验安全管理系统的监控摄像头布局图。

根据布局图及现有的高技术远洋客船的舱室分布图，判断是否有监控盲区。

对于特殊环境(如暗光、潮湿、雾气等)下的摄像头进行单独测试，判断其是否满足要求。

- 信号传输。

对信号传输的稳定性和速度进行试验，并检验在异常情况下是否满足功能需求。

模拟突发状况的产生，观察主控机是否响应及时，记录响应时间。

模拟物理损坏，切断其中一根线路，观察安全监控系统是否可以正常工作。

(3) 传感与监测控制系统试验

① 传感与监测控制系统概述

航行试验安全传感与监测控制系统包括导航雷达、测量水深数据的测深仪、雷达数据接收单元、将接收到的雷达数据进行校验的数据校验单元、将校验好的雷达数据和水深数据进行处理的数据处理单元、根据处理后的数据发出操作指令的操作指示单元，以及输出界面。导航雷达扫描采集数据信号，所述的导航雷达扫描采集的数据信号包括周围船只相对于雷达的位置信息以及船只周围的海浪背景信息。测深仪实时探测船只所处水域的水深。

传感与监测控制系统是为了实时调整合理吃水差、准确预报船舶航行状态，并提供大风浪天气条件下，最优船艏向范围的数据，实现船公司对船舶航行状态的远程实时监控。传感与监测控制系统主要由海上浮体不稳定状态实时无线传输装置、数据分析模型、自响应提示数据库和浮体三维显示窗等部分组成。其不仅实时提示包含被监控船舶的航向、横摇角、纵摇角和航速等船舶姿态信息，而且还提示包含被监控船舶的浮体稳性、波浪遭遇周期、波浪中最优航向区间及应对措施等航行安全信息。该系统主要分为 2 个显示端口界面。第一个显示端口界面为船舶姿态和安全的实时监测界面，它主要包括 2 个部分，第一部分为最优吃水差调整指示仪，第二部分为最优航向区间及稳性指示仪。其中，最优吃水差调整指示仪的组成包括纵倾角指针、危险吃水区域、警戒吃水区域、可行吃水区域和实时吃水差。最优航向区间及稳性指示仪的组成包括横倾角指针、安全稳性区域、警戒稳性区域、危险稳性区域、优化航向范围和实时横倾角。第二个显示端口界面为监测界面，其主要包括 3 个部分，即被监测船体模型、不安全信息提示窗口和基本信息提示窗。

② 传感与监测控制系统技术条件

应用支持向量机(SVM)技术，将试验数据作为样本，对船舶操纵运动进行辨识建模，进一步对船舶操纵运动进行预报，并通过与试验结果的比较来验证方法的有效性；同时将辨识模型与通用仿真模型进行比较，经修正改进得到一个能够表征被控船舶实际运动特性的仿真模型，该模型应该充分考虑风、流、浅水和岸壁效应等的影响，以及船舶在各种工况下的限制条件，为后面进行计算机数值模拟仿真打下基础。

③ 传感与监测控制系统试验方法

利用实船试验和船模试验数据，借助 SVM 先进辨识技术对试验数据具有独特优势的处理能力，处理模型试验中尺度效应的问题。

利用自抗扰控制(ADRC)等先进智能控制技术，开发不依赖于被控对象数学模型的智能控制设计方法，使得所研究算法具有很好的鲁棒性、自适应性、实时性和实用性。

④ 传感与监测控制系统判定衡准

该系统判定衡准是实船试验和船模试验数据吻合情况对于在航行试验过程中避碰、风场变化和警报响应的灵敏性。

⑤ 传感与监测控制系统试验步骤

传感与监测控制系统示意图如图 3-11 所示。

· 导航雷达与雷达数据接收单元连接，雷达数据接收单元采集信息的频率为每 30 s 一次，持续时间为 10 s，雷达数据接收单元将导航雷达扫描采集的数据信号接收并去噪、放大。

· 雷达数据接收单元与数据校验单元连接，数据校验单元对雷达数据信息进行数据校验，确保是本船的雷达信号，不会与相邻船只的雷达信号混淆从而导致混乱。

· 数据校验单元和测深仪分别与数据处理单元连接，数据处理单元包括周围船只信息处理单元、海浪信息处理单元和水深数据处理单元。

· 周围船只信息处理单元滤除船只周围的海浪背景信息，得到周围船只相对于导航雷达的位置信息。

· 数据处理单元与操作指示单元连接，操作指示单元包括船舶避碰操作指示单元、风场改变操作指示单元和船舶过浅操作指示单元。

· 船舶避碰操作指示单元将周围船只信息处理单元处理后的数据信息与预存的船舶碰撞条件进行比较，得出需要进行的避碰操作指示。

· 海浪信息处理单元将周围船只相对于雷达的位置信息作为噪声滤除，得到船只周围 10 km 内的海浪背景信息，计算出船只周围的风向和风速变化。

· 风场改变操作指示单元将船只周围的风向、风速变化与预设的航线改变条件进行比较，得出需要进行的风场改变操作指示。

- 水深数据处理单元将测深仪实时探测船只所处水域的水深数据进行放大处理。

- 船舶过浅操作指示单元将船只的水深数据与预存的海图进行比较，得出需要进行的航线改变操作指示。

- 操作指示单元与输出界面连接，输出界面将经过周围船只信息处理单元、海浪信息处理单元、船舶避碰操作指示单元、风场改变操作指示单元、水深数据处理单元和船舶过浅操作指示单元处理后的雷达数据及操作指令进行输出显示。

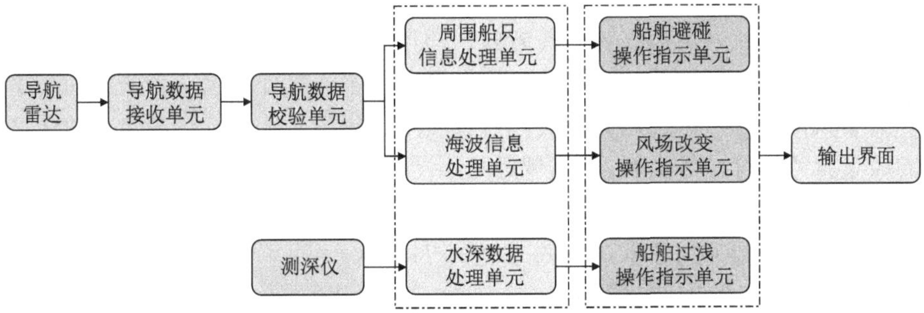

图 3-11 传感与监测控制系统示意图

(4) 安全信息网络与通信系统

① 安全信息网络与通信系统概述

高技术远洋客船航行试验安全信息的“及时发布、保证接获、认真处置”对于航行试验安全至关重要。高技术远洋客船航行试验安全信息是指通过媒体传播的、与高技术远洋客船航行试验安全信息及各种水上活动安全有关的，用以描述水域试验环境状况的各种消息、情况和情报的综合。高技术远洋客船航行试验安全信息可以视为海上安全信息的等效概念。当前，海上安全信息的采集、处理、审核、播发、传输和接收均已形成国际或国家层面的标准化流程。基于全球海上遇险与安全系统(GMDSS)的海上安全信息播发机制涉及行政管理、标准规范及硬件要求等多个方面，各个国家在 GMDSS 统一协调机制下向船舶提供安全信息播发服务。

随着科学技术的发展，航行试验安全信息的通信方式日益多样化，包括高频数据交换系统、海上数字广播(NAVDAT)系统、移动互联网等地面通信系统、相关卫星通信系统等。目前，我国航行试验主要以航行试验警告为载体，在 GMDSS 框架下利用中频、高频和甚高频通信频段对外广播。通信范围内的所有船舶可利用奈伏泰斯(NAVTEX)以及强化群呼(enhanced group call，EGC)接收机等设备自动接收安全信息，并通过报文打印方式来查看信息内容。这种基于航行警告区(NAVAREA)分区机制和GMDSS海上无线电通信网络的海上安全信息播发体系，虽然基本实现了信息在海上交通水域的全覆盖，但群发、NAVTEX、传真、报文、打印等技术手段与数字化、智能化的现代通信技术极度不匹配。同时，接收设备集成度以及信息利用效能较低，已不足以应对海上军事、政治和经济竞争日益加剧的形势。

② 网络与通信系统技术条件

- 通用技术架构。

e-Navigation通用技术架构是当前建立不同航行试验项目之间信息交换的基本结构。它是由不同航行试验客户端、服务、通信、标准、PNT构成的一个整体。不同航行试验项目之间有3种链接方式，即信息域内的操作服务、数据域的功能链接技术服务和物理连接技术服务。服务是主导不同航行试验安全关系的基本媒介。信息域保存的数据经过处理后，可直接用于决策。不同航行试验之间通过具体的信息服务进行信息交换。数据域则是不同航行试验之间保存的“底层数据”，它们是按照《通用海道测量数据模型(S-100)》组织和编排的。其具有特定的数据格式，通过实现服务功能来达到数据交换的目的。

- 水上无线电通信技术。

GMDSS现代化计划草案于2017年IMO海上安全委员会第98次会议(MSC98)核准通过，确定将NAVDAT系统、甚高频数据交换系统纳入GMDSS地面通信系统。2018年MSC99会议正式批准美国铱星系统、海事宽带FBB正式纳入GMDSS卫星通信系统，随着通信系统技术发展，高频窄带直接印字电报、搜救雷达应答器等技术将逐渐淘汰。北斗卫星导航无线电测定系统信息服务也进入技术和操作评估阶段，其中北斗报文服务系统已加入GMDSS卫星通信系统。

与传统通信手段相比，新型水上无线电通信技术的传输速度、传输距离和传输质量等方面的能力均明显增强。依托这些通信技术，加之近岸移动互联网和无线网的高带宽通信能力，为安全信息在全球航海通航水域的全覆盖提供了坚实的技术基础，同时也为安全信息的数字化和智能化传播及可视化提供了条件。

- 数据交换框架。

IMO海事服务是e-Navigation总结的16种航海信息技术服务，S-100是其通用数据结构的数据储存和数据交换方式，与传统航海产品并不相同。前者以数据流的方式实现在线交付和使用；后者则是以文件的方式保存，通过物理介质发行和使用。虽然S-100在数据结构上进行了统一，但在信息服务数据的交付和交换方面未做出约束。这导致当前数据交换方式各不相同，数据生产者、设备商和用户之间无法进行一致性的服务开发和应用。为此国际海道测量组织(IHO)采纳国际航标协会将在线数据交换纳入 S-100 标准的提案。

S-100 应用程序/设备之间的在线数据交换遵循不同的通信模式，从而支持不同类型信息的发布需要。多个航行试验客户端可以与同一服务交互，实现基于 S-100 数据的单项消息流和交互式数据交换，即可以支持安全信息的请求/响应、订阅/推送以及集体广播功能。

③ 网络与通信系统试验方法

通过实现 e-Navigation 技术架构，利用多种通信技术，在 S-100 线数据交换框架的支持下，实现重要信息的强制接收，常规信息按需接收的安全信息交换策略。在这种交换策略下，航行试验可以根据船舶的具体需要来播发安全信息，如播放发送计划航行试验内的安全信息、推送气象预报或广播航标移位信息等。

④ 网络与通信系统判定衡准

高技术远洋客船航行试验安全信息的分类与分级主要为了确定信息类型及其重要性，它是实现信息交换策略的前提。《IMO/IHO/WMO 联合海上安全信息手册(S-53)》将安全信息类型划分为 18 类信息。IHO 航行警(通)告(S-124)则进一步划分了这 18 类信息，衍生为 112 个子类型。我国船舶航行安全信息分类主要在航行警(通)告国家标准/行业标准中体现。这些标准既参考了 S-53 的分类方法，也兼顾我国航行水域特色，是研究安全信息分类的主要参考标准。本研究将安全信息分级为 VITAL (极其重要，V)、IMPORTANT (重要，I)和 ROUTINE (常规，R)3 类。搜寻或救助相关的安全信息等级一律为 V；助航标志和导航设置的变异或失常，碍航物和其他需要立即发布的航行警告，等级一般为 I；其他信息等级为 R。遵循上述原则，对船舶航行试验安全信息进行分类、分级，具体结果见表 3-3。

表 3-3　船舶航行试验安全信息分类、分级

序号	分类	分类编码	大类描述	分级编码
1	助航标志变化	A	灯标、浮标或其他助航标志发生故障；设立、撤销或改变助航标志	I
2	孤立危险物	B	船舶或者其他物体沉没；新发现的危险物区域	I
3	漂浮碍航物	C	发现漂浮危险物	I
4	船舶航行/拖带	D	大型危险船舶航行/拖带作业	R
5	搜救应急行动	E	开展搜救应急行动	V、R
6	通航水域变化	F	划定、改动或者撤销航道、锚地等；已公告的航道(路)发生意外改变或者中断	R
7	水上水下活动	G	如开展科研、海道测量、建设、演习等活动	V、I、R

续表

序号	分类	分类编码	大类描述	分级编码
8	异常自然现象	H	变化的海啸、洪水等突发情况	V、R
9	导航通信异常	I	无线电导航系统、岸基海上遇险与安全通信系统或卫星服务发生重大故障等	I
10	海事服务	J	海事部门提供的航海保障类通信、导航等服务	I、R

⑤ 网络与通信系统试验步骤

根据表 3-3 逐一测试各种试验，测试安全信息网络与通信系统通信过程的及时性、准确性，以及各部门的协同合作能力。

(5)信息管理系统

① 信息管理系统概述

船舶的信息化和自动化管理是船舶未来设计的重要发展趋势之一，随着信息技术的迅速发展，传统的船舶自动化系统正在向船舶信息集成化方向发展。其核心是利用计算机、网络通信、自动控制等技术，将通信设备、导航设备、机舱监控、船务管理、视频监视系统等相对独立的分系统纳入统一的船舶网络系统中，实现信息集成。

我国的造船技术处于世界领先水平，在各类船舶上均有成熟的轮机监控、综合导航、报警系统、视频监视等系统。随着嵌入式技术和网络技术的发展，船舶的集成化水平将越来越高。因此，建立船舶信息管理系统越来越受重视，各种类型综合平台信息系统开始在船舶上逐步实施。

② 信息管理系统技术条件

· 网络服务器。系统采用 2 台互为备份的服务器，主干网服务器主要用于数据存储、信息收发等，每台服务器要求有 2 个 10 MB/100 MB/1 000 MB 自适应以太网接口。另外，服务器还要符合船用特殊条件，包括震动、温度、湿度及电磁兼容性等。因此，选用 HP E5620 型号的信息管理系统网络服务器，采用 Windows Server 2008 作为信息管理系统网络中心的操作系统，并配合 SQL Server 2005 软件，为系统提供可靠的支撑环境。

· UPS。主干网供电系统采用在线式 APC Smart-UPS，为交换机、服务器等设备提供独立电源，当发生事故停电时，UPS 立即将机内电池的电能，通过逆变转换的方法向负载继续供应 220 V 交流电，使负载维持正常工作并保护负载软、硬件不受损伤，UPS 设备通常对电压过大和电压过低都提供保护。

· 网络机柜。考虑到机舱工作环境具有震动大、温度高、电磁干扰强的特点，定制防护等级 IP23(符合船用标准)的屏蔽网络机柜，需对机柜底部、侧面进行加固以防止船舶的颠簸。

此外，由于船上湿度大、温度差异大，网络插座应采用密封性好、可靠性高的航空插座。网络中心需要利用空调进行 24 h 的调温、抽湿来满足系统设备工作环境的温、湿度要求。

③ 信息管理系统试验方法

Modbus 协议是一种工业通信和分布式控制系统协议，在此协议上，其相互之间的控制可以经过网络和其他设备通信。信息管理系统试验中 Modbus 协议应用于主/从式点对点通信，主站要数间隔为 8，物理层采用 RS485 串行通信标准来实现，能够很好地满足实时性要求。

在 Modbus RTU 中，主站设备发送一个信息，相应的从站设备返回一个响应，当通信命令由主机发送至从站设备时，符合相应地址码的从站设备接收通信命令，并根据功能码及相关要求读取信息。如果 CRC 校验无误，则执行相应的任务，然后把执行结果发送给主站设备，Modbus RTU 的查询响应示意图如图 3-12 所示。

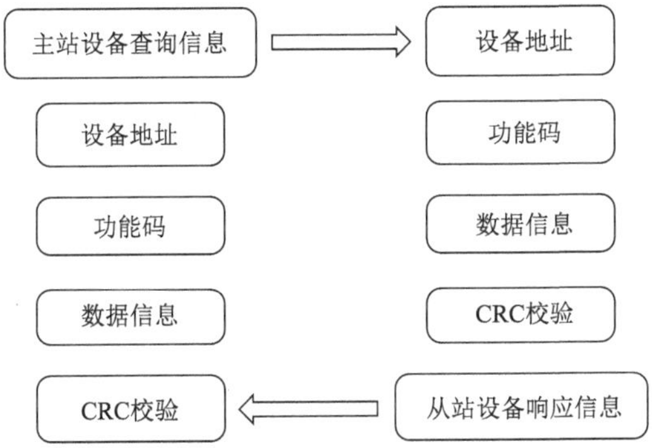

图 3-12　Modbus RTU 的查询响应示意图

数据帧结构定义如下：主站设备向从站设备发送要数命令格式，从站地址(02)+功能码(03)+寄存器地址高字节+寄存器地址低字节+数据个数(高字节)+数据个数(低字节)+CRC(低字节)+CRC(高字节)；从站设备向主站设备发送回数命令格式，从站地址(02)+功能码(03)+返回的数据字节数(1 个字节)+数据 1(2 个字节)+数据 2(2 个字节)+……+数据 n + CRC(低字节)+ CRC(高字节)。

④ 信息管理系统判定衡准

- 范围。所选择的测试用例能够检查到所有合法与不合法的输入。
- 数据整理。输入的测试数据基本上能够满足测试的预期要求，整个数据处理基本上可以达到预期的结果。
- 尺度。根据测试结果是否跟预期结果一致来判断，测试范围小于允许误差才说明程序正确。看软件的功能、运行时间以及其他要求是否基本上均满足软件规格说明书的规定。

⑤ 信息管理系统试验步骤

为了信息管理系统的各项功能可靠地实现，根据软件测试方法和技术相关原理和要求对各种子系统进行测试，编写测试计划，对信息管理系统的各功能模块和事例系统进行测试，以供程序员在程序高度阶段参考，在系统测试阶段提供测试依据。该测试主要用于发现信息管理系统使用过程中出现的各种不妥判之处，发现设计中的错误。

(6)辅助决策系统

① 辅助决策系统概述

辅助决策系统的功能就是把各类经整编后的观测数据和观测资料与各类评判指标进行比较，从而识别观测数据和观测资料的正常或异常性质。在判断观测数据和观测资料为异常时，进行成因分析，并根据分析成果，以图形、图像方式或声音等多媒体技术，发出报警或提供辅助决策信息。在分析过程中，系统根据实际情况，从模型库、方法库、知识库中提取有关支持方法，供分析人员现场对异常情况分析使用，并利用推理机制模拟专家推理方式，对异常情况进行推理决策，供分析人员参考，以便做出正确决策。

② 辅助决策系统技术条件

· 可视化技术。高技术远洋客船航行试验安全监控辅助决策系统利用可视化技术。在系统开发阶段主要是针对用户操作界面的可视化，设计友好、直观的图形操作界面。另外，在系统运行期间，针对数据的计算和处理的可视化，把数据和信息以图形、图像的形式更直观地显示给用户，并根据用户权限可对图形或图像进行权限内的操作。高技术远洋客船航行试验安全监控辅助决策系统利用过程线、包络图、相关图以及特征值统计图等图形对客船航行试验监测数据进行可视化，对模型建立和辅助决策过程进行可视化操作，并对分析和决策结果进行可视化显示。

· 数据查询技术。数据查询的效率是数据库性能的重要指标，查询处理结构和方案各不相同，但是基本原理是相同的，其步骤包括语法分析与翻译、优化和执行。查询处理及优化是数据库系统的重要组成部分，可以提高查询语句的执行效率。

· 系统容错技术。系统的可靠性是指系统在特定的运行环境中、特定的时间内无故障运行的概率，抵抗异常情况(人为的和机器的故障)的干扰，保证系统正常工作的能力。可靠性包括检错、纠错的能力，对错误的容忍能力，及排除错误的能力等。一个可靠的系统，在合理的情况下运行、操作、使用时是不会引起危险和严重失灵的，合理的运行、操作、使用状况是在典型用户所期望的正常情况下的要求。可靠性设计就是针对系统可能发生的故障、失灵及可能遇到的破坏进行预防性措施的设计，具体目标是：影响系统可靠性的因素、原因，如何预先防止；一旦发生故障，可采用什么措施使系统快速地恢复正常，即故障的恢复问题。

③ 辅助决策系统试验方法

• 异常测值检查。利用异常值分析准则(如时空评判准则、模型评判准则、监控指标评判准则等)对实测值进行检查。通过定量方法检查发现的异常情况归结为 3 种原因：与测量因素有关；与航行试验过程有关；模型或检查方法不适应。经过上述检查发现异常情况后，首先应进行监测检查，确定异常情况是否是由测量因素引起的。

• 航行试验异常成因分析。排除由观测因素引起的异常情况须进行成因分析，成因分析包括外因分析和内因分析。该分析过程需要调用航行试验分析的计算结果。

• 综合评判。经上述分析还未得到结论时则进入综合评判处理，根据能正确反映航行试验安全基本要求的准则，利用正确的评判方法得出可用的评判结果。

• 异常程度以及技术报警级别的确定。当发现异常情况时，需确定异常程度并调用辅助决策系统做出相应级别的报警。

④ 辅助决策系统判定衡准

异常检查测量因素判断的成功率、异常成因分析的准确率，包括内因和外因综合评判的合理性。

⑤ 辅助决策系统试验步骤

• 异常测值检查。异常测值检查的基本任务是发现观测项目测值中的异常值。测值异常是利用评判准则(如时空评判准则、模型评判准则、监控指标评判准则等)对实测值进行检查，识别测值是正常还是异常，并把检查结果存放在测点当前状态库，随每次检查不断更新以作为以后各分析阶段的基础。系统允许对各评判准则的选择进行预置，同一监测项目允许采用多种方法，调用异常值检查模块之后，自动对航行试验的监测项目，通过所设置的评判标准逐个测点地进行检查。

• 航行试验安全异常原因确定。通过定量方法检查发现异常情况后，首先应检查异常是否由观测因素引起，只有排除异常是由监测因素引起的，才能确定在航行试验过程中发生了异常。将测量系统引起的误差鉴别出来并排除掉，或者说保证实测数据的可靠性应该是安全监测工作的基本内容。为了提高系统在这一阶段的应用效果及结构化程度，开发相应的辅助决策系统是一种积极的尝试。

• 航行试验安全异常成因分析。航行试验安全异常主要是受外界因素与内部因素变化的影响。在分析时，首先进行外因分析，在排除了外因影响后再进行内因分析。

• 综合分析。经成因分析，若测值异常部分均满足安全要求，关键部位也无异常变化，则认为处于正常状态；若发现测值异常部位的局部有不安全因素，则采取局部处理措施；若找不出物理成因或有多种原因找不出主导原因，则进入综合评判。

· 异常程度以及技术报警级别的确定。在排除了测量因素引起的异常以及进行异常成因分析后，系统的另一个主要任务就是对结构异常程度进行判别，并进行不同级别的技术报警。最简单的技术报警级别是当前测值或其变化速率的超界程度划分级别，但这种技术报警级别并不直接反映结构变化的异常程度。

(7) 安全管理系统功能异常排查

① 异常排查流程

· 异常排查汇报流程。

设备异常发生后，当事人应立即向当班运行主值或当班班长报告，当班运行主值或当班班长应及时通知点检、专工或部门领导。发生一类设备异常时，当事人应立即通知当班运行主值或当班班长，当班运行主值应上报值长，值长接到汇报后及时通知运行专业专工和生产技术部主管，对影响系统设备或机组安全运行的异常事件应及时汇报领导。发生二类设备异常时，当事人应立即向当班负责人报告，当班负责人应及时通知点检、专工或部门领导。检修部门发现的二类运行设备异常时，当事人应通知运行当班运行主值或当班班长。

· 异常排查处置流程。

设备异常发生后，检修负责人及运行人员应立即进行现场检查确认，运行人员应详细记录现场运行操作情况、设备运行工况、设备运行参数及其他表象。对于一类异常事件应将现场异常表象详细登记在运行日志或值长日志中。

一类设备异常发生后，设备负责人、设备维护部门班长或技术员、设备维护部门点检员(专工)、运行部门专业主管、生产技术部专业专工接到设备异常通知后立即到现场进行检查分析，根据机组运行情况确定处置方案。二类设备异常发生后，设备负责人、设备维护部门班长或技术员、设备维护部门点检员(专工)、运行部门专业主管接到设备异常通知后立即到现场进行检查分析，根据机组运行情况确定处置方案。

设备异常的责任部门应严格按照处置方案进行措施的闭环管控。

· 异常排查分析报告上报流程。

设备异常分析报告的上报流程采取分级管理方式。基层班组作为设备异常分析的责任主体进行分析报告的填报；部门安全主管、运行主管及点检员对班组分析报告中技术正确性进行把关，各部门经理对分析报告的全面性进行审核把关；技术部专业主管对一类设备异常事件分析报告的正确性负责，对设备异常流程的执行情况进行监督。

异常事件发生后，设备异常分析报告应在 24 h 内完成上报。对于二类设备异常事件，各部门应在24 h内完成分析报告的审核签字，纸质版分析报告本部门留存，电子版分析报告报送生产技术部对口专业主管。

- 异常排查分析报告内容。

设备异常事件分析报告应结合设备定期工作标准、检修工艺、技术监督标准和运行规程等，分析查找出设备异常事件的原因，并制定相应的控制措施，避免发生重复性设备异常事件或造成严重后果。

在航行试验阶段，为最大限度地提高航行试验的经济性，需根据预先研究的排查方案，对影响试验结果的各个环节进行排查，找出试验失败的原因，为下一步解决问题提供技术依据。下以船舶安全监控系统异常排查举例说明。

② 船舶安全监控系统异常排查

在船舶安全监控系统中，可编程逻辑控制器(PLC)软件或者硬件损坏的概率比较低，硬件故障发生的概率多于软件故障，并且大多数故障都是外围的接口线路或者执行元件发生故障，因此排查故障的重点应该放在PLC的外围电器元件上。针对每次“主机遥控系统失败”发出警报后紧随的是“主机安全系统故障”的警报，可以认为主机安全系统的警报是在主机远程控制系统故障之后产生的警报。因此应重点放在“主机遥控系统失败”的故障排查上。安全监控系统异常排查流程如图3-13所示。

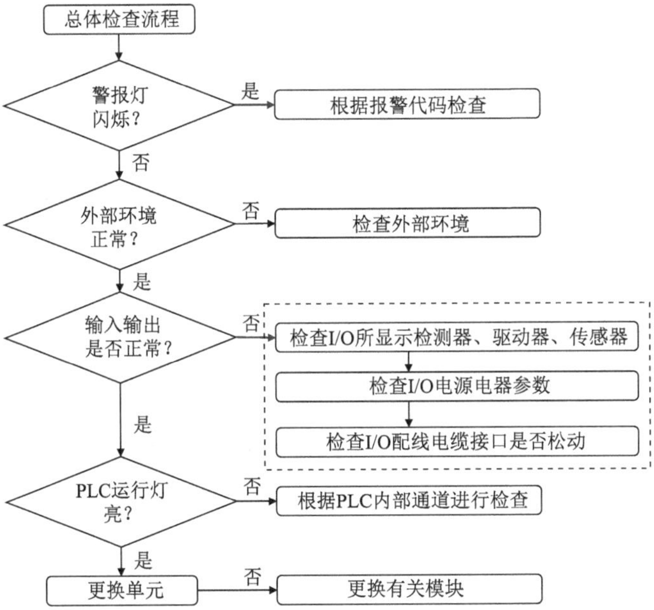

图3-13　安全监控系统异常排查流程

PLC 具有强大的自诊断能力，模块功能发生错误时往往能报警并按预先程序做出反应，通过故障指示即可判断。本着先易后难、先软后硬、易维护的检修原则，进行如下检查：

• 首先检查 PLC 的软件系统，集控室 Windows XP 操作系统下的 GITOS-Pro 操作系统工作正常，报警点现场采集控制箱 SAUPLC 运行状态指示中的主辅 RSPC-32 微控制器正常，因此可以确定软件系统工作正常。

• 检查从现场采集控制箱 SAU 内 RSPC-32 单片机以太网 LAN1 和 LAN2 线路，接口线路正常。因为考虑到全船所有的警报点都是通过 LAN 线与集控室的 PC 机完成信息通信的，如果发生故障，那整个系统都会产生故障，不会单单表现为主机遥控系统故障，因此集控室的 PC 机到现场采集控制箱 SAU 以太网通信线路正常。

• 检查 RSPC-32 单片机 PLC 电源模块，工作指示灯“220AC”“24VDC”“5VDC”“3.3VDC”应该是绿色常亮的，内部模块供电电源的情况可以根据这些灯闪烁或熄灭的颜色变化进行判断。经过检查，PLC 电源指示灯为绿色常亮，表示各模块电源工作正常。

• 与主机监控系统故障有关的外部开关有：主启动阀开闭、空气分配器开闭，机旁-遥控转换位置等开关量信号，现场信号采用 24 V 的“源”型输入到开关量输入模块。

• 利用万用表欧姆挡的最大挡位在断电情况下测量各个检测线路阻值都是无穷大，说明检测线路绝缘正常；在通电情况下利用直流电压挡测量电压值是 DC 24 V，说明线路工作电压正常；模拟量的信号一般为电压 1～5 V 或电流 4～20 mA，用万用表测量各个监测点，各数值都在正常范围内。各检测点接线点没有断线、接地、短路的情况，因此外部传感器检测线路正常。

• 对报警的输入输出模块进行检查，主机监控系统的报警线路是从主机的控制系统传输而来的，信息通过 RS-485 半双工信号线和 RSPC-32 微控制器的串行 COM5 通信端口传输。经过检查，每个开关量和模拟量的通道指示灯正常，因此排除 I/O 接口模块发生故障的可能。

• 判断是否 PLC 硬件故障。如果 PLC 硬件发生故障，那故障现象表现为重复且连续的。主机停车和海上正常航行时不会发出“主机遥控系统失败”的警报，故障仅发生在主机机动航行时，因此可以排除 PLC 硬件发生故障的可能性。

经过以上排查，初步判断可能现场采集箱 RSPC-32 单片机到主机的遥控控制系统的通信线路存在故障，因此重点检查通信线路。通信线路采用 RS-485 半双工网络传输，采用差分接收方式，灵敏度高，抗干扰性强，特别适用于船舱恶劣环境下的信号传输。

RS-485TX 对 RX 电压在 2～6 V 或者−2～6 V 内，共模电压在−7～12 V 之间，如果通信电压不符合要求则也会引起通信异常。使用万用表的电压表测量功能检查电压在正常的范围之内。

拆掉 RS-485 一端的接线，用万用表的欧姆挡最大挡位分别测量 TX 与 RX 对地和 TX 与 RX 之间的绝缘，都是无穷大，表明线路对地和线路之间绝缘正常；检查两端的 GND 接地线连接良好，说明信号传输线路绝缘正常。

检查通信线两端接口插件和接口模块正常，检查子站的地址或者终端电阻设置也正常，因此，最可能的原因是通信电缆受到电源线的干扰或通信电缆屏蔽有故障。于是向公司重新申请一根纯铜 R 芯带屏蔽的双绞线 RS-485 通信线，重新进行布线后进行功能测试，主机遥控系统恢复正常，故障排除。

3.4.3　应急切断系统试验

(1) 应急切断系统概述

应急切断系统是海上设施中重要的系统之一，其作用是提高工艺生产装置及其辅助设施的安全操作。一般来讲，安全操作就是保证海上工作人员、生产设备和周围环境的安全。事实上并没有绝对的安全，安全通常可以理解为远离危险，或最多只可能发生较低程度的可接受的伤害与破坏，抑或是只可能发生可接受的社会、经济、法律责任的危险。因此对于不同的生产设施，需要根据实际需要来设计不同安全等级的应急切断系统。

设置应急切断系统的主要目的是在发生故障或事故的情况下，使得生产与工艺系统切断，以保护船上人员和工程设施的安全，并防止环境污染，将所产生的损失降到最低程度。

在异常操作条件下，某些自动设备对工艺流程加以保护，使工艺条件保持在安全生产条件允许范围内，如将工作容器和管线封闭。自动设备可能包括泄放阀(如天然气排放至火炬)、压缩机循环系统等，还包括工作容器、工艺装置的自动关闭，甚至整个平台的关闭。

(2) 应急切断系统技术条件

应急切断系统通过输入设备启动，输入设备为压力开关或者位于平台各关键部位的手动设备。关闭级别取决于输入条件和工艺设备设计。一组输入条件也许只会使一个局部工艺设备关闭，而其他设备仍在运行；或者关闭所有工艺设备而让发电供电设备运转；或者在火灾和可燃气体报警或危及人员安全时采取更高级别的关闭；或者除生命保障设备外的全平台关闭；或者所有设备关停放弃平台的关闭。

所有这些以危险程度升序排列的关闭措施被设计成故障安全型，以满足应急切断系统的要求。在各类关闭时，应急切断系统均在主控室和平台各处发出声音报警信号。在主控室，对关闭起因有可视显示(先指示初始关闭原因)。安全系统配有就地报警/显示/控制盘，并与 PLC 系统或 DCS 系统有串行数据接口，在正常或紧急状况下提供平台操作状态的视频显示单元(visual display unit，VDU)显示。

应急切断系统设计还包括确定声光报警反应和编制系统功能说明，系统测试也应是非常广泛的，确保在设备运行以前，对所有可能的程序组合条件都充分地进行测试。

当生产设施出现故障、生产工艺参数达到危急性报警界限、出现易燃易爆气体泄漏或发生火灾时，应急切断系统将根据报警输入信号产生相应的输出信号，启动相应的应急切断程序，致使相应的应急放空阀(BDV)或应急切断阀(SDV)、设备的起停做出相应的保护性动作，防止事故的发生或扩大。应急切断系统采用 PLC 实现预定功能，并采用“故障”安全型设计，即正常状态时，信号触点为常闭，回路带电；当出现异常情况时，信号触点断开，回路失电，产生动作。

(3)应急切断系统试验方法

在该应急切断系统中选取一个典型的安全回路进行安全完整性水平评估，验证其平均要求时失效概率(probability of fail demand，PFD_{avg})能够达到设计要求。安全回路一般由传感器、逻辑控制器、最终执行设备组成。该安全回路中，对应有一套压力传感器、一套冗余的安全控制器和两个冗余的应急关断阀门。压力传感器送出两路故障安全信号给安全控制器，两个应急关断阀门为气开式，串联布置在管道上，任何一个阀门关闭，都可以关闭管道。安全控制器模块结构如图 3-14 所示。

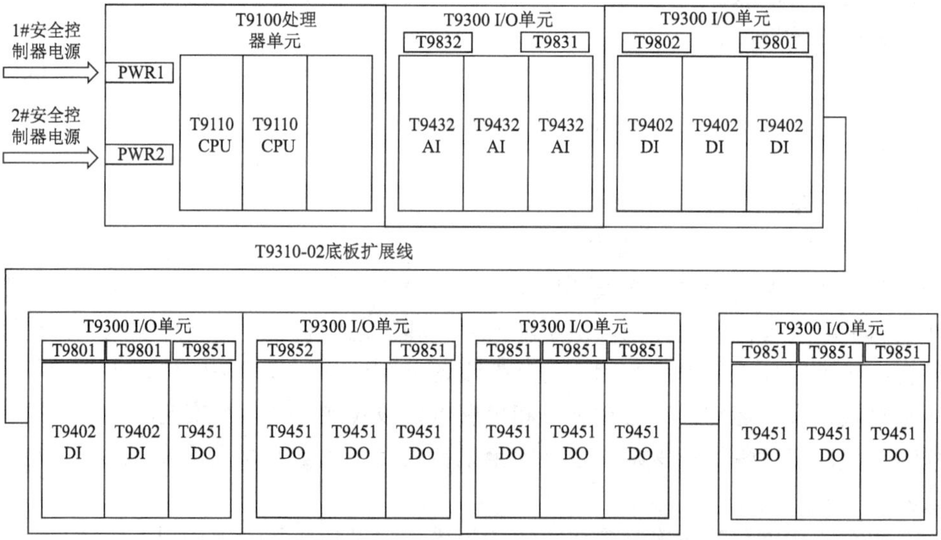

图 3-14　安全控制器模块结构

(4)应急切断系统判定衡准

根据 IEC 61508 及 IEC 61511 标准的相关定义，应急切断系统是执行安全功能的安全相关系统。功能安全是安全相关系统的关键属性，指安全相关系统执行的安全功能本身的安全性，取决于安全功能的正确执行。安全完整性水平是指安全相关系统实现某种安全功能的能力大小。根据 IEC 61508 标准，安全完整性是指安全相关系统在规定的时间内、规定的条件下，成功实现所需安全功能的概率，即安全功能能够被有效执行的能力。而安全完整性等级(safety integrity level，SIL)则用于衡量这种能力的大小。SIL 等级的确定或评估以风险作为度量标准。SIL 根据 PFD_{avg} 的值分为 4 个离散的等级，即 SIL1～SIL4。在低要求操作模式下，SIL 与 PFD_{avg} 的对应关系见表 3-4。

表 3-4 SIL 与 PFD_{avg} 对应关系

SIL	1	2	3	4
PFD_{avg}	10^{-2}～10^{-1}	10^{-3}～10^{-2}	10^{-4}～10^{-3}	10^{-5}～10^{-4}

(5)应急切断系统试验步骤

采用可靠性方块图对安全控制器的可靠性进行分析。安全控制器输入配置为 1oo2 方式，处理器环节采用双冗余结构，开关量输出环节配置为 2 个冗余的输出，他们分别驱动 2 套应急关断阀门。3 个环节之间使用 1oo2 表决机制传输信号。图 3-15 为该安全控制器的可靠性方块图。假设该应急切断系统平均离线测试间隔为 1 h，平均修复时间为 8 h。

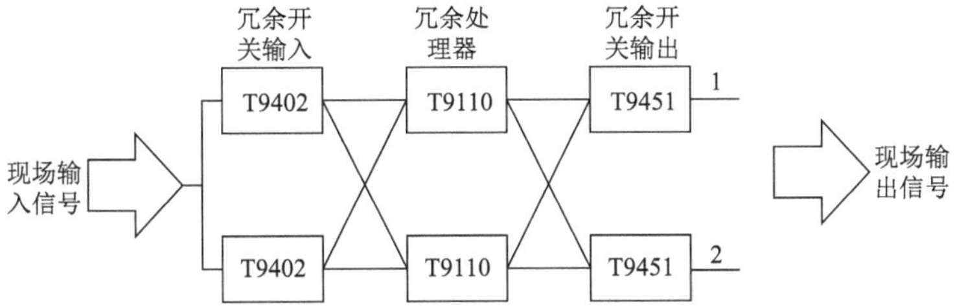

图 3-15 安全控制器可靠性方块图

表 3-5 是根据安全控制器手册查询得到的在上述条件下控制器模块的 PFD_{avg}。

表 3-5　安全回路中各个模块的 PFD_{avg}

序号	模块名称	PFD_{avg}
1	Dual T9402	4.28×10^{-7}
2	Dual T9110	4.58×10^{-7}
3	T9451	4.73×10^{-7}
T9451 共因危险失效因数 β		1.0%

根据压力传感器和控制阀门选型的相关参数，安全回路的传感器、安全控制器和执行机构的 PFD_{avg} 见表 3-6。

表 3-6　安全回路中各个元件的 PFD_{avg}

序号	元件名称	PFD_{avg}
1	传感器	$PFD_S=2.18\times10^{-4}$
2	安全控制器	$PFD_L=9.14\times10^{-7}$
3	最终元件	$PFD_{FE}=4.56\times10^{-4}$

最终，该安全回路的 PFD_{avg} 为

$$\begin{aligned}PFD_{avg}&=PFD_S+PFD_L+PFD_{FE}\\&=2.18\times10^{-4}+9.14\times10^{-7}+4.56\times10^{-4}\\&=6.75\times10^{-4}\end{aligned}$$

得出最终的 PFD_{avg} 为 6.75×10^{-4}，该安全回路达到了 SIL3 的要求。

(6)应急切断系统异常排查

设置应急切断系统的主要目的是在发生故障或事故的情况下，使得生产与工艺系统切断，以保护船上人员和工程设施的安全，因此在此系统中，能够关合、承载和开断正常回路条件下的电流的断路器起着至关重要的作用。

断路器一般由触头系统、灭弧系统、操作机构、脱扣器和外壳等构成。当短路时，大电流(一般 10～12 倍)产生的磁场克服反力弹簧，脱扣器拉动操作机构动作，开关瞬时跳闸。当过载时，电流变大，发热量加剧，双金属片变形到一定程度而推动机构动作(电流越大，动作时间越短)。有电子型的，使用互感器采集各相电流大小，与设定值比较，当电流异常时微处理器发出信号，使电子脱扣器带动操作机构动作。断路器的作用是切断和接通负荷电路，以及切断故障电路，防止事故扩大，保证安全运行。

① 断路器拒绝合闸（简称为拒合）异常处理

拒合情况基本上是发生在合闸操作和合闸过程中。拒合的原因主要有两方面，一是电气方面故障，二是机械方面故障。判断断路器拒合的原因及异常排查方法

一般可分以下 3 步。

• 用控制开关再重新合一次，目的是检查前一次拒合闸是否为操作不当引起的(如控制开关放手太快等)。

• 检查电气回路各部位情况，以确定电气回路是否有故障。方法是：检查合闸控制电源是否正常；检查合闸控制回路熔丝和合闸熔断器是否完好；检查合闸接触器的触点是否正常(如电磁操动机构)。

将控制开关扳至“合闸”位置，看合闸铁芯是否动作(液压机构、气动机构、弹簧机构的检查类同)。若合闸铁芯动作正常，则说明电气回路正常。

• 如果电气回路正常，断路器仍不能合闸，则说明为机械方面故障，应停用断路器，报告有关领导安排检修处理。

经以上初步检查，可判定是电气方面，还是机械方面的故障。常见的电气回路故障和机械方面的故障分别叙述如下。

• 电气方面常见的故障。

电气回路故障情形可能有：若合闸操作前红、绿指示灯均不亮，说明控制回路有断线现象或无控制电源。可检查控制电源和整个控制回路上的元件是否正常，如操作电压是否正常，熔丝是否熔断，防跳继电器是否正常，断路器辅助触点是否良好，有无气压、液压闭锁等。

当操作合闸后红灯不亮，绿灯闪光且事故喇叭响时，说明操作手柄位置和断路器的位置不对应，断路器未合上。其常见的原因有：合闸回路熔断器的熔丝熔断或接触不良；合闸接触器未动作；合闸线圈发生故障。

当操作断路器合闸后，绿灯熄灭、红灯亮，但瞬间红灯灭、绿灯闪光，事故喇叭响，说明断路器合上后又自动跳闸。其原因可能是断路器合在故障线路上造成保护动作跳闸或断路器机械故障不能使断路器保持在合闸状态。

若操作合闸后绿灯熄灭、红灯不亮，但电流表计已有指示，说明断路器已经合上。可能的原因是断路器辅助触点或控制开关触点接触不良，或跳闸线圈断开使回路不通，或控制回路熔丝熔断，或指示灯泡损坏。

操作手把返回过早。

分闸回路直流电源两点接地。

SF6 断路器气体压力过低，密度继电器闭锁操作回路。

液压机构压力低于规定值，合闸回路被闭锁。

• 机械方面常见的故障。

传动机构连杆松动脱落。

合闸铁芯卡涩。

断路器分闸后机构未复归到预合位置。

跳闸机构脱扣。

合闸电磁铁动作电压太高，使合闸阀打不开。

弹簧操动机构合闸弹簧未储能。

分闸连杆未复归。

分闸锁钩未钩住或分闸四连杆机构调整未越过死点，因而不能保持合闸。

机构卡死，连接部分轴销脱落，使机构空合。

有时断路器合闸时多次连续做合分动作，此时系开关的辅助动断触点打开过早。

② 断路器误跳异常排查

若系统无短路或直接接地现象，继电保护未动作，断路器自动跳闸称断路器误跳。对误跳的分析、判断与处理一般分以下 3 步进行。

· 根据事故现象的以下特征，可判定为误跳。

在跳闸前表计、信号指示正常，表示系统无短路故障。

跳闸后，绿灯连续闪光，红灯熄灭，该断路器回路的电流表的有功、无功表指示为零。

· 查明原因，进行故障排除。

若由于人员误碰、误操作，或受机械外力振动，保护盘受外力振动引起自动脱扣的误跳，应排除开关故障原因，立即送电。

对其他电气或机械部分故障，无法立即恢复送电的情形则应联系调度及有关领导将误跳断路器停用，转为检修处理。

· 对误跳断路器分别进行电气和机械方面故障的检查、分析。

电气方面故障原因有：

保护误动或定位不当，或电流、电压互感器回路故障。

二次回路绝缘不良，直流系统发生两点接地(跳闸回路发生两点接地)。

机械方面故障原因有：

合闸维持支架和分闸锁扣维持不住，造成跳闸。

液压机械分闸一级阀和逆止阀处密封不良、渗漏时，本应由合闸保持孔供油到二级阀上端以维持断路器在合闸位置，但当漏的油量超过补充油时，在二级阀上下两端造成压强不同。当二级上部的压力小于下部的压力时，二级阀会自动返回使工作缸合腔内高压油泄掉，从而使断路器跳闸。

③ 断路器误合异常处理

若断路器未经操作自动合闸，则属误合故障。一般应按如下做法判断　处理。

· 经检查确认为未经合闸操作。手柄处于“分后位置”，而红灯连续闪光，表明断路器已合闸，但属误合，应拉开误合的断路器。

· 对误合的断路器，如果拉开后断路器又再误合，应取下合闸熔断器，分别检查电气方面和机械方面的原因，联系调度和有关领导将断路器停用，转为检修处理。误合原因可能有：

直流两点接地，使合闸控制回路接通。

自动重合闸继电器动合触点误闭合，或其他元件某些故障接通控制回路，使断路器合闸。

• 若合闸接触器线圈电阻过小，且动作电压偏低，当直流系统发生瞬间脉冲时，会引起断路器误合闸。

• 弹簧操动机构的储能弹簧锁扣不可靠，在有震动的情况下(如断路器跳闸时)，锁扣可能自动解除，造成断路器自动合闸。

④ 油断路器油位异常的处理

运行中油断路油位指示应正常，油位过低应注油，过高应放油，及时调整油位。当油面看不到并伴有严重漏油情况时，应视为严重缺陷。这时禁止将其断开，同时应设法使断路器退出运行，取下该断路器的操作熔丝，以防断路器突然跳闸，造成设备更大程度的损坏。

油断路器严重缺油的原因要有：

• 放油阀门胶垫龟裂或关闭不严引起渗漏油，特别是使用水阀的设备应更换为油阀。

• 油标玻璃裂纹或破损导致漏油。

• 修试人员多次放油后未做补充。

• 气温突降且原来油量不足。

3.4.4　火气探测系统试验

(1) 火气探测系统概述

船舶发生火灾是非常危险的，会给全船的生命和财产带来巨大的损失。船舶火灾具有只能依靠自救能力、通道狭小、人员疏散困难等特点，这些特点给船舶防火和灭火带来了很大的困难和风险。安全防火是一个系统工程，涉及全船防火设计，因此需开展火气探测系统的试验研究，对火灾风险进行准确监控。

火气探测系统是用于火灾监测、气体泄漏监测的报警系统。该系统通过遍布全船的探测器、按钮等装置有效地对各个风险点进行实时监控，及时发出险情预警并激活相应消防动作。

(2) 火气探测系统技术条件

在航行试验过程中可能会伴随着易燃、易爆的气体或者液体溢出，进而引发火灾或爆炸事故。为了航行试验及相关人员的安全，高技术远洋客船上所有可能发生火灾的区域都就近设置了火灾及气体泄漏探测系统。一旦火灾或者可燃气体泄漏的危险情况发生，探测设备就能迅速发出报警，通过电缆将报警信号传送到火气探测系统控制柜。火气探测系统控制柜对接收到的报警信号进行逻辑分析及处理，然后将火灾或气体泄漏报警信号通过公共广播及通用报警系统向全船进行报警通告，以便船上试验人员能够及时做出应急响应。同时，火气探测系统还能根据分析结果，自动关断隔离相关系统以及启动消防系统进行消防灭火等作业，尽可能将事故影响控制在最小范围内，以减少事故对高技术远洋客船航行试验及相关人员的伤害。

① 操作员站

操作员站布置在船上的中控室内，中控室值班人员实时对火气探测系统的状态进行监测。操作员站为火气探测系统的人机接口。在操作员站可以实时展示火气探测系统的运行状态，当现场探测设备报警或故障时立即发出报警信号。

② 火气探测系统控制柜

火气探测系统控制柜为火气探测系统的中枢机构。所有现场探测/报警设备的信号均反馈到火气探测系统控制柜，经过控制柜分析、处理后发出报警及相关动作指令，由人机界面或手动操作按钮发出的指令最终也是通过控制柜来完成的。

火气探测系统控制柜的组成部分主要包括中央处理器(CPU)、电源模块、通信模块、输入/输出(I/O)卡件模块、可寻址回路控制模块、机箱、线缆和电池柜等。

火气探测系统属于安全系统。其所有硬件(包括 CPU、电源模块、通信模块、I/O 卡件模块)均采用 1∶1 冗余配置，以保证系统运行的可靠性。

③现场火气探测/报警设备

现场火气探测/报警设备作为整个火气探测系统的神经单元，需遍布整个平台的每个区域。根据设备的探测原理及报警功能，主要分为：烟感探测器(SD)、火焰探测器(FD)、温感探测器(HD)、可燃气体探测器(GD)、硫化氢(H_2S)探测器、手动报警按钮、平台状态灯(PSL)等。

(3)火气探测系统试验方法

火气探测系统发出报警信号可以将整个航行试验所处的状态通知全体试验人员，提示他们在不同等级的危险情况下做出相应的反应。当可燃气体发生泄漏时，根据探测到的不同浓度分别发出以下各类相应的报警：

① 单探头低值报警

当探测器探测到 20%低爆限的可燃气时，中控室内声光报警；DCS 屏幕上显示“Gas is Lower”，广播系统通知并提示操作人员检查所负责的设备及管线的状况。此时试验继续进行，试验人员应密切注意屏幕的显示信息，按广播指令采取措施，防止非正常状况的发展。

② 单探头高值报警

当探测器探测到 50%低爆限的可燃气时，中控室内声光报警；DCS 屏幕上显示“Gas is Hight”，广播系统通知并提示操作人员检查所负责的设备及管线的状况。

③ 多探头高值报警

当两个或两个以上的可燃气探测器探测到 50%高爆限浓度的可燃气时，就认为有较严重的可燃气泄漏。中控室内声光报警；DCS 屏幕上显示“Gas is Hight”，立即向 ESD 发出关断信号，由应急切断系统停止相应装置区，广播系统通知并提示安全人员检查所负责的设备及管线的状况。此时，需要尽快找出原因，并采取措施制止事故的发生，特别注意防止任何点火因素。

④ 手动报警站

当装置区内手动报警站被操作人员激活后，中控室 DCS 屏幕上声光报警显示。全平台广播，并启动应急切断系统。

(4) 火气探测系统判定衡准

首先定义主要危险区域如下：

① 尾部原油外输区域；

② 上部模块下方区域；

③ 单点内部和单点外部通风风道；

④ 蓄电池间；

⑤ 油漆间。

火气探测和应急切断系统设置的目的是把火灾或气体泄漏所造成的危害限制到最小，因此需要对所有区域按照一定的原则进行火气划分，同时对一个火区内的感烟探头、感温探头、气体探头按照既定安全原则进行表决。本书方案中火区区域类型如下：

① 单独通风的处所，如应急发电机间、柴油消防泵间、厨房等；

② 每一层居住区域；

③ 对其通风风管配备单独防火风闸的区域，如区域配电板室；

④ 同一功能区域，如空调机间与公共进风管，机舱与机舱进风风管；

⑤ 同一危险区域，如尾输油区域，上部模块下方区域。

感烟、感温、手动报警按钮均采用可寻址式，火焰和气体探头采用非可寻址式。气体探头低位、高位报警设定值如表 3-7 所示。

表 3-7　气体探头低位、高位报警设定值

可燃气体探头	低位报警	20% LEL（高浓度）
	高位报警	50% LEL（高高浓度）
H_2 探头	低位报警	10% LEL（高浓度）
	高位报警	20% LEL（高高浓度）

续表

C_2H_2探头	低位报警	10% LEL(高浓度)
	高位报警	20% LEL(高高浓度)
开路式(open path)可燃气体探测器	低位报警	1.0 LELm(20%高浓度)
	高位报警	2.0 LELm(40%高高浓度)

注：1. LEL 为 lower explosive limit 的缩写，指可燃气体的爆炸下限。

2. LELm 为 LEL-meters 的缩写，LEL-meters 为美国 DET-TRONICS 对开路式可燃气体探测器系统表示气体浓度的方法，对开路式可燃气体探测器输出 4～20 mA 信号对应 0～5LEL-meters。

为保证船舶安全、可靠地运行，火区划分以后需要对该火区内的火灾和气体探测器进行表决，表决原则如表 3-8 所示。为避免单个探测器故障或误报警引起切断操作，对生产和生活造成较大影响，表决原则设置了双重保障：一是单个探测器动作仅仅延时报警，不触发切断，当一个火区内的所有火灾或气体探测器中

表 3-8　火灾和可燃气体探头表决原则

火灾和气体因果图(船体部分)				报警系统	切断(船体部分)
探测器类型		探测器状态	状态确认		
火灾探测器	烟探测器故障或旁路单个烟探测器报警	故障或旁路单个探测器报警	单个探测器报警	延时触发	
	温度探测器故障或旁路单个温度探测器报警	故障或旁路单个探测器报警	单个探测器报警	延时触发	
	火焰探测器故障或旁路单个火焰探测器报警确认火灾信号	故障或旁路单个探测器报警	单个探测器报警	延时触发	
气体探测器	可燃气体探测器	故障或旁路 20% LEL 高浓度	单个探测器报警	延时触发	
		50% LEL 高高浓度	报警	触发	
	H_2探测器	故障或旁路 10% LEL 高浓度	单个探测器报警	延时触发	
		20% LEL 高高浓度	报警	触发	
	C_2H_2探测器	故障或旁路 10% LEL 高浓度	单个探测器报警	延时触发	
		20% LEL 高高浓度	报警	触发	
	开路式气体探测器故障或旁路开路式气体探测器低位	故障或旁路 20% LEL 高浓度	单个探测器报警	延时触发	
	开路式气体探测器高位	40% LEL 高高浓度	报警	触发	
报警按钮	气体探测器高位确认	有效	报警	触发	触发
	手动报警按钮				

注：假定任一个火区内共有 N 个探测器进行表决，M 个处于故障或旁路状态，如果 $N-M=1$，那个正常的探测器进行单个表决，如果报警，即确认发生火灾或气体泄漏；如果 $N-M>2$，剩下的那些正常的探测器进行表决，如果有 2 个或 2 个以上的探测器报警，即确认发生火灾或气体泄漏

有两个同时动作时才确认火灾或气体并触发切断动作；二是一个火区内故障的探测器不直接参与表决，仅剩一个正常时，正常的探测器单个表决。当正常探测器数量>2时，采用第一种方式表决。

(5)火气探测系统试验步骤

该高技术远洋客船船体部分共划分各类火区29个，包括居住区域9个、主甲板区域5个、机器区域12个和艏部(含单点)区域3个。通过火区的有效划分提高了火气探测的精细化程度，有效避免了误报警和误切断的发生。

在接收到火灾、气体的确认信号，二氧化碳(CO_2)释放信号，七氟丙烷(FM200)释放信号或应急切断按钮指令后，应急切断系统将按照预先设定的逻辑对风机、油泵、风闸或设备发出切断指令。根据不同设备的重要性程度、火区的特点等情况，应急切断的逻辑也不同。

(6)火气探测系统异常排查

① 异常分析

火气探测系统的运行工作环境要求清洁、无油漆、无打磨。航行试验时还需要考虑火气探测系统本身的前期设计，考虑不完善则会导致后期系统出现运行故障问题。

• 回路不能正常运行，在工作过程中出现断路，主机会显示出相应的回路号、断点号，整个系统处于不正常工作状态。

排除方法：使用检测程序对所出现断路的回路进行测试，查出确切的断点，根据现场实际原因排除，一般是接线松断或探头松动。要注意，在检修工作中应断开该回路的电源，以免影响整个连接在一起的工作组。

• 系统运行正常的情况下出现探测器一直报警，但实际在本地没有火灾发生，这个问题是探头本身的原因造成的。

排除方法：将报警的探测点所在的回路使用主控制板或计算机先进行失效处理，使其脱离主机的检测驱动。这种方法是利用程序软处理，在系统开机以后严禁采取插拔接口方式对回路进行失效处理。这个问题一般情况是探头进水或探头进入大量的灰尘所致，若清洁后系统还是不能正常工作，则需更换新的探头。

• 系统的驱动模块出现故障报警，例如，面板上显示故障报警时说明是整个回路驱动有问题，问题严重时回路将不能继续工作。

排除方案：对回路进行重新接线，压好线耳，压紧螺丝，用细砂皮将探头上的铜接触点的氧化层擦去，保证良好的接触。这些的工作做完后，再用计算机的回路诊断工具检查，若发现电阻的确有降，但是未达到标准的要求，尽管如此仍可重新将回路投入系统运行。一般这样是能够正常工作的，若不能则需更换新的模块。

• 其他问题，如系统电池电源故障、绝缘低等，一般可以通过检查处理自动恢复。若不行，用仪表检查电源。

② 火气探测器的检验

由于火气探测系统较为庞大，检测点多，按照要求在报验船东前，全部的探测器区域的屏蔽电缆允许成束接地，但每束不多于 4 根，4 根以上的电缆应单独接地。

接地跨接线的选用越短越好。若是金属门、窗、盖等的接地，在门、窗、盖处于开启位置时，接地线应处于较紧状态。有辐射敏感度要求的电子、电气设备与其他设备之间的安装间隙应不小于对已带有接地螺柱的设备及箱体，仅在接地螺柱上接地，未带有接地螺的设备及箱体应在对角处进行有效接地。

工作接地不能与保护接地共用接地线，和接地螺柱工作接地的接地螺柱不应小于 100 mm，且不应作为设备的紧固螺钉使用。屏蔽舱室内的电缆多点接地，加防波套，外屏蔽及带外护套的电缆均要做接地。若是带外护套电缆进入屏蔽舱室可将护套环切除 5～10 mm，焊接地线后用热缩管套护。

安装完整性的检验本着谁施工谁报验的原则由施工者提出，按照完整性检查表分阶段、分专业报验，避免漏项。此项目是全部舾装专业的整体项目，必须走出仅仅属电气专业的误区。

全部设备应在制造厂开始做电磁兼容设备时来货检查项目。根据各具体产品要求编制实施细则，满足不同产品要求，不能全搬规范内容。

做好工人培训，专用舱室专人施工；按标准制作跨接线片，杜绝随意性；落实“三检”(自检、互检、报检)制度。否则将直接影响舰船的安装检测和完工交船。

3.4.5 人员安保系统试验

(1)人员安保系统概述

人员安保系统是用于人员安全监控、防护及引导的人员安防系统，主要功能是通过现代化的数字识别技术和反馈技术实现对人员安全的险情识别及预报、视频信息监测和区域控制，有效对于舱室、重要处所实施安全限制；通过人员管理、团队管理等有效应对突发事件。应具有如下功能：

① 防范。不论是对财物、人身，还是重要数据和情报等的安全保护，都应把防范放在首位。也就是说，安保系统使罪犯不可能进入或在企图犯罪时就能察觉，从而采取措施。把罪犯拒之门外的设施主要是机械式的，如安全栅、防盗门、门障、保险柜等；也有机械电气式的，如报警门锁、报警防爆门等；还有电气式的各类探测触发器等。

为了实现防范的目的，报警系统具有布防和撤防功能，即当工作人员离开时应能布防，例如，工作人员离开时对一个门布了防，当工作人员以后正常进入，则通过开“锁”，使系统撤防，这样就不至于产生误报。

② 报警。当发现安全受到破坏时，系统应能在安保中心和有关地方发出各种特定的声光报警，并把报警信号通过网络送到有关安保部门。

③ 监视与记录。在发生报警的同时，系统应能迅速地把出事的现场图像和声音传送到安保中心进行监视，并实时记录下来。另外，系统应有自检和防破坏功能，一旦线路遭到破坏，系统应能触发报警信号；在某些情况下布防应有适当的延时功能，以免工作人员还在布防区域就发出报警信号，造成误报。人员安保系统还应该具有受控于智能化集成系统(IBMS)主计算机的功能。

(2) 人员安保系统技术条件

人员安保系统设计时选择方案的主要依据是被保护的对象及其重要程度。例如，对船舶中某些重要文件、情报资料、金库、保险柜、安保控制中心等的保护就应考虑采取高度可靠性的系统，除了有门禁系统外，还要设置多重探测器的防盗报警系统、联动的显示与记录装置，以及要考虑联动装置的反应速度等。

① 门禁系统。该系统主要是禁止那些从正常设置的门进入的人。有两类情况，一是正常进入，但对人员需加以限制的门禁系统，此系统主要是对进入人员的身份进行辨识；二是针对不正常的强行闯入的门禁系统，此系统主要是通过设定的各种门磁开关等发现闯入者并报警。

② 防盗报警系统。自动防盗报警系统就是利用各种探测装置对船舶重要地点或区域进行布防，当探测装置探测到有人非法侵入时，系统将自动发出报警信号。附设的手动报警装置通常还有紧急按钮、脚踏开关等。

③ 电视监视系统。该装置是把事故现场显示并记录下来，以便取得证据和分析案情。显示与记录装置通常与报警系统联动，即当报警系统发现哪里出现事故时，联动装置使显示与记录装置跟踪显示并记录事故现场情况。

(3) 人员安保系统试验方法

① 调查并确定现有安保措施、程序和操作。

② 确定并评价应予重点保护的船上安保关键操作。

③ 确定船上关键操作可能受到的威胁及其发生的可能性，以确定并按优先顺序排定安保措施。

④ 确定具体安保措施方针和程序中的薄弱环节，包括人为因素。

⑤ 评估应由公司形成文件，加以评审、认可和保存。

(4) 人员安保系统判定衡准

① 可靠性和稳定性

系统设备选型，网络、软件设计等各个方面要充分考虑可靠性和稳定性。在设备选型方面，要保证软件、硬件的可靠性；在设计方面，要采用容错设计和开发计算结构。必须考虑采用成熟的技术和产品。在设备选型和设计的各个方面都应尽量减少故障发生。

② 先进性

现代信息技术是现代科学技术发展中最活跃的领域，新产品、新技术层出不穷，每一个新技术的出现都对我们的生活方式产生极大的影响，对我们工作效率的提高起到极大的推动作用。因此本系统必须采用先进的技术和设备，这一方面反映了系统所具有的先进水平，另一方面又使得系统具有强大的发展潜力。同时，本系统是一个实际应用的系统，因此其技术和设备又必须是相对成熟的。

③ 整体性

系统的整体性涉及方方面面，对于本系统这样的工程必须对各个因素统筹考虑，以构成一个有机的智能管理系统。

④ 规范性

由于本系统是一个综合性系统，在系统设计和建设初期应着手参考各方面的标准与规范，并且应遵循规范中的各项技术规定，做好系统的标准化设计与管理工作。

⑤ 可扩充性

系统应考虑今后发展的需要，因而必须存在系统产品系列、容量与处理能力等方面扩充与换代的可能。这种扩充不仅充分保护了原有投资，而且具有较高的综合性能价格。

(5) 人员安保系统试验步骤

① 信息收集和评估

收集并评估与船舶及其贸易有关的文件和资料。

制定船舶潜在的威胁清单。

编制需要重点保护的船舶区域、操作和进入通道文件或清单。

编制现有对船舶及其关键操作的安保措施，包括安保设备、程序等调查和评价报告。

② 风险评价

根据船舶现有安保措施，分解潜在的威胁并编制可能发生的船舶安保事件清单。

对每一个威胁情景做出风险评价，确定船舶存在的薄弱环节以及风险控制措施策划，编制风险评价报告。

③ 船上检查

完成船舶安保检查表。

按检查表实施检查，确认船舶通信、人员和行李登轮、货物和船舶物料处理以及应急计划有效性，辨识薄弱环节。

识别 3 个安保等级措施的需要，形成检查报告。

④ 降低风险

分析确定船舶存在的薄弱环节，形成文件。

针对薄弱环节，提出合理有效的安保措施，作为制定安保计划的依据。

(6) 人员安保系统异常排查

随着船舶安保管理要求的提高，以及科技手段的注入，作为安保关键的门禁系统得以不断地更新换代。在软件设计层面，开发人员寻求门禁系统的智能化和更好的人机交互体验；在硬件设计层面，设备的安全性、稳定性和高效性是首要目标。因此，对门禁系统进行异常排查显得尤为重要。

门禁系统又称为出入口控制系统，是管理人员进出的电子化管理系统。出入口门禁安全管理系统是新型现代化安全管理系统，它集微机自动识别技术和现代安全管理措施为一体，涉及电子、机械、光学、计算机技术、通信技术和生物技术等诸多新技术。它是解决重要部门出入口实现安全防范管理的有效措施，适用于各种机要部门，如银行、宾馆、车场、机房、军械库、机要室、办公间、智能化小区和工厂等。

非接触式 IC 卡由于其较高的安全性、便捷性和性价比成为门禁系统的主流。相对于传统的机械锁，智能门禁管理系统以智能 IC 卡代替钥匙，具有使用方便、安全性高、不易被仿制、开门有记录、可实时对各门进行监控、可与安防系统联动等优点。并且，当 IC 卡丢失的时候，也不需要重新换锁，只需将丢失的卡片挂失即可。

门禁系统主要由 3 大部分组成：

① 传感与报警

传感与报警单元部分包括各种传感器、探测器和按钮等设备，应具有一定的防机械性创伤措施。门禁系统中最常用的就是门磁和出门按钮，这些设备全部都是采用开关量的方式输出信号。设计良好的门禁系统可以将门磁报警信号与出门按钮信号进行加密或转换，如转换成 TTL 电平信号或数字量信号。同时，门禁系统还可以检测出报警状态(包括短路、安全、开路、请求退出、噪声、干扰、屏蔽、设备断路和防拆等状态)，可防止人为对开关量报警信号的屏蔽和破坏，以提高门禁系统的安全性。另外，门禁系统还应该对报警线路具有实时的检测能力(无论系统是在撤防状态还是布防状态下)。

② 处理与控制

处理与控制设备部分通常是指门禁系统的控制器，门禁控制器是门禁系统的中枢，就像人体的大脑一样，里面存储了大量相关人员的卡号、密码等信息，这些资料的重要程度是显而易见的。另外，门禁控制器还承担着运行和处理的任务，对各种各样的出入请求做出判断和响应，其由运算单元、存储单元、输入单元、输出单元和通信单元等组成。它是门禁系统的核心部分，也是门禁系统最重要的部分。

③ 电锁与执行

电锁与执行单元部分包括各种电子锁具、挡车器等控制设备，这些设备应具有动作灵敏，执行可靠，良好的防潮、防腐性能，并具有足够的机械强度和防破坏的能力。电子锁具的型号和种类非常之多，按工作原理的差异，电子锁具具体可以分为电插锁、磁力锁、阴极锁、阳极锁和剪力锁等，可以满足各种木门、玻璃门、金属门的安装需要。每种电子锁具都有自己的特点，在安全性、方便性和可靠性上也各有差异，需要根据具体的实际情况来选择合适的电子锁具。

对于上述门禁系统，常见异常及排查方法见表 3-9。

表 3-9　门禁系统常见异常及排查方法

异常现象	可能原因	排查方法
电源指示灯不亮	无电或电压不足	检查主电源电路保护器
	读卡器接线短路可能有故障，控制器处于过流保护状态	确认控制器电源板上外接电源输入端接触良好
		测量供电电压，确保供电电源电压（AC）在（220 ±10%）V
		拔掉读卡器接线端子，看指示灯是否正常
刷卡，其读卡器 LED 灯不闪或蜂鸣器不响	读卡器连线接触不良	确认控制器内读卡器接线端子接触良好；确认接线盒内读卡器连接良好
	读卡器供电电压不足	检查给读卡器供电的 12 V 电压连接正常
		检查电缆长度是否超过 150 m 的最长距离
读卡器读卡距离太短	在读卡器附近有强电磁干扰场	换一个读卡器的安装位置或移走发出强磁场的设备
	读卡器电缆没有屏蔽或放在电磁场附近	改用屏蔽电缆并确保读卡器电缆不和电源线电缆平行铺设
	读卡器安装在金属表面	把读卡器安装在非金属表面上
		加装辅助底座
		改用可以安装在金属表面的读卡器
在通电时，读卡器不断地发出 BEEP 声	控制器和读卡器之间的电缆连接不正确或电源线虚接	检查电缆连接是否正确
控制器不能和电脑正常通信	有源 485 转换器	检查转换器的电源接线，并检查转换器的 485 信号线正、负是否接反
	无源 485 转换器	检查转换器的 485 信号线正、负是否接反
	主控板上 RS-232/485 选择跳线与接线方式不符	检查选择的是 232 通信还是 485 通信
	计算机串口不正常或被其他程序占用	更换串口并关闭其他程序
	控制器地址冲突或没有设置地址	重新设置地址

续表

异常现象	可能原因	排查方法
控制器不能和电脑正常通信	通信线未用屏蔽线缆	更换屏蔽线缆
	通信线路结构不是星型	重新布线或增加 485 集线器或 485 中断器
在软件上显示的卡号和卡上的卡号不符	读卡器上的数据线接反或线路干扰	将读卡器的数据线 D0、D1 线序对调并检查线路
电插锁的锁舌乱跳	锁的供电功率不足	更换更粗的锁线
		若使用的是辅助电源，更换大功率的开关源
授权卡打不开门	控制器与电锁之间的连接不正确	检查线路
	电控锁锁舌与门锁锁孔机械卡死	检查锁孔与门磁的位置

3.5　综合娱乐系统试验研究

3.5.1　综合娱乐系统概述

高技术远洋客船综合娱乐系统属于其核心系统之一，是其船舶定位、吸引消费、船舶宣传等的关键系统，为船上人员提供全航程的视听和交互体验，丰富船上人员全航程期间的活动。高技术远洋客船综合娱乐系统范畴内的系统一般包括灯光系统、音响系统、视频系统，以及根据船舶的级别、定位、航线、针对游客人群，同时考虑船东的设计要求等配置的娱乐设施。高技术远洋客船综合娱乐系统主要与场所相关，每个娱乐场所基本为本地控制，根据娱乐场所的定位和提供的服务配套相应的灯光系统、音响系统、视频系统、娱乐设施中的几项或全部，本地需满足对综合娱乐系统设备的通信、供电和安装保障。

(1)综合娱乐系统设计及试验技术国内外发展现状

经过几十年的发展，欧美等地区对高技术远洋客船综合娱乐系统的集成设计和试验技术的应用和业绩已经非常成熟，并形成了行业垄断态势。其对各类常规的娱乐系统和设施，尤其是根据现有技术对综合娱乐系统进行升级更新的应用技术和解决方案已经拥有成熟的经验和措施，形成了一套完整的设计及试验体系，并且形成了部分专门针对综合娱乐系统的定制化产品和开发工具，同时在陆上场所进行了多方面的技术应用，对技术领域呈垄断态势。

我国对高技术远洋客船综合娱乐系统的集成设计、试验技术等的研究目前仍处于空白，对集成设计与控制技术、试验技术等通用关键技术的研究及验证没有先例，因此技术缺乏，没有任何应用经验。目前国内关于综合娱乐系统集成设计和试验技术的可查资料都少之又少，因此亟须展开相关研究，突破关键技术，获得综合娱乐系统集成设计和试验技术及相关能力，提高竞争力。

综上所述，对于船舶尤其是高技术远洋客船的综合娱乐系统的集成设计、新技术集成应用、试验技术等，欧美等地区处于垄断地位，国内处于空白的状态。

(2)综合娱乐系统试验体系研究目的

高技术远洋客船综合娱乐系统的系统结构、控制方式、功能类型多种多样，在全航程中为船上人员提供各类视听和交互体验。我国对高技术远洋客船综合娱乐系统的试验技术几乎为空白，急需深入研究、挖掘和总结高技术远洋客船综合娱乐系统的调试技术，实现零的突破，形成一定程度的技术成果，拥有自主可控的技术，以指导我国能够自主进行高技术远洋客船及其他各类船的综合娱乐系统的系泊调试和试航调试。

3.5.2 综合娱乐系统体系结构

研究瓦锡兰FUNA公司以及我国首制高技术远洋客船母型船的综合娱乐系统设计资料发现，高技术远洋客船的综合娱乐系统总体上包括灯光系统、音响系统、视频系统、娱乐设施，以及各自的控制系统。这些系统和设备部署于室内外娱乐场所、广播中心、船外建筑照明和客舱。室内外娱乐场所一般涉及室内外剧场、中西餐厅、各类酒吧、影院、各类运动养疗场所、各类购物和观光场所等。系统的控制方面，高技术远洋客船的综合娱乐系统基本采用本地控制，本地娱乐场所根据需求配置灯光、音响、视频和娱乐设施中的一个或几个，功能的复杂和完善程度有区别，对各个子系统和设备的控制设备基本部署在相应娱乐场所内进行直观的控制，因此高技术远洋客船的综合娱乐系统也被称为本地娱乐系统(local entertainment system, LES)，在本地实现对本地灯光、音响、视频、娱乐设施系统中的设备的现场控制，也便于直接观察控制结果和运行状态，从而进行实时的监控和调整。同时，对于全船背景音乐，一般在广播中心配置相应的控制设备，结合传输线和各个场所部署的数据解析和输出终端(功率放大器、扬声器等)进行背景音乐的输出和切换等操作。另外，经研究国外的高技术远洋客船综合娱乐系统发现，背景音乐系统也可与公共广播系统进行集成，共用一套数据解析和输出终端，采用权限和优先级切换的形式切换背景音乐控制系统和公共广播控制系统，实现用同一套数据解析和输出终端向全船室内外解析和输出背景音乐与广播。

综合娱乐系统涉及的场所包括：

剧场休息室(theatre lounge)。

广播中心(BCC)。

船员休息室(crew’s area & lounge)。

前餐厅(AFT dining room，3和4层甲板，1号防火区)。

柏林中庭(atrium Berlin)。

演讲室(lecture room)。
棋牌室(card room)。
俱乐部(casino)。
啤酒馆(biergarten)。
商店(shops)。
美食广场(food court)。
沙滩俱乐部(beach club)。
儿童活动区(kids area)。
青少年活动区(teens area)。
养疗体育区(SPA & gym)。
公共休息室(common room)。
背景音乐系统(background music system)。
运动场馆(sport court)。
美术馆(art gallery)。
船长会议室(captain's conference)。
船长驾驶室(captain's bridge)。
水上乐园(water park)。
KTV。

综合娱乐系统涉及的子系统包括：
音响系统(sound system)。
视频系统(video system)。
灯光系统(light system)。
本地娱乐系统(LES)。

高技术远洋客船的综合娱乐系统主体为音响系统和视频系统，综合娱乐系统范畴内配置的硬件基本为视频系统和音响系统设备，少部分为灯光系统设备。

(1)灯光系统

① 灯光系统功能

对于高技术远洋客船，娱乐系统范畴内的灯光系统规模一般根据其具体需求和客船的功能定位进行设计，普通客船、豪华客滚船、小型高技术远洋客船、中型高技术远洋客船、大型高技术远洋客船等均会配置灯光系统，但系统功能的丰富程度、涉及的场所的类型和数量、硬件规模等均不相同。

一般来讲，高技术远洋客船的娱乐系统范畴内的灯光系统涉及船外建筑灯光系统、室内外的其他装饰性灯光系统和舞台灯光系统。舞台灯光系统顾名思义是为舞台配置的娱乐灯光系统，主要是根据实际需要配置的、用于现场演出的灯光系统，舞台灯光系统的规模在高技术远洋客船上的体现也是有大有小，包括小型的表演空间、大型的演出剧场等，舞台灯光系统的复杂程度、系统功能的丰富程度、灯光系统的专业程度也会有区别；船外建筑灯光系统主要用于在夜间体现客船外观形象，凸显客船的风格、定位、品位、豪华程度、科技感，及在夜间展示客船的空间尺度等；室内外装饰性灯光系统主要有船舱照明、功能性照明、氛围照明，及特别活动或节日时邮轮上使用的临时的装饰灯光(如彩灯、LED 屏幕和投影设备，用于增强节日气氛或展示特别节目等)。其中舞台灯光系统通常集成了最先进的灯光技术，包括计算机控制的动态灯光、LED 屏幕和投影技术等；舞台灯光系统有功能性强、技术复杂程度高、可提升艺术表达及观众体验的特点，因此这里对舞台灯光系统进行重点研究。

② 舞台灯光系统

• 舞台灯光系统功能。

高技术远洋客船的舞台灯光系统主要用于配合各类不同规模的现场演出所进行的效果照明，是演出空间构成的重要组成部分，同时也是演出场所建筑的一部分，主要应用于具有现场表演的场所。对于现场表演而言，随着剧情的发展，运用舞台灯光设备(如照明灯具、幻灯、控制系统等)和技术手段，以光色及其变化显示环境、渲染气氛，突出中心人物，创造舞台空间感和时间感，塑造舞台演出的外部形象，并提供必要的灯光效果(如风、雨、云、水、闪电)，提升现场表演氛围，为乘客带来丰富的视觉体验。在进行舞台灯光电气、照明设计时，需要掌握电气、照明相关技术，舞台建筑结构、舞台艺术及与其相关的知识。如图 3-16 为某型号高技术远洋客船的舞台灯光效果示例。

图 3-16　某型号高技术远洋客船的舞台灯光效果示例

• 舞台灯光系统体系结构。

舞台灯光系统体系结构一般包括以下配置：

灯具设备：受控终端照明装置、各类灯具等。

控制系统：主要由主控台、备份控台、系统数据服务器、调光硅柜、遥控面板、电源配电板和调光器等组成。舞台灯光的控制系统须能有效地控制和调配全部灯具并产生谐调的艺术效果。

控制信号传输系统：主要由光纤环网、千兆以太网 POE 交换机、网络处理器、网络节点转换器和信号分配器等组成。

舞台调光系统均采用晶闸管调光器，晶闸管调光装置体积小，且基本采用计算机网络控制技术和总线传输控制方式，操作、控制方便灵活，调节精度高，并可实现智能控制。调光装置是舞台灯光的核心，调光回路的多少一般是根据舞台规模大小而定的。

灯光网络系统由高速网络与智能数字控制设备组成。采用以太网与 DMX 网并存的设计方式，双信号灯光控制系统既满足使用需求，又可用于后期系统升级。双信号灯光控制系统可提供信息交流平台，它覆盖具有现场表演的场所及管理部门，各场所之间的网络既相对独立，又可整体控制，也可方便地与互联网连接。

舞台灯光一般包括面光、耳光、侧光、顶光、天排光、地排光、追光和流动光，每种类型均有对应的功能和灯具类型，根据表演场地的规模和表演类型(如舞台剧、钢琴演奏、小型乐队演奏等)进行部分或整体的设置。

舞台灯具可分为传统光源和 LED 光源(根据现场演出的形式和规模进行配置，可以配置全部类型，也可只配置部分类型)。

传统光源舞台灯具：包括远程轮廓聚光灯、中程轮廓聚光灯、近程轮廓聚光灯、天排散光灯、地排散光灯、舞台脚光灯、中程无透镜回光灯、透镜聚光灯、无透镜聚光灯、无透镜柔光灯、舞台追光灯、低压追光灯、镝聚光灯、高效追光灯、氙气追光灯、轮廓频闪聚光灯、轮廓柔光灯、投影幻灯、线角式换色器、五色效果器和电脑灯等。

LED 光源舞台灯具：包括数字轮廓聚光灯、数字柔光灯、数字聚光灯、平凸数字聚光灯、平板柔光灯、数字柔光灯、数字成像灯、数字天幕灯、数字地排灯、数字光束灯、便携灯、摄影灯和数字条形灯等。

以下是部分常见灯具和配器的特点、使用场景、规格等信息。

聚光灯：舞台照明上使用范围广泛的主要灯种之一，市场上有 1 kW、2 kW 功率规格，以 2 kW 规格使用最广。它照射光线集中，光斑轮廓边沿较为清晰，能突出一个局部，也可放大光斑照明一个区域，作为舞台主要光源，常用于面光、耳光和侧光等光位。

柔光灯：光线柔和匀称，既能突出某一部分，又没有生硬的光斑，便于几个灯相衔接，常见的有 0.3 kW、1 kW、2 kW 等不同功率规格，多用于柱光、流动光等近距离光位。

回光灯：它是一种反射式的灯具，其特点是光质硬、照度高和射程远，是一种既经济又高效的强光灯，常见的主要有 0.5 kW、1 kW、2 kW 等不同功率规格，以 2 kW 规格使用最多。

泛光灯：主要实现大面积照明，不能有光斑和显著的光斑边缘痕迹，一般用于顶光排灯、脚光灯、天幕灯。

散光灯：光线漫散、投射面积大，其分为天排散光和地排散光，常见的有 0.5 kW、1 kW、1.25 kW、2 kW 等不同功率规格，多用于天幕照射，也可用于剧场主席台的普遍照明。

造型灯：原理介于追光灯和聚光灯之间，是一种特殊灯具，主要用于人物和景物的造型投射。

脚光灯(又称条灯)：光线柔和，投射面积大，主要向中景、网景布光、布色，也可在台口位置辅助面光照明。

光柱灯(又称筒灯)：使用比较广泛，常见的有 PAR46、PAR64 等型号，可用于人物和景物各方位照明，也可直接安装于舞台上，暴露于观众，形成灯阵，具有作为舞台装饰和照明双重作用。

电脑灯：这是一种由 DMX512、RS-232 或 PMX 信号控制的智能灯具，其光色、光斑、照度均优于以上常规灯具，是近年发展起来的一种智能灯具，常安装在面光、顶光、舞台后台阶等位置，其运行中的色、形、图等均可编辑运行程序。由于功率大小不同，在舞台上使用要有所区别。在舞台上小功率电脑灯光线、光斑常被舞台聚光灯、回光灯等淡化掉，所以在选用上要特别留意。

追光灯：亮度高，运用透镜成像，可呈现清晰光斑，通过调节焦距，又可改变光斑虚实，配有换色器和活动光栏，可以方便地改换色彩，灯体可以自由运转。市场品种较多，标注指标方式也不一样，有以功率标注的，如 1 kW 卤钨光源、1 kW 镝光源、1 kW 金属卤化物光源、2 kW 金属卤化物光源等；也有以距离标注的，如 8～10 m 追光灯、15～30 m 追光灯、30～50 m 追光灯、50～80 m 追光灯等；还可按功能区分为机械追光灯和电脑追光灯，前者调焦、光栏、换色均为手动完成，后者调焦、光栏、换色、调整色温均通过推拉电器而自动完成，所以在选用时一定要对照各种指标进行。

效果照明器具：主要用于表现雨、云、雪、波涛、火焰等现象的照明器具，可为歌舞、戏剧的背景进行效果照明，是现代舞台非常重要的照明器具。

配线器具：主要用于配电，一般采用专用插座方式配电，舞台上部一般采用固定式插座箱，将专用插座固定在箱内或走线槽上。

移动灯具配线：舞台上部吊装的照明器具及其他移动灯具应采用多芯线缆，

伴随灯具移动。

(2)音响系统

① 观演场所音响系统功能和设计要求

观演场所的音响系统为多用途音响系统，包括配合现场演出、主持、会议等用途，其音质设计相当重要。音质设计属建筑声学设计范畴，其设计指标包括响度、清晰度、混响时间、环绕感和亲切感等。随着电声技术的迅速发展，通过一套优良的扩声系统将声源信号尽可能不失真地在每一个座位处还原，并改进特定听音区的主观听觉感都已成为现实。扩声系统可以使得歌词清晰可靠，音乐有上佳的明晰度和细腻感，整体有适当的混响感，歌唱声与乐队声都有足够的响度和平衡感。具体来说，音响控制系统需要满足以下技术要点。

足够的声压级：要求系统有足够动态余量，以适应不失真、还原大动态的节目信号。要求扬声器功率大，灵敏度高，与之匹配的功放具有足够的功率储备，声压级满足设计指标。

良好的声场均匀度：采用线性阵列音箱，根据听众区的具体位置和面积，组成“点”声源阵列，可有效降低阵列的梳状滤波效应。选用恒指向扬声器，有利于提高语言清晰度，听众区应处于扬声器的覆盖范围内，可预见良好的声场均匀度。

平滑的传输频率特性：采用每路扬声器通道自带参量均衡器，而且指向性控制范围内各频率声束宽度变化很小，且在扩声系统中，每路扬声器都连接一台房间均衡器(在 DSP 数字音频处理系统中)，来提供足够的手段改善观众厅和舞台区耦合空间声场对传输频率特性的影响，以确保系统的传输频率特性平滑。

良好的传声增益：采用合理的扬声器布置，主要表演区布置在主扩声扬声器的覆盖范围外。选用恒定指向的号角扬声器，角外的声能迅速衰减；另外，选用心形指向、超心形指向的传声器，使系统的传声增益达到设计指标。

低的系统噪声：系统噪声的产生及引入主要跟设备的品质及系统配接方法有关。应采用本底噪声很低的产品，并采用星形接地，每路扬声器系统自带电源滤波电路，系统所有外部接口采用变压器进行隔离，以达到本底噪声指标。

系统适应性强、方便扩展：在设计过程中需要从使用的角度出发，放宽系统的适应性，除可以满足会议扩声要求外，还可以满足多种类型演出的要求，整个系统有效重放频率宽度为 0.025～18 kHz，系统的调音台和处理设备都保留足够的扩展空间。

系统高可靠性：系统在设计中，在扬声器的最大声压级、功放的功率储备、扬声器的保护、音频处理器的处理能力以及主控调音台等环节引入冗余备份的设计理念。

系统操作管理方便：调音台的界面按调音师的操作习惯和管理方便布置，操作方便、灵活；系统中主扩声的所有音频处理设备均有密码保护功能和多模式声场控制及切换功能，方便管理。

② 观演场所音响系统体系结构

观演场所主要包括室内外剧场、音乐厅、酒吧、中西餐厅等具有现场表演功能和配置的场所，其中以剧场的音响系统配置最复杂、全面，其他的音响系统在剧场音响系统的基础上做简化处理，根据需求配置部分功能和设备。下面以剧场音响系统为例进行说明。

一个典型的剧场音响系统应该包括声源、调音台、周边设备、信号处理设备、功放、音箱和传输系统等几个部分。其根据剧场的特点一般分为观众厅扩声系统、舞台返送监听系统、效果声扩声系统、控制室监听监视系统、周边电声处理辅助系统、拾音及音源播放系统。

一个大型的剧场音响系统主要包括观众厅、舞台部分的声音还原系统，控制室监听监视系统，及音像录制和存储系统等。舞台部分包含演员表演时声音的拾取和传送，及帮助演员把握演出效果的舞台返送监听系统。

音响系统一般通过设置在舞台上的麦克风拾取现场各种声音，转换成电流信号，经过传输线缆送至音频系统中心控制设备，经调音台(又称混音控制台)，对各种输入声源信号进行匹配、放大、混合、调音和分配控制等。

电声系统控制包括两方面，一方面是对音质的处理，如均叠器、激励器、效果器、降噪器等；另一方面是对信号的控制，如压限器、分配器、分频器、音箱处理器等。

周边处理设备对各种节目信号进行加工处理和润色，以弥补建筑声学的缺陷、补偿电声设备性能的不足和产生特殊声音效果。

信号处理设备是剧场音频系统中重要的组成部分，也是系统调试的关键设备。传统的信号处理方法是把不同功能、不同用途的各种处理设备用很多专用线与调音台和功放等设备互联组成一个扩声系统；而现代的信号处理方法是在一台设备中采用专用高精度浮点运算的 DSP 处理芯片，并辅之以各种高效的音频数据算法，可以代替传统均衡器、激励器、效果器、降噪器等多种设备的工作，类似多个设备的功能全部集成在一个设备上，且处理前后信号都是数字化的。

功放顾名思义就是“功率放大器”，它的作用就是放大调音台和周边设备(信号处理设备)送来的低电平音频信号，使其输出功率足以驱动配接的扬声器负载。传统功放是模拟类功放，即把连续变化的音频信号(模拟信号)直接进行线性放大。现代的功放也已经向数字化、网络化过渡。数字功放的过载能力远远高于模拟功放，不会产生交越失真，因为数字功放采用数字信号放大，使输出信号与输入信号相位完全一致，相移为零，声像定位准确。传统模拟功放中的功放管内阻较大，所以在匹配不同阻值的扬声器时，模拟功放电路的工作状态会受到负载(扬声器)大小的影响；而数字功放内阻不超过 0.2 Ω(开关管内阻加滤波器内阻)，相对于负载(扬声器)的阻值(4～8 Ω)完全可以忽略不计,因此不存在与扬声器的匹配问题。

扬声器(音箱)是一种把电能转换为声能的转换器。剧场音频系统希望还原 0.02～20 kHz 范围的声音，而目前任何一种扬声器都难以满足宽频声音重放的需要。播放低音需要重、大、厚的纸盆振膜，而播放高音需要轻、薄的振膜，因此重放全音域的扬声器系统一般都是由高音、中音和低音三种不同类型的扬声器单元结合组成的系统。

一般剧场观众席区扬声器声场系统分为声桥扬声器、台框两侧扬声器、台唇扬声器、补声扬声器和效果声扬声器等。声桥扬声器通常采用左、中、右 3 组布局。台框两侧扬声器用来覆盖观众席，拉低声像位置，让观众感觉声音不是从声桥等高位置传来，而是从舞台传来的。台唇扬声器是针对观众席前 3 排中央区域进行补声，并拉低声像位置。对于上层观众席对下层观众席的遮挡部分及主扬声器覆盖较差的两侧观众席区域，则需要安装补声扬声器。效果声扬声器会产生一些特殊效果，如环绕效果、天空效果等。

考虑到剧场扩声系统通常会设置多个调音位，个别演出可能还需要进行电视录像或转播，拾音器信号不能只送到主控机房，而需要进行多通道的信号分配。通常的设计方式是在舞台附近设置一间技术用房，舞台、乐池、灯光桥等地的拾音器信号首先汇集于此，经专用分配系统分配后，再分别送至上述各调音位或电视播出专用接口。

③ 观演场所音响系统硬件配置

观演场所典型的音响系统由音源输入设备(无线/有线传声器、音源重放设备、外接线路输入等)、声控室及其操作设备(调音台，如主扩声调音台、辅助调音台、流动调音台；周边设备；录放音的音源设备，如硬盘录音机、CD 播放机、盒式磁带录音机、MD 录音机；输入/输出跳线盘；接线端子盘；功放工作状态监视设备；监听扬声器；呼叫设备；无线传声器接收机等)、功放机房内的设备(功放；扬声器处理器，如均衡器、限幅器、分频器、延时器等；输出跳线盘)、扬声器系统(台口上方扬声器，如中央、左、右声道扬声器，超低音扬声器；台口两侧扬声器，如拉声像扬声器；台唇补声扬声器；舞台流动扬声器；侧墙及顶棚效果声扬声器；眺台下补声扬声器；舞台固定返送扬声器；流动返送扬声器)组成。

音响系统的网络结构可分为模拟式扩声系统、采用数字处理器的扩声系统和数字式扩声系统。一般根据具体的使用需求进行设计，目前音响系统的网络结构主流为数字式扩声系统。

④ 观演场所扬声器的布置

观演场所扬声器的布置设计将直接影响观演空间的声学性能，因此，对于具有现场表演的场所、中庭、影院等场所，要满足声场性能要求，扬声器的布置设计是关键。扬声器的布置一般分为集中布置、分散布置和混合布置(集中布置和分散布置并用)3 种形式，3 种布置形式的特点见表 3-10。

表 3-10　集中布置、分散布置和混合布置的特点

布置方式	扬声器的指向性	优缺点	适宜使用的场合	设计注意点
集中布置	较宽	声音清晰度高；声音方向感好且自然；有引起啸叫的可能性	设置舞台并要求视听效果一致者；受建筑体形限制不宜分散布置者	应使听众的直达声均匀，并尽量减少声反馈
分散布置	较尖锐	易使声压分布均匀；容易防止啸叫；声音清晰度容易降低；弱化正向传播的声音，容易产生不自然的感觉	大厅净高较低、纵向距离长或大厅可能被分隔成几部分使用时；厅内混响时间长，不宜集中布置时	应控制靠近讲台第一排扬声器的功率，尽量减少声反馈；应防止听众区产生双重声现象，必要时采取延时措施
混合布置	主扬声器应较宽，辅助扬声器应较尖锐	大部分座位的声音清晰度高；声压分布较均匀，没有低声压级的地方；有的座位会同时听到主、辅扬声器两个方向的声音	眺台过深或设楼座的剧场等；大型或纵向距离较长的大厅；各方向均有观众的视听大厅	应解决控制声程差和限制声级的问题，必要时应加延时措施以避免双重声现象

从声道数方面考虑布置设计，本地厅堂扩声系统按声道数可分为单声道系统、双声道系统和三声道系统等。不同声道类型的扬声器系统具有不同的典型布置形式。

单声道扩声系统一般将主扩声扬声器布置在舞台口上方的中央位置(C)。这种布置方式语言清晰度高，视听方向感比较一致(又称声像一致性)，适用于以语言扩声为主的厅堂。

双声道系统一般将主扬声器布置在舞台两侧上方或舞台口上方两侧。这种布置方式声音立体感比单声道强，但当舞台很宽时，前排两侧距扬声器较近的座位可能会出现回声，因此，双声道系统适用于以文艺演出为主且体形较窄的场所或中、小型场所的扩声。

三声道系统一般将左(L)、中(C)、右(R)三路主扬声器布置在舞台口上方的左、中、右位置上，三声道系统大大增强了声音的空间立体感，因此适用于以文艺演出为主的大、中型厅堂的扩声。三声道系统又可分为空间成像系统(SIS)和C/(L-R)方式。SIS 通常使用具有左、中、右三路输出的调音台，而且左、中、右三路主扬声器可分别独立覆盖全场；C/(L-R)方式，即中置(C)扬声器单独覆盖全场，左(L)和右(R)两路扬声器共同覆盖全场。

因而需要依据现场的空间尺度和功能设定适用性设计扬声器的布置方式。

(3) 视频系统

① 视频系统功能

高技术远洋客船综合娱乐系统范畴的视频系统主要为 LED 视频显示系统、投影系统、电影播放系统，及其他一些小规模的视频应用(如小规模的 LED 视频显示、视频投影等)。视频系统主要配置在大剧场、KTV、电影院、餐厅、俱乐部、会议室，及其他需要有视频系统功能的场所。

② 视频系统体系结构

视频系统主要为 LED 视频显示系统、视频投影系统和广播中心视频中心控制系统等。系统配置的硬件一般包括各种尺寸的 LED 显示屏、各种类型的投影仪及镜头、视频控制设备和视频系统附件线缆等。

(4) 娱乐设施

① 娱乐设施功能

娱乐设施顾名思义为客船上可交互的、供游客进行玩乐的设施，一般根据具体的艇型和应用进行设计，不同的客船娱乐设施的种类、丰富程度差异较大，包括小到电子游戏设施，大到接近主题公园的规模。

② 娱乐设施体系结构

不同船舶上综合娱乐系统内的娱乐设施均有不同的设计，如棋牌室、电子游戏厅、水上乐园等。娱乐设施一般系统较为简单，为成品设施交付，安装布置完成之后，只要通电检查设施完好即可。

3.5.3 综合娱乐系统试验体系及试验技术研究

(1) 娱乐灯光系统的试验技术研究

高技术远洋客船综合娱乐系统范畴内的娱乐灯光系统一般主要包括舞台灯光和装饰灯光 2 种。常规装饰灯光主要是依据施工图、技术规格书等进行检查，具备条件之后开通和调试，较为简单。舞台灯光作为在舞台演出中起到关键作用的重要设备，需要控制现场舞台灯光和展现效果，因此需要在系统交付之前对系统进行调试。

高技术远洋客船综合娱乐灯光系统调试试验主要对灯光系统的物理连接、工作状态、供电检查、软件设置、连接匹配和参数设定等主要技术参数及功能进行调试和检查。

试验内容主要包括对灯光线路、供电电源、灯具设备、网络系统和控制系统等进行调试和检查。

试验目的主要包括以下几点：

保证系统的所有设备、点位供电正常；

确定所有设备通电后能正常工作；

保证所有输入/输出回路连线正确；

保证系统所有设备之间的连接全部正确；

保证系统能正常工作，并完全满足技术要求；

确定系统的性能指标达到或高于技术要求。

所需的仪器仪表包括光照度计、钳形表、万用表、兆欧表（摇表）、DMX 测试仪、多功能测电笔、笔记本电脑、网线测线仪和绝缘电阻表等。

娱乐灯光系统总体试验程序为：

根据施工图对所有设备的安装位置及线缆敷设情况进行逐项核对。

用 DMX 测试仪对系统中所有的网络线路进行检测，确认无误后，将调光硅柜、电脑灯、换色器等设备逐一接入系统，并检查设备，为调试做准备。

检查配电柜接线是否正确、各指示灯显示是否正常，接线正确和指示灯显示正常后，开启调光台电源，然后逐台开启可控硅柜和直放设备柜电源，每台机器单独开机，待设备通电后，检查电源指示灯是否指示正常。

检查各舞台灯具的外部连接是否正确及外观是否完好，通过调光台的试灯程序，对舞台灯具逐台试亮，并观察设备的运行是否正常。

通过调光台对灯具进行单路或多路编程调试，检查调光过程是否连贯、稳定且灯具亮度一致。

安装要牢固，保护措施要完备，必须确保安全。电脑灯内部的控制系统和机械部件比较精密，灯具耗电功率大，保护措施也比较完善，如果安装或运输原因造成内部控制元件或灯泡损伤，电脑灯可能不会正常工作，因此需要在系统连接及安装之前确认每台设备的状况；正确进行灯具设置，包括灯具的控制形式、供电方式、运动范围、灯具在系统中的地址和控制线终端的处理等。

完成上述程序后，检查电脑调光台及灯光控制台的运行速度和现场的常规灯具、电脑灯、换色器、烟机等在线受控设备的动作响应时间是否一致，电脑灯、换色器、烟机自检是否正常等，同时检查灯光系统与音响系统、视频系统之间相互有无干扰，并做好记录。

试验项目如下：

① 核对和检查回路及设备接入系统

核对和检查回路需要根据施工图来进行，主要试验内容包括：

根据施工图核对所有设备的安装位置和线缆敷设；

用 DMX 测试仪对系统中所有网络线路进行线路检测；

将灯光控台、控制设备、调光硅柜、换色器、供电模块、电脑灯、常规灯等设备逐一接入系统，并检查各设备，为调试做好准备；

对所有连接的线缆进行连续性和短路测试；

检查线缆是否存在过度弯曲；

检查是否存在潜在的电磁干扰；

检查线缆的施工工艺是否正确；

检查悬挂的线缆是否下垂；

检查各器材设备的连接是否正确；

检查所有设备的工作电流和信号电压设定；

检查所有的线路连接及信号接入口是否正确。

② 设备通电检查

主要试验内容包括：

灯光配电柜接线检查；

灯光配电柜指示灯显示正确性检查；

灯光配电柜输出电压检查；

设备供电插座电压检查(供电插座位置包括灯杆、吊笼、舞台底盒、乐池上空、眺台、马道，及各场所其他常规部位插座等)；

开启灯光控台和控制设备，逐项开启供电模块，每台设备单独开机，各设备通电后，检查电源指示灯是否正确；检查结果以配电柜操作和指示正常为准。

③ 逐灯试验

逐灯试验为对所有灯具进行逐个调试，主要试验内容包括：

灯具外观完好性检查；

灯具外部连接正确性检查；

逐台试灯，观察设备工作是否正常，逐台试灯试验前需具备相应的试灯程序和外围的控制设备。

④ 常规灯调试

常规灯调试为对娱乐灯光系统内所有的常规灯具进行调试，主要试验内容包括：

通过调光台或控制设备对灯具进行单路或多路编程调试，检查调光过程的连贯性和稳定性，及灯具亮度是否一致；

演艺场所将灯具按照会议模式和演出模式进行分组编程对光，并分组运行 4 h，确认设备运行稳定，并每半小时记录一次电流和电压值。

⑤ 电脑灯调试

电脑灯调试为对娱乐灯光系统内所有的电脑灯具进行调试，主要试验内容包括：

检查每台设备单独运行状况，电脑灯灯泡和镀膜玻璃都要求佩戴棉线手套安装，不允许直接用手触碰；

尽量在系统连接或安装前单独检查每台设备的状况；

安装牢固性检查；

保护措施检查；

灯具控制形式设置检查；

电源供应方式设置检查；

运动范围设置检查；

地址设置检查；

控制线终端的设置检查。

⑥ 娱乐灯光系统整体确认

娱乐灯光系统整体确认为对整个娱乐灯光系统的正常运行状态进行确认，主要试验内容包括：

各设备满负荷和长时间运行时的稳定性检查，包括灯光变化和灯光控制性能变化等；

供电线路和各设备满负荷和长时间运行时的发热情况检查；

灯光控制台和控制设备运行速度检查；

常规灯、电脑灯等在线受控设备动作的一致性检查；

电脑灯自检是否正常；

灯光系统与音响系统、视频系统之间的干扰性检查。

(2)娱乐音响系统的试验技术研究

娱乐音响系统试验主要对音响系统的物理连接、工作状态、供电检查、软件设置、连接匹配、参数设定和音箱布局等主要技术参数及功能进行调试和检查。

试验内容包括对娱乐音响系统的连接线路、供电电源、音响设备、网络系统、控制系统和音响布置等进行调试和检查。

试验目的主要包括以下几点：

保证系统的所有设备、点位供电正常；

确定所有设备通电后能正常工作；

保证所有输入/输出回路连线正确；

保证系统所有设备之间的连接全部正确；

保证系统能正常工作，并完全满足技术要求；

确定系统的性能指标达到或高于技术要求。

所需的仪器仪表包括测试麦克风、相位仪、噪声发生器、频谱仪、粉红噪声仪、声压计、万用表和笔记本电脑(安装音频处理器软件)等。

① 设备连接安装及供电检查

设备连接安装及供电检查为对娱乐音响系统内的设备连接、安装情况、供电情况等进行检查，所需的文件主要为施工图和工程设计图，需要依据图纸进行，主要试验内容包括：

检查音箱布局位置的正确性；

检查音箱接线的正确性；

检查音箱设备连接的正确性；

检查调音台、音源及周边设备连接的正确性；

检查线路是否连接好；

检查设备电源是否连接好；

确定每台设备开关是否为关闭状态。

② 娱乐音响系统设定检查

娱乐音响系统的设定检查主要是在进行设备运行状况检查前，对音响系统设备设置的参数及状态进行检查，主要试验内容包括：

所有设备的电压挡是否为供电电压，且尽量高一个挡位；

系统的信号传输电平值是否设定一致，保证信号传输的基准参考点相同；

功放的工作状态是否为立体声，是并联单声道还是桥接单声道，是否设定了保护状态、输入变压器的选择等；

音响的分频方式设定、高频衰减位置设定；

调音台的信号输入衰减设定、信号编组设定；

周边设备的挡位设定，是否旁路、联动、激活等。

③ 音响传声系统调试

音响传声系统的调试主要试验内容包括：

输入/输出线路、供电电源、音箱设备、网络系统和控制系统等的调试，涉及的设备和部位很多，需准备的仪器仪表，包括电流表、兆欧表（摇表）、粉红噪声测试仪、笔记本电脑(粉噪调试程序)、万用表和麦克风等；

根据施工图对所有设备的安装位置及线缆敷设情况进行逐项核对；

对系统中所有的网络线路进行监测，确认无误后，将时序电源机、机柜内部设备、调音台等设备逐一接入系统，并检查；

检查配电柜接线是否正确、各指示灯是否正常，接线正确和指示灯显示正常后，开启机柜电源总阀，开启时序电源开关，检查每台设备是否正常开机，检查机柜内部各设备开机顺序是否正确，各设备通电后，检查电源指示灯是否正常；

检查调音台的外部连接是否正确及外观是否完好，各个控制键是否处于合理位置，开启调音台电源，设备通电后检查电源指示灯是否正常；

将电脑、粉红噪声测试仪连接到调音台，打开测试程序，将测试麦克风放置在指定测试音响前端的正确位置，将粉噪输入调音台，再从调音台输出到所调试的主扩音箱上，然后通过测试麦克风传回调音台，测试程序显示界面，开始调试音箱粉噪；

将麦克风连接到插座盒，通过调音台开始对号调试输出音量；

完成上述程序后，按照会议模式和演出模式进行分组编程，并分组运行各 4 h，确认各设备运行稳定。

④ 音箱音量定位

主要试验内容包括：

打开调音台，播放音乐信号，将调音台总音量开到正常的工作、演出状态；

打开相关的周边设备，并将周边设备调整到正常的工作、演出状态；

将所有的功放音量调节到最小位置，再把所有功放打开；

逐一打开功放的音量，检查各音箱的声音是否正常，并逐项调整各通道的音量；

将所有功放的电源和音量打开，检查声音状态。

⑤ 调音台调试

主要试验内容包括：

调音台信号输入调试(低阻麦克风信号输入；高阻线路信号输入，包括音源播放设备，如 DVD、CD、VCD、LD、MD、MP3、录音机等)；

调音台通道增益调试(麦克风增益；音源播放设备增益，包括 DVD、CD、MD、录音机等；各类乐器增益等)；

调音台通道均衡组调试；

调音台通道 AUX 调试(辅助发送调试)；

调音台声像平衡调试；

调音台主输出调试(包括编组音量和总音量)。

⑥ 同传系统调试

主要试验内容包括：

根据施工图对音箱安装位置、设备安装位置及线缆敷设情况逐一核对，并使用万用表测量线路，确认没有断路、短路情况；

逐一检查各设备对电压的要求，确认所有对设备的供电电压与设备的需求电压匹配；

每台设备单独开机，各设备通电后，电源指示灯正常；

从音源开始逐步检查信号的传输情况和去向；

逐步检查信号的畅通情况，保证各个设备都能得到前级设备提供的最佳信号，并可为下级设备提供最佳信号；

在检查信号的同时，逐一观察设备的工作是否正常，运行是否稳定；

将音箱和功放逐一接入系统，在较小的音量下，检查音量输出是否正常；

将麦克风接入场地内各麦克风接口，确认所有麦克风工作正常；

完成上述程序后，开启所有设备，连续不间断运行 4 h，共进行 2 次，确认各设备运行稳定。

除此之外还需进行：麦克风调试、噪声门调试、压限器调试、增益调试、均衡器调试、延迟器调试、反馈抑制器调试、激励器调试、电子分频器调试、功放调试、数字效果器调试、混响调试、返送音箱调试。

(3) 娱乐视频系统的试验技术研究

娱乐视频系统试验主要对视频系统的物理连接、工作状态、供电检查、软件设置、连接匹配、参数设定和视频设备布局等主要技术参数及功能进行调试和检查。

试验内容包括对连接线路、供电电源、视频系统设备、网络系统、控制系统和视频设备布置等进行调试和检查，需要根据施工图进行试验工作。

主要调试目的包括以下几点：

保证系统的所有设备、点位供电正常；

确定所有设备通电后能正常工作；

保证所有输入/输出回路连线正确；

保证系统所有设备之间的连接全部正确；

保证系统能正常工作，并完全满足技术要求；

确定系统的性能指标达到或高于技术要求。

① 试验前电路检查

在试验前检查系统的电路是否正确，主要试验内容包括：

检查线路是否连接好；

查看设备电源是否连接好；

确定每台设备的开关为关闭状态。

② 娱乐视频系统设备设定检查

娱乐视频系统的设定检查主要是在进行设备运行状况检查前，对视频系统设备设置的参数及状态进行检查，主要试验内容包括：

所有设备工作电压设定；

信号彩色制式设定；

投影机的信号接收模式设定、投射、显示方式、尺寸设定；

三色叠加效果设定。

③ 单个设备运行检查

对每个视频系统设备逐个进行运行状态检查，主要试验内容包括：

检查设备的信号传输情况；

检查设备的单独工作状况。

④ 视频系统总体调试

主要试验内容包括：

根据施工图对投影机安装位置、投影幕安装位置、摄像机安装位置、监视器安装位置、系统控制和其他相关设备安装位置及线缆敷设情况进行逐一核对，并使用万用表测量线路，确认无断路、短路情况；

逐一检查各设备对电压的要求，确认所有对设备的供电电压与设备的需求电压匹配；

每台设备单独开机，各设备通电后，电源指示灯正常；

检查信号的传输情况和去向；

逐步检查信号的畅通情况，保证各个设备都能得到前级设备提供的最佳信号，并可为下级设备提供最佳信号；

在检查信号的同时，逐一观察设备的工作是否正常，运行是否稳定；

检查投影幕升降限位是否处于效果最佳状态；

打开投影机，在各种输入信号之间来回调试，直至所有输入信号都能获得较好的图像品质；

打开摄像机，在各个摄像机之间来回切换调试，直至所有的摄像机都能较好地切换，并能获得较好的图像画质；

完成上述程序后，开启所有设备，连续不间断运行 4 h，共进行 2 次，确认各设备运行稳定。

⑤ 电影系统调试

主要试验内容包括：

根据施工图对电影幕安装位置、电影环绕音响安装位置、电影放映机安装位置、电影系统控制设备安装位置及线缆敷设情况逐一核对，并使用万用表测量线路，确认无断路、短路情况；

逐一检查各个设备对电压的要求，确认所有对设备的供电电压与设备的需求电压匹配；

每台设备单独开机，各设备通电后，电源指示灯正常；

逐步检查信号的传输情况和去向；

在检查信号的同时，逐一观察设备的工作是否正常，运行是否稳定；

检查电影幕升降是否正常，确定最佳升降限位；

检查放映图像在电影幕上的位置、确认最佳放映输出角度，并同时观察放映图像的清晰度，进行画质清晰度调整，确保最佳图像画质效果；

将音箱和功放逐一接入系统，在较小的音量下，检查音量输出是否正常；

打开全场扬声器，在场内的各个测点之间来回调试，直至全部区域都能获得较好频率特性。

完成上述程序后，开启所有设备，连续不间断运行 4 h，共进行 2 次，确认各设备工作稳定。

⑥ 显示系统调试

主要试验内容包括：

根据施工图对 LED 显示屏幕安装位置、控制设备安装位置及线缆敷设情况逐一核对，并使用万用表测量线路，确认无断路、短路情况；

逐一检查各设备对电压的要求，确认所有对设备的供电电压与设备的需求电压匹配；

每台设备单独开机，各设备通电后，电源指示灯正常；

逐步检查信号的传输情况和去向；

逐步检查信号的畅通情况，保证各个设备都能得到前级设备提供的最佳信号，并可为下级设备提供最佳信号；

在检查信号的同时，逐一观察设备的工作是否正常，运行是否稳定；

检查屏幕图像输出是否正常；

完成上述程序后，开启所有设备，连续不间断运行 4 h，共进行两次，确认各设备运行稳定。

(4) 娱乐设施的试验技术研究

娱乐设施的试验技术研究主要对高技术远洋客船配置的娱乐设施的物理连接、工作状态、供电检查、参数设定和设备布局等主要技术参数及功能进行调试和检查。

试验内容包括对连接线路、供电电源、娱乐设施设备、网络、控制系统、设施布置等进行调试和检查。

主要试验内容包括：

保证系统的所有设备、点位供电正常；

确定所有设备通电后能正常工作；

保证所有输入/输出回路连线正确；

保证系统所有设备之间的连接全部正确；

保证系统能正常工作，并完全满足技术要求；

确定系统的性能指标达到或高于技术要求。

3.6　空调通风系统试验研究

空调通风系统风量平衡调试是空调通风系统试验的关键，也是空调通风系统实现设计控制功能的前提。空调通风系统通过一次风静态平衡调试可保证空调末端装置的执行器和风阀具有较好的调节精度，并且有利于维持系统各房间的平均舒适度。空调通风系统风量平衡调试是空调通风系统调试的关键，也是难点。

一般船舶空调通风系统风量水力平衡调试没有固定的流程，主要依靠调试人员的经验进行，由于空调通风系统规模较小，依靠调试人员的现场经验足以能够完成空调通风系统风量平衡调试，但是对于拥有大规模、多种不同空调通风系统组成的高技术远洋客船，不仅数量庞大，调试工作量重，而且调试周期较短。

为在规定的计划时间内能快速准确地完成整个空调通风系统风量平衡的调试

工作，需要借助理论计算、模拟仿真等方法对系统进行阻力平衡计算及分析，制定调试流程，提高调试效率。而以上提及的各个方法都有其特点和适用的场合。

3.6.1 典型空调通风系统阻力分析

根据空调系统、通风系统原理图和施工放样图，以及实际的布置情况，从压损平均法、假定流速法、静压复得法中选取合适的方法开展各环路的阻力平衡计算，确定最不利环路。对于低速机械送排风系统和空调通风系统的水力计算，大多采用假定流速法和压损平均法；对于高速送风系统或变风量空调系统风管的水力计算宜采用静压复得法。

压损平均法以单位长度风管具有相等的摩擦压力损失为前提，其特点是，将已知总的压力按干管长度平均分配给每一管段，再根据每一管段的风量和分配到的作用压力，确定风管的尺寸，并结合各环路间压力损失的平衡进行调整，以保证各环路间的压力损失差额小于设计规定值。这种方法在系统所用的风机压头已定，或对分支管路进行压力损失平衡时，使用起来比较方便。

假定流速法以风管内空气流速作为控制指标，这个空气流速应按照噪声控制、风管本身的强度，并考虑运行费用等因素来进行设定。根据风管的风量和选定的流速，确定风管的断面尺寸，进而计算压力损失，再按各环路的压力损失进行调整，以达到平衡。假定流速法是目前空调通风系统最常用的计算方法。

静压复得法是通过改变下游处风管的断面积，使得在分流三通处的静压彼此相等。其实质在于利用风管分支处复得的静压，来克服该管段的阻力。利用伯努利方程来确定风管的流速，进而确定该管段的断面尺寸。

管道压力损失计算应从最不利的环路(距风机最远的点)开始，根据各管段的风量和选定的流速确定各管段的管径(或断面尺寸)，计算各管段的摩擦和局部压力损失。对并联管路进行压力损失平衡计算时，一般的空调通风系统要求两支管的压损差不超过 15%，以保证实际运行中各支管的风量达到设计要求。

当并联支管的压力损失超过 15%时，可采用下述方法进行压力平衡：

① 调整支管管径

这种方法是通过改变管径，即改变支管的压力损失，达到压力平衡。

② 增大排风量

当两支管的压力损失相差不大时(20%以内)，可以不改变管径，将压力损失小的那段支管的流量适当增大，以达到压力平衡。

③ 增加支管压力损失

阀门调节是最常用的一种增加局部压力损失的方法，它是通过改变阀门的开度，来调节管道压力损失。但是改变某一支管上的阀门位置，会影响整个系统的压力分布，要经过反复调节，才能使各支管的风量分配达到设计要求。

其次，在空调器新风、送风主风管上不可避免的大规格、不规则的结构风道或管路上设有非标通风附件，这些局部阻力系数无法从 ASHRAE(American Society of Heating，Refrigerating and Air-conditioning Engineers，美国采暖、制冷与空调工程师学会)等的文件或设计手册中查得。因此，对于这些情况将采用 Fluent 对其进行模拟仿真。

以 AC.01.4.02 用于乘客住舱风机盘管结合新风空调系统的送风管网为例，空调器位于 MVZ04-DECK2，服务于 2 层甲板，其中内区房间共 49 间，在 1 甲板上有 24 间，在 2 甲板有 25 间，均为常规内部不含窗的房型。内区房间的特点是与外界相隔离的。外区房间共 54 间，其中位于 2 甲板上带阳台的房型有 28 间，在 1 甲板上有标准带窗(无阳台)的房型共 26 间。外区房间的特点是位于船舷两侧舱壁是直接受到日射得热的负荷影响的房间。该系统中客舱房间总计 103 间，按左右舷对称的特点布置。

3.6.2 空调通风系统调试研究

(1) 调试前检查

① 系统原理检查

空调通风系统平衡的难易程度通常取决于设计阶段的规划水平，其设计目标应该是使系统易于平衡，且在运行中无故障。

其主要原则应该是管道系统组件、配置和布局的选择，以确保系统固有的稳定性和尽可能的自平衡。

考虑以下设计方案，可改善管道分配系统的自平衡特性：对于高速送风系统或变风量空调系统，管道的尺寸选择计算，应尽可能采用静压复得法。这种方法有助于确保在每个终端分支的入口有大致相同的静压，简化了风量平衡过程。管道尺寸的选择应考虑能否平衡各分支或末端分支(次分支)的压降。末端与分支管之间应采用短管进行连接，如果不可避免采用直接连接，应安装导流叶片。避免采用分流板来调节流量，使平衡过程复杂化。

② 风机选型

管道分配系统的设计应包括计算在设计风量下每个支路对应的阻力损失。估算出现最大阻力的分支作为索引分支，通常这也会是离风机最远的终端的分支。风机负荷点应始终选择在设计风量下与索引分支的压降比值至少为 110%。工作点应选择在风机曲线的稳定部位，远离离心风机上的反向斜坡和轴向风机上的失速点。这些区域的不稳定情况会导致噪声和流量脉动，也会使仪器在测试和平衡期间的读数不稳定。风管压力损失的计算给出了系统的总压降，而风机的选型图可以根据静压来确定。

③ 通风管路

良好的风道系统设计将减少风机的功耗，并将噪声降到最低。从调试的角度来看，这将使系统更容易平衡。糟糕的设计，如风管截面积或方向的突然变化等，会使系统的平衡变得困难。关于良好的管道系统设计，给出以下几点重要的考虑因素：在可能的情况下，设计使系统大致平衡；为现场风量的测量预留足够长度的直管段；避免风管截面突然改变或采用不带导流叶片的方形弯头，特别是在靠风机段的前后；避免使用压力损失较大的通风末端，以免造成噪声和流量测量困难。

- 风量调节阀。

在正确的位置安装必要的风量调节阀是一个合格系统的基本要求之一。

设置风量调节阀的主要要求如下：用于空气处理单元的风量调节阀，最好是能预装在设备上或位于最近的主风管上设置；用于末端、次分支、分支和主管道上所有的风量调节阀的位置都应清楚地显现在系统原理图上；通常所有末端应在对应的连接管路上设有风量调节阀，若因为空间限制，无法在管路上布置的，应考虑在对应的末端的内部预装调节阀，风量的调节功能可以在不干扰末端单元本身的情况下设置(对于市场上某些末端装置，必须拆除散流盘后才能操作阀杆，这会改变出口阻力，从而难以正确整定阀的开度)；流量测量和末端的调整是同时进行的，因此末端和风量调节阀的位置要尽可能靠近。

影响风量调节阀的因素有以下几点：内置风量调节装置的末端不适用于必须适应大压差的地方。当风量调节装置接近全关时，会产生较大再生噪声，同时改变散流器原有的气流组织。对于矩形管道，对开多叶式的风阀效果最好，因为它在部分关闭时所产生的下游气流变形最小，而且它的调节范围相比可调百叶或蝶阀更广。对于圆形管道，可变的光圈式风量调节阀是一个最好的选择，其次是蝶阀。在高速系统中，可调百叶和蝶阀会产生较大的再生噪声。所有的风量调节阀，都应设有锁定阀位、显示当前开度的装置，以便在调节完成后始终标记正确的开度。

- 检修空间。

风机、管道系统和送风系统部件周围需要有足够的空间进行安装、测试、调试和维护。一般的空间要求应在设计的早期阶段考虑。特别是需要能够进入管道系统，以便检查其清洁度；所有风机须预留允许进入空间，以便进行日常维护检查、调整和转速测量；进入测试孔的位置必须足够允许钻孔和插入皮托管；风量调节阀、防火风阀等必须使状态刻度清晰可见且锁定装置可调节；管道保温层的厚度以及支撑和托架的布置必须预先考虑；天花板等的入口板的位置必须与流量调节阀的位置适当协调。

- 测试孔。

除特殊情况外，在风管中永久性安装风量测量装置是不常见的做法。正常的程序是在适当的位置利用皮托管测量穿过管道的速度。皮托管的测试孔通常由调试人员现场制作或在风管生产图中预制。用于空气处理设备的风量测试孔通常会设置在之后的主风道上。若空间不足，另一种方法是在各支路上设置测试孔，这样从空调器送出的总风量就可以求和得到。然而，这些二次要点的使用会因为积累误差而不太准确，且更耗时。

测试孔的位置应该尽可能远离弯头、变径、风机和风阀等不受干扰的流动区域。如图 3-17 显示了测试孔与湍流源的最小距离，及在离心和轴流风机附近进行测量的特殊要求。在干扰源上游需要设置测试孔的地方，最小距离是 1.5 倍的管道直径。

系统设计人员在调试工程师的协助下，需在原理图和布置图上确定合适的测量位置，并确保能提供足够的空间进行皮托管测量。同时也应注意选定测点的位置的隔热材料能易于被调试工程师拆除和恢复。

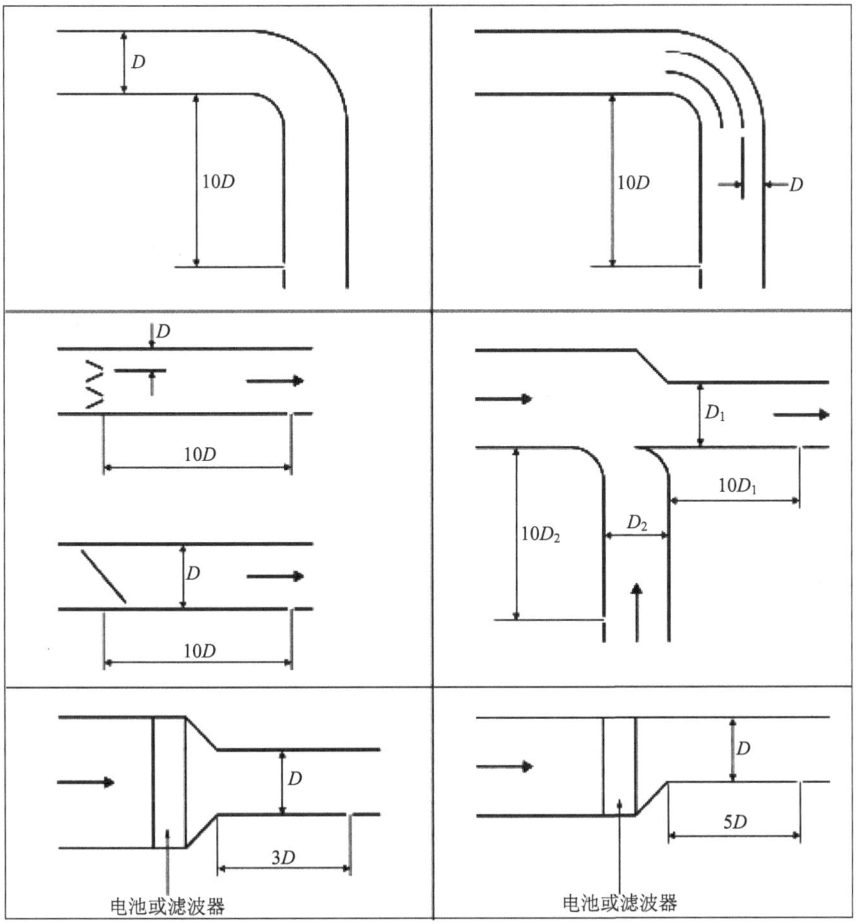

图 3-17　测试孔与湍流源的最小距离，及在离心和轴流风机附近进行测量的特殊要求

(2)现场测量仪器

使用错误的测量仪器会浪费大量的时间。本节对测量仪器的适用性给出了指导：选择一个工作范围大于最大预期读数的仪器。使用仪器前请仔细阅读操作说明。目视检查仪器是否有损坏。检查仪器是否有不超过12个月的校准证书。将读数、量程设置以及修正结果可能需要的信息记录在相关记录表上。

① 转速测量

机械转速表：通常用于测量风扇或电机轴可触及的转速。应该在设有保护装置的位置插入转速计主轴，因为测量绝不能在没有保护装置的情况下进行。在不能使用机械转速计的地方，可以使用间接法，如光学转速表或频闪仪。

光学转速表：这种仪器将一束窄光投射到旋转轴上，旋转轴上固定了一条反射带，反射出来的光脉冲用仪表以频率(Hz)来测量。为了有效，仪表必须保持在接近轴上。

电感式转速表：电感式转速表常用于机械和光学仪器都不适合的情形。它是使用感应探针来计数旋转金属物体上的事件。典型的应用包括带槽的轴或带齿的齿轮。

频闪仪：频闪仪是一种可变频率光脉冲源，其技术是使源脉冲频率与旋转速度相匹配。在轴上做一个记号，然后调整频闪仪，直到记号看起来静止。然而，有可能获得一个静态图像的子倍(50%、25%和33%等)的实际轴速度和谐波的这种误差需要消除，以评估正确的速度。一种方便的方法是在获得多个图像的地方高速启动。由于其固有的问题和使用经验的需要，只有在无法使用其他转速测量仪器之一时才推荐使用频闪仪。

② 压力测量

首先选择测量面，确认并记录管道尺寸，确定测量点的位置。

在管道上作标记，割开管外保温层并钻孔。如果管内也有保温层则需另外寻找测量面，压力计及其他可能需要的测量仪器归零。先进行初步测量来评估速度分布及确定测量面是否合适；再进行正式测量，注意测量点的精确位置及方向的准确性(平行气流)，测量后封闭钻孔。

③ 风速测量

选择测量位置，测量管道中心的流速 V_{center}。首先，找出测量位置上的最大速度 V_{max}，记住数值和位置。如果满足 $V_{max}/V_{center}<1.4$、$V_{min}/V_{center}>0.7$，最大速度位置离管内壁距离 $>0.1D_h$（D_h 为管径），这时此位置可作为建议测量位置，误差为4%；如果超出上面的条件但满足下面的条件，这时此位置可作为备选测量位置，即满足 $V_{max}/V_{center}<2$，最大速度位置离管内壁距离 $>0.1D_h$，误差为7%。

④ 风量测量

使用风筒进行测量。风筒的结构应使其对风口产生的额外阻力最小，同时又要保证足够的流速使气流均匀及便于读取数值，如 2～5 m/s。成品的风筒都已标定，用风速仪读出风速，乘以标定系数即可得到风量。成品风筒的形状类似文丘里喷嘴，有利于获得理想的中心速度并使风阻最小。

(3) 风量偏差和精度

公差是设计人员能够接受的与设计流量的偏差。偏离精确流量的规范有 2 个原因：首先，从乘员舒适度或运行成本的角度来看，微小的变化可能不会对系统的性能造成明显的影响；其次，平衡程序的不准确性不允许精确测量与设计数据进行核对。

气流测量的准确性会受到以下几个因素的影响：测量的管道横截面积的精度；管内气流扰动对流量测量点附近的影响；所使用的速度测量仪器的精度；调试工程师对仪器参数设定的准确性。

按照规范要求如果低性能系统的最低末端显示为设计风量的 80%(80 cm/h)，则最高端子不应超过 96(即 80+80×20%) cm/h。

(4) 风量平衡方法研究

风量平衡常用的调试方法有随机调节法、预设调节法，通过压力降计算来决定风门的开度，然后随机抽测风量。

比例调节法是从系统最远的分支开始系统地通过相对风量测量和调节风门开度。其中，比例调节阀的应用最为广泛。因为，同一总管中的分支上的风量比例将保持恒定，即总管风门改变一定比例，则所有分支上的风量也改变同样的比例。

比例调节的实际操作如下：

① 风管中风门全开；

② 测量两点中的风量，计算每个风口测量值/设计值的比例；

③ 调整的风阀使两个支管的比例一样；

④ 调节的总风阀使测量值等于设计值，注意调节后应锁定调节位置。

支管部分的调节应从最大风量比例的支管开始，下一步是找出该支管中的下一级分支的最大风量比例并开始调节；完成调节后，找出下一个最大比例的支管直到最后。

对主风管的调节是在完成整个系统的调节后，最后调节主风管的风量使所有风口的比例都达到 1(即达到设计值)：整艘船应达到使用状态，环境条件也与设计值相近；使用皮托管压力计来测量风量。如果风管中没有合适的测量点，则可在支管中测量然后相加。将测量值和设计值相对照，必要时调整风机转速。系统的漏风量在实际条件下可能很高，这样即使主风管达到设计值(比例为 1)，末端的风口比例可能仍小于 1，因此要选取最远端的风口进行检测并调节主风管使该风口比例达到 1。最后完成测量报告。

在测量末端如格栅和圆形扩散器的风量时，风速测量仪必须单独使用或带罩使用，而服务于末端的分支流量通常用皮托管测量。当使用风速计从多个末端获取流量时，最好将得到的结果相加，并将其与服务于对应末端的支管的流量进行比较。如果一致性在±10%以内，则以皮托管测量的值为基准值，并对所有末端进行适当的校正，以获得两个总数之间的一致性。如果初始比较结果是±20%或更大，那么就需要进行相应的管路检查或对仪器进行重新标定。

例如，若末端总风量是皮托管测量的80%或更少，则在管道接头或末端连接处可能存在漏风。如果采取测量分支流量时，最好是在对应的主管道上测得总流量。比较两种总流量(主管道和分支总和)有助于进一步分析。如在主管路上无法找到合适测点的情况下，分支求和法是唯一的方法。

3.6.3 空调自动化调试研究

(1)空调系统自动控制功能测试

本部分测试工作主要针对典型空调系统自动控制功能的逻辑验证，通过必要的测试手段，确保自控系统的各项功能均可以正常使用并运行。

① 空调处理机组(AHU)冷热水调节阀自控逻辑验证

测试目的：测试 AHU 冷热水调节阀根据送风温度调节阀门开度的自控功能是否可以正常实现。

测试项目：冷水调节阀功能、热水调节阀功能。

测试方法：由两名人员配合，一位在中控室页面上更改相应功能的设定数值，并观察相关的其他数值是否发生相应的改变，另一位在现场观察实际控制的元件是否进行了相应的正确操作。测试过程中应详细记录原始的设定值和更改的设定值，及其他发生相应变化的数值。

② 新风调节阀门自控逻辑验证

测试目的：测试新风系统自控功能是否可以正常实现。

测试项目：新风阀调节功能、定风量阀调节功能。

测试方法：由两名人员配合，操作同上。手动触发防火风阀信号，观察新风阀是否做相应的变动。手动复位报警信号，系统可以自动重启。测试过程中应详细记录原始的设定值和更改的设定值，及其他发生相应变化的数值。

③ 定静压控制法自控逻辑验证

测试目的：测试定静压控制法的空调系统控制功能是否可以正常实现。

测试项目：静压设定值与风机变频的联动。

测试方法：在中控室显示界面上，更改送风静压设定值，等待10～20 min观察风机频率是否发生相应的变化。例如，将设定数值调小，则风机频率也应下降。测试过程中应详细记录原始的设定值和更改的设定值，及其他发生相应变化的数值。

④ 新风阀门和回风阀门(若有)开度百分比之和为 100%的逻辑验证

测试目的：测试新风阀门和回风阀门的开度百分比之和是否为 100%。

测试项目：新风阀门开度、回风阀门开度。

测试方法：逐一记录各台 AHU 的新风阀门开度和回风阀门开度，将二者相加，观察二者之和是否为 100%。

判定条件及处理方法：如二者之和为 90%～110%，则此项自控功能正常；如不在此范围之内，则在超出范围的机组处做错误标记。

⑤ 自动防冻功能验证

测试目的：测试自动防冻功能是否可以正常实现。

测试项目：停机时热水阀门开度。

测试方法：冬季工况，关闭 AHU，观察热水阀门是否仍保持一定开度。

判定条件及处理方法：如果热水阀门的开度保持在 15%～30%，则此项功能正常，否则为不正常，并做错误标记。

(2) 变风量控制功能测试

本部分内容主要针对住舱风机盘管变风量(VAV)控制功能进行测试，以下内容仅对通用的控制逻辑做相应阐述。

测试目的：测试 VAV 各项控制功能是否可以正常实现，控制逻辑是否正确。

测试项目：VAV 一次风阀开度与室内温控器的联动；内置二次电加热启停与室内温控器的联动；一次风阀开度和一次风量与室内温度和设定温度的关系是否符合控制逻辑。

测试方法：记录 AHU 所带的全部 VAV 的各项参数数值，观察所记录的各项数据是否符合逻辑关系；更改室内温控器的设定温度，观察一次风阀、风机及二次电加热的变化情况；更改 AHU 的变频器设定频率，观察一次风阀是否发生相应变化。

判定条件及处理方法：

① 夏季工况，如房间温度高于设定温度，则一次风阀应尽量开大，直到达到标定的最大风量或 100%全开为止，否则视为控制功能不正常；如房间温度低于设定温度，则一次风阀应尽量关小，直到达到标定的最小风量为止，否则视为控制功能不正常。更改 AHU 的变频器设定频率，如设定频率下降，机组出风量降低，则该台 AHU 所带的各台 VAV 的一次风阀开度应变大；反之，设定频率升高，各 VAV 的一次风阀开度应变小。

② 冬季工况，如房间温度低于设定温度，则风机应开启，电动热水阀也应同时开启，且一次风阀开度维持在最小风量附近，否则视为控制功能不正常。对于控制功能正常的 VAV 应在表格相应位置中做对号标记，对于不正常的 VAV 做错误标记，并注明问题的大致情况。

3.7 本 章 小 结

高技术远洋客船需要具备舒适的生活设施和丰富的娱乐设施来满足乘客和船员的生活及工作需求。生活功能作为高技术远洋客船最重要的功能之一，其相关系统能否正常运转，是实现这一功能的保障和关键。

在航行试验时，对关键的生活保障系统、安全及管理系统、综合娱乐系统以及空调通风系统等的试验流程及试验方法进行研究，并结合实船测试验证，以确保设计建造符合适用的法规规范规定和满足建造合同的相关要求。

本章以高技术远洋客船为研究对象，分析生活系统的试验性能目标，结合模拟测试的方法，建立不同工况下生活系统的运转和响应的评估方法，以此为基础，参考相应的规范，开展生活功能的试验方案设计，形成完善的，包括试验的条件、安全提示、试验的程序步骤、试验数据的记录，为形成相关指导性文件提供参考，以掌握高技术远洋客船生活功能试验的关键技术。

(1) 首先分析高技术远洋客船生活保障系统的构成和功能目标，参照相关规范和建造合同，形成相应的试验指标体系。继而参考相关规范和标准，根据相应工况，计算试验所需的人员、物资，形成生活保障系统试验程序的试验方案，最终通过实船航行试验考核航行中服务和物资的管理，废水废物的存储、处理和排放等能力，综合评估和确定生活保障系统的指标衡准和试验方法；同时也为将来实际运营中的生活保障系统的有效运转、实时监测和状态评估提供数据支持和技术指导。

(2) 对安全及管理系统进行试验，需要研究设计布置方案，收集使用指南、规范等相关信息，基于软硬件管理档案，采用单独检测和联调测试结合的方法，运用设计指标评价相应功能参数，形成对各子系统的功能性检测方案。研究各系统的配合运转检测，在确认各子系统的功能性后，对航行过程中可能遇到的高速、高震、火灾等危险情况进行灾害模式影响及危害程度分析，采用模拟试验的方法，研究并建立安全及管理系统应对危急状况的响应水平评估系统；同时，形成安全及管理系统应对危急状况的试验方案及程序；针对部分典型状况，研究整个系统并进行联调测试，设计参与人数和物资，通过模拟演习的方法检测系统的应急响应水平，形成高技术远洋客船安全及管理系统的试验方案及程序。上述成果将在相关试验中进行应用，也可为实际运营中的安全及管理系统的有效运转、实时监测和状态评估提供数据支持和技术指导。

(3) 按照设计指标分别开展娱乐系统在室内外运行环境的功能及性能测试；同时，针对部分特殊娱乐设备，应开展相应的安全性测试。根据形成的综合娱乐系统航行试验程序，遵循程序和试验方法，进行国产首制大型高技术远洋客船的航行试验，测试国产首制大型高技术远洋客船全船娱乐系统的功能可达性、系统性能和可靠性。

(4)根据空调通风系统各阶段试验目的的分析结果，对高技术远洋客船的海上航行试验阶段空调通风试验研究主要分为 5 项：

① 正常工况下机舱及辅助机舱区域通风试验研究。

② 正常工况下空调冷媒水系统试验研究。

③ 正常工况下空调系统夏季综合联调试验研究。

④ 灾害事故下空调系统航行试验研究。

⑤ 空调通风系统功能异常排查试验。

基于上述对综合娱乐系统、航行安全系统以及空调通风系统的深入研究，形成了一套综合联调试验程序。该程序适用于高技术远洋客船的航行试验，确保了各系统在实船运行中的协同性和稳定性。试验过程中，应详细记录各项数据，包括系统运行状态、性能参数和异常事件等，并对其进行深入分析，以评估系统的整体性能。此外，这套试验程序不仅为当前试验提供了明确指导，也为未来运营阶段中空调通风系统的实时监测、运转维护和灾害应急处置提供了有力支持和指导。通过不断地优化和完善，可以确保在各种工况下都能为船舶提供安全、舒适的航行环境。

第 4 章　高技术远洋客船航行试验风险管理体系研究

4.1　高技术远洋客船航行试验项目风险管理概念的构建

4.1.1　航行试验项目风险管理问题的特殊性

(1) 更具模糊性

因高技术远洋客船航行试验试验对象的特殊性，无论是试验的设计工作还是试验的实施作业，都没有经验可以借鉴。普通民船航行试验项目过程中可能出现的风险因素可以借鉴以往同型船舶的试航经验进行总结归纳，而高技术远洋客船的航行试验项目过程中可能存在的风险因素则更具有模糊性。除此之外，在前面章节的研究中不难看出，高技术远洋客船的航行试验实际上是一个非常庞大的系统性工程，而面对新兴的系统性工程问题，无论是系统外部因素还是系统内部联系都具有非常强的模糊性，而这种模糊性是对系统本身的认识程度不够而造成的[43]。

(2) 风险因素更复杂

高技术远洋客船上涉及众多新型设备以及新型功能系统，针对这些新的设备以及系统开发设计了新的试验程序，新的试验程序有可能涉及多个子系统的联动，这就使得高技术远洋客船航行试验的风险因素更加复杂，这种复杂性体现在数量和种类上。系统内部联系的增加致使风险因素增多，项目管理的烦琐程度导致风险种类变化[44-46]。

(3) 系统组成要素更复杂

高技术远洋客船航行试验项目作为一个庞大且复杂的系统性工程，从系统工程的角度来看，高技术远洋客船航行试验项目的系统组成要素更为复杂，这种组成要素的复杂性主要体现在系统要素分析的难易程度上。而分析系统的组成要素是进行系统分析的基础性工作，所以高技术远洋客船航行试验项目的系统组成要素的复杂性给该项目的风险管理工作设立了屏障。

(4) 项目背后的经济压力巨大

高技术远洋客船航行试验的任务重、周期长，所带来的试验资源消耗是巨大的，以意大利芬坎蒂尼集团建造的高技术远洋客船为例，单航次的试验经济消耗是用千万元来衡量的，可想高技术远洋客船试验全过程的直接经济支出的体量之大。而在如此之大的经济压力下，必须要对航行试验全过程进行高质量的管理，以保证航行试验的顺利有序进行。高技术远洋客船的航行试验项目是验证高技术远洋客船船舶性能及各项系统功能的过程，该过程是实现船舶交付的必备条件。高技术远洋客船的航行试验项目追求的最终目的是达到船东要求，实现交船。而如果航行试验过程中出现船舶设备故障、功能系统故障、船舶性能不达标等情况，其后果是要付出沉痛的经济代价。所以项目背后巨大的经济压力是进行风险管理研究的直接推动者。

4.1.2　航行试验项目风险概述

所谓风险，是与损失相关的概念，而这种损失是具有不确定性的。这种损失的不确定性对个人、企业、政府等经济主体而言都会产生不利的影响。关于风险的概念，不同的个体可能存在不同的看法。目前，在经济学领域、统计学领域、决策理论领域，关于对风险的概念的认识主要有以下几种[47]：

(1) 风险是发生损失的可能性。顾名思义，可能性在概率学上则是通过某一事件或者因素发生的概率。

(2) 风险是损失的不确定性。这种不确定性是根据对相关对象的信息了解的不全面而产生的。从这种角度上可以将不确定性划分为两种类型的不确定性，一是主观不确定性；二是客观不确定性。

(3) 风险是一种实际结果和预期结果之间的偏差。

(4) 风险是一种不期望事件发生后所造成的影响程度。

通过对以上几种观点的研究和总结，所谓高技术远洋客船航行试验项目的风险，就是在航行试验项目开展的过程中，特定的环境、特定的时间范围内，项目产生某种损失的可能性，并且这种特定的环境、特定的时间范围内是不确定的、未知的。也可以表述成：在某一特定情况下，人们所希望达到的航行试验目标与实际航行试验的进展之间存在距离，距离越大也就表明风险越大。这种定义指出了高技术远洋客船航行试验项目风险的两种表现形式，一是项目过程中的某种损失，即某一事件或者关注的环境发生对项目所造成的不同程度的影响后果；二是造成这种损失的可能性。

4.1.3　航行试验项目风险的本质和度量

高技术远洋客船航行试验风险包含三大要素：风险因素、风险事件、风险损失。高技术远洋客船航行试验项目风险的本质通过风险三大要素之间的内在联系进行解释。

风险因素是风险事件发生或者产生影响的条件，也就是说风险事件的发生一定意味着风险因素的存在。

风险事件是引起损失的直接原因，也就意味着风险事件是促使风险因素有可能变成现实的事件，并且风险事件直接引起损失。

风险损失是指非故意的、非计划的、非预期的经济价值的减少。这里包含两层含义，一是非故意、非计划、非预期，也就是说任何人为故意、计划安排、可以预期的事件所造成经济损失都不是风险损失；二是经济价值的减少。所以根据这种分析，可以将风险损失可以分成两大类，一是直接损失；二是间接损失。由风险事件直接导致的财产损失和人员伤亡是直接损失；由直接损失所引起的维护费用损失、收入损失以及责任损失都是间接损失。

风险因素、风险事件、风险损失这三者之间存在着一定的因果关系，如果将风险事件作为中间状态的话，风险因素是出现风险事件的诱因，风险事件一定是在风险因素存在或者数量增加的基础上发生的。风险事件发生之后造成了一定的影响从而产生风险损失。从因果关系的角度分析风险因素和风险事件两者之间的关系，风险因素是风险事件发生的因，风险因素是风险事件发生的可能性，风险事件是风险因素的果。风险因素和风险损失并不存在直接的联系。风险损失的直接原因是风险事件的发生，所以风险因素只能算是风险损失的间接原因，也就是说风险因素的存在为风险损失的发生提供了可能性。

结合上文，尽管一定是风险因素直接导致风险事件的发生，但是这并不意味着风险因素存在就会发生风险事件，这之间还存在着时间、环境及风险因素数量等条件。一个风险事件的发生可能是一个风险因素在某些特定情况下出现的，也有可能是由多个风险因素共同导致的，并且只有当风险因素增加到一定程度或者某一风险因素达到特定情况时才能诱导风险事件的发生。而风险事件一旦发生就一定会产生损失。

高技术远洋客船航行试验项目风险三大要素之间的关系可以通过风险的作用链来进行描述，如图 4-1 所示。

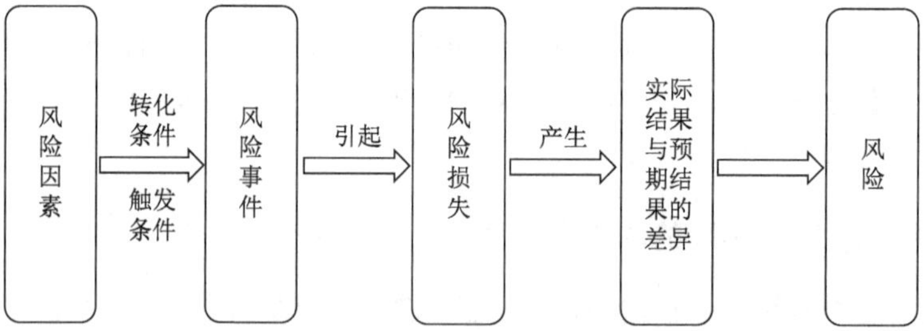

图 4-1　风险的作用链

综上，根据风险的概念及风险的本质可以对风险进行如下度量：

$$R = f\left(P, C\right)$$

式中，R 表示风险的大小；P 表示不确定性事件发生的概率；C 表示不确定性事件发生后果的严重性。

4.1.4　航行试验项目风险管理的概念

航行试验项目风险管理就是针对新建船舶航行试验项目工作过程中可能存在的风险，通过有效的识别方法或者工具，在风险出现之前及时发现，制定并采取相应的措施降低航行试验项目的风险水平。航行试验项目的风险管理具有系统性、特殊性和综合性的特点。

4.2　高技术远洋客船航行试验项目风险管理过程设计

高技术远洋客船航行试验项目涵盖的专业范围广泛、技术策划难度大且复杂、管理难度大，其风险管理的过程也应当满足项目的要求。前文对高技术远洋客船的特殊性以及高技术远洋客船航行试验项目风险管理问题的特殊性进行了总结，在此基础上结合本书作者的调研情况，将高技术远洋客船航行试验项目的风险管理过程划分成风险识别、风险评估、风险应对和风险监控 4 大环节（如图 4-2 所示），通过各大环节的循环实现对整个航行试验项目风险过程的动态管理。

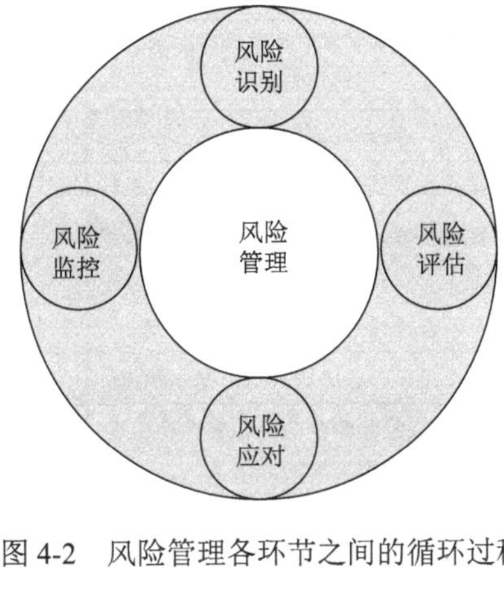

图 4-2　风险管理各环节之间的循环过程

4.2.1　航行试验项目的风险识别

高技术远洋客船航行试验项目的风险识别就是借助一定的方法或者工具将高技术远洋客船航行试验项目开展过程中可能存在的潜在风险因素识别出来，并将这些识别出来的风险因素按照其诱因进行归类。这里潜在风险因素指的是在项目进展过程中潜在的、可能会给项目造成不良影响的因素，这种因素是导致某种风险事件发生的诱因。高技术远洋客船航行试验项目的风险识别应当包含以下内容：

(1)确定高技术远洋客船航行试验项目的范围和目标；

(2)收集与高技术远洋客船、客滚船、客船航行试验项目的相关资料；

(3)建立高技术远洋客船航行试验项目风险识别的方法；

(4)对高技术远洋客船航行试验项目造成影响的潜在因素进行系统区分和有效辨识。

目前，在风险识别理论领域所应用的风险识别方法有很多，这些方法在不同的研究领域具有不同的适用性。常用的风险识别方法的优缺点见表 4-1。

表 4-1　常用的风险识别方法的优缺点

方法	优点	缺点
文档审查法	对项目文档(包括各种计划、假设条件、以往的项目档案和其他信息)进行结构化审查，容易实现	对项目文档的规范程度要求高
问卷调查法	调查问题全面、详细	回收周期长
分解结构法[48]	可以完整而系统地分析各子集部分的风险	不能使用所有项目，要适时调整
德尔菲法[49]	操作便捷，结合多轮讨论尽可能消除意见分歧	易受主观因素影响
头脑风暴法[50]	充分发挥集体智慧	不可拘泥于特定形式，据实变化
层次分析法	对风险因素进行的识别比较全面、具体	对风险要素的权重区分有待加强
环境分析法	对风险因素进行多维度剖析，适当参考外部条件	受内部风险识别结果的影响
盈亏平衡法	可直接识别项目关键风险因素	产销相等，精确度不高，结论不全面
风险检查表法[51]	风险检查内容比较具体，循序渐进	识别结果容易产生遗漏
故障树分析法[52]	对于直接经验较少的问题的风险识别具有良好的适用性	适用于单一设备的故障排查
情景分析法[53]	对于那些系统组成要素较多，可变因素较多，环境比较复杂的系统的风险识别具有较好的适用性	需要对整个系统有很全面的认识，过程比较费时

通过对常用方法优缺点的分析，总结出目前工程常用风险识别方法有如下局限性。

(1)相对可靠性问题

风险识别方法是否绝对可靠呢？上文中所提到的风险识别方法都具有自身的

适用范围以及优点和缺点，这就意味着任何一种风险识别方法都不具有绝对的可靠性。因为风险本身的特性，风险因素的识别不可能做到全面，总会有风险因素没有识别出来。而我们对风险识别方法需要关注的重点在于是否有严重的或潜在的风险未被发现或清楚认识。显然这种可能性是存在的，也就意味着，风险识别方法仍旧存在相对可靠性。

(2)成本问题

对于某些重大的工程项目来说，进行风险识别是必不可少的环节，特别是新型的、没有任何经验的工程项目。但是风险识别过程所需要的经济成本往往是非常高的。应用某种风险识别方法进行风险识别需要多少经费，这些经费是否全部必要、哪些可以省掉、哪些必须支出，这就存在一个研究效果和成本消耗关系的问题。而现在的风险识别方法并没有考虑到这些问题。

(3)偏差问题

对研究的问题进行分析时，某些客观的事件又或者环境的变化都会产生一定影响，这种影响往往会使得我们观测到的数据、现象和实际应该呈现的数据或者现象存在一定的偏差，除此之外，风险识别方法无一例外或多或少都会掺杂人的主观意识，这些主观意识会使得调查结果存在偏差。

通过上述的分析、总结可以看出，对于高技术远洋客船航行试验项目的风险识别，根据高技术远洋客船航行试验项目的特点以及高技术远洋客船航行试验项目风险管理的特殊性建立一套风险识别方法才是解决问题的关键。

4.2.2　航行试验项目的风险评估

高技术远洋客船航行试验项目的风险评估是对识别出来的风险因素采用科学有效的评估方法，对项目的风险水平进行评估。风险评估的内容应当包含以下内容：

(1)详细研究已经识别出的风险因素；

(2)选取合适的风险评估方式(定性或定量)；

(3)建立和使用科学合理的评估方法与工具；

(4)根据要求进行风险评估，获取风险评估结果。

风险评估的方式分为以下 2 种。

(1)风险水平的定性评估

风险水平的定性评估主要是根据专家的主观判断，对高技术远洋客船航行试验项目中的风险因素造成的后果严重程度进行评估。其主要的目的是初步分析风险因素对项目造成的后果的影响范围和严重程度，为后续的量化评估奠定基础。

(2) 风险的量化评估

风险的量化评估是通过构建风险评估指标体系，建立科学有效的风险评估模型，对各个风险因素造成后果的严重程度及发生的可能性进行量化分析。风险量化评估的结果将为风险应对提供有效的决策依据。

由于高技术远洋客船航行试验项目属于新型工程类项目，国内在该领域的研究甚少，关于高技术远洋客船航行试验的信息也都基本处于模糊状态，对其风险评估的难度较大。因此，本书认为通过总结其他工程类项目过程中常用的风险评估方法并对其优点和缺点进行分析对后续建立高技术远洋客船航行试验项目的风险评估方法是非常必要的。作者通过阅览大量文献，对工程项目的风险评估方法进行了总结，常用的风险评估方法的优缺点见表 4-2。

表 4-2　常用的风险评估方法的优缺点

方法	优点	缺点
风险矩阵方法	确定风险因素的排序	难以体现项目全周期的变化情况
层次分析法[55-59]	灵活、有一定精确度保证	分析结果容易产生偏差，受主观条件诱导
故障树分析法	因果关系清晰、形象，对目标可实施后续系统评价	原因导致的可能性推测不足，针对特定事故常熟悉分析对象
故障模式和影响分析法	有效避免失效模式和后果	过程复杂
模糊综合评价法[60-63]	可以对变量进行模糊处理	计算方式相对复杂，操作过程有多方面的限制
敏感性分析法	简单明了，易于控制	假定的不确定因素主观因素占比较高，对于风险的临界值判断能力弱
决策树法	可以综合权衡多种备选方案，择优选定最优结果	容易过拟合，处理不平衡数据和连续特征能力不足
蒙特卡罗模拟法[64]	合理准确，提高效率，避免偏差	得不到同阶和中间成果
概率分析法[65-70]	通过概率表述，科学直观	结论涉及多种方案，难以取舍
粗糙集理论[62]	在处理不确定信息方面不需要额外的先验信息，并且这种处理方式具有一定的客观性	需要大量的数据信息，不适合模糊性强的系统
云理论[64]	对离散风险的可能性以及后果的数据进行处理	云理论的数学模型相对复杂，需要较高的计算资源

综合以上对常用风险评估方法的总结，可以看出，现有常用的风险评估方法大致可分为基于数据挖掘的风险评估方法、经典的概率评估方法、计算机模拟和仿真方法、不确定性理论，不同的风险评估方法、工具在实践运用过程中有各自的适用范围，既有其各自的优点，又有各自的局限性及缺点。

(1) 经典的概率评估方法是基于足够的历史经验数据上的。显然，如果当所研究的对象在缺少历史经验数据的情况下，使用概率风险评估方法是不现实的。

(2) 计算机模拟和仿真方法虽然能够克服实船试验的不便及经费的巨耗，但是要想通过计算机模拟系统就需要建立相应的模型，这就要求研究者对系统的认识处于高度认知状态，显然这对于复杂系统的不确定性是相互冲突的。

(3) 不确定性理论则考虑了复杂系统的不确定特性，并且能将这种不确定的信息转化为量化信息，对于解决复杂系统的不确定性问题有很大的帮助。但是，采取不确定性理论进行分析研究时，或多或少的都会受到主观的干预，而不同的主体具有不同的评价标准，这也会对评估结果带来非常大的主观差异[54]。

对于高技术远洋客船航行试验这样一个庞大的系统性工程，面对种种“新”的对象，需要根据项目本身的特点建立适合高技术远洋客船航行试验项目风险评估的方法以实现风险水平的评估。后文第四章将针对高技术远洋客船航行试验的特点提出 2 种风险评估模型，而对常用风险评估方法的总结为高技术远洋客船航行试验评估模型的建立提供了思路和理论基础。

4.2.3　航行试验项目的风险应对和风险监控

高技术远洋客船航行试验项目的风险应对是以风险识别和风险评估结果为依据，在明确高技术远洋客船航行试验项目整体风险等级或者各类风险水平后对项目过程中存在的问题要素提出规避和解决的方法和措施。针对不同的风险等级或者风险水平，制定不同的风险应对策略及风险处置方案。高技术远洋客船航行试验项目的风险应对应当包含以下几方面内容[71-77]：

(1) 研究制定适当的风险应对策略；

(2) 制定专项应对计划，并纳入整体计划安排；

(3) 执行应对计划和相应解决措施。

高技术远洋客船航行试验项目的风险监控就是对整个项目风险管控过程的监管和掌控，监控项目后续的发展变化情况和趋势，使风险管理策略符合预期，使其应对计划更加完善，对项目的风险管控状态和水平实施实时跟进。高技术远洋客船航行试验项目的风险监控应当包含以下几个方面内容[78-82]：

(1) 制定风险监控过程；

(2) 监督风险管理计划的落实情况；

(3) 建立和使用科学有效的风险监控方法与工具；

(4) 执行监控计划。

结合高技术远洋客船航行试验项目的特点及高技术远洋客船航行试验项目风险管理的特殊性，本书将高技术远洋客船航行试验项目风险管理划分为风险识别、风险评估、风险应对与风险监控，并对每个环节需要进行的工作和要求进行综合性阐述。基于此，完成对高技术远洋客船试验项目的风险管理流程的设计工作，建立高技术远洋客船航行试验项目风险管理体系框架（如图 4-3 所示）。

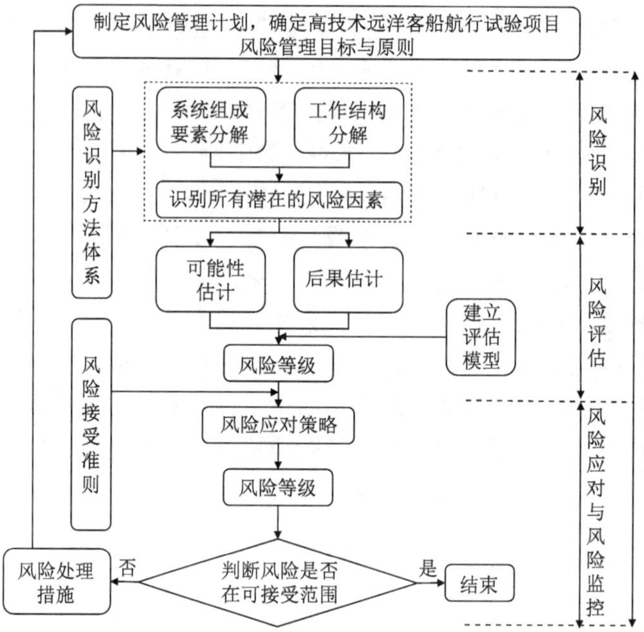

图 4-3　高技术远洋客船航行试验项目风险管理体系框架

4.3　高技术远洋客船航行试验项目风险识别

风险识别作为风险管理工作的基础性工作，是风险管理所涉及一切工作的开端。本书相继总结了高技术远洋客船航行试验项目的特点、特殊性，风险管理问题的特殊性及工程项目常用的风险识别方法和工具，并对常用的风险识别方法的优缺点进行了总结。面对高技术远洋客船航行试验项目这样一个庞大且复杂的系统，如果直接按照前人所采用的方法进行风险识别是没有头绪且无从下手的。照搬现有的风险识别方法不能实现高技术远洋客船航行试验项目风险识别的全面性，所以本书在分析高技术远洋客船航行试验项目的特点的基础上，从系统工程的思想出发，针对高技术远洋客船航行试验项目建立一套风险识别方法体系来克服高技术远洋客船航行试验项目风险识别难度大的问题。

4.3.1　航行试验项目风险识别方法体系的建立

上文已经提到航行试验的特殊性及特点，面对这样一个庞大且复杂的系统，直接按照前人所采用的方法进行风险管理是没有头绪且无从下手的。而我们讨论的是航行试验项目的风险问题，就必须要建立一个航行试验项目风险系统，从而对其进行分析。那么航行试验项目风险系统是怎样构成的呢？系统组成要素包含哪些呢？这些便是首先要解决的问题。

风险的发生是有载体的，风险是以系统为载体，其表述的是这个系统在时空的尺度下存在消极或者不好的事件或者状态。所以，风险不能脱离系统而独立存在，当然这一点也是由风险的客观存在性决定的。因此，研究风险不能脱离风险存在的载体，应首先研究系统。

系统是一个由多个相互作用、相互依赖的组成部分紧密结合而成的有机整体，这些部分共同赋予系统特定的功能。系统的形式可以是多样的，既可以表现为实体系统，如机械设备、生物体等，也可以是概念系统，如数学模型、理论体系等。因此，将系统仅仅局限于可观察、可触摸的实体系统是片面的，忽视了系统作为一种抽象概念在理论和应用层面上的广泛存在和重要性。这里需要引入一种针对复杂系统的多要素分析理论模型——SHEL 模型。SHEL 模型[83]是 Edwards、Frank Hawkins 等人在 20 世纪 70 年代至 80 年代提出的一种针对复杂系统的多要素分析理论模型，主要基于人为因素研究进行项目风险识别。SHEL 模型将项目过程中的全体要素分为 4 大类：软件要素(software，S)、硬件要素(hardware，H)、环境要素(environment，E)和人员要素(liveware，L)。要素及其匹配关系形成一个系统，SHEL 模型对项目风险的识别通过对该系统的分析实现。 SHEL 模型认为，项目目标是通过项目中的人员要素调配及运用其余要素达成的，因此，人员要素是项目过程中的核心要素。项目中的风险要素的根源是人员要素与其余要素关系不匹配造成的[84,85]。要素按照既定程序运作，形成有机整体，因此，对工作程序的分析可以得出系统要素的匹配度，进而识别项目风险因素。风险的形成是动态过程，风险因素在不同的项目过程中呈现不同的状态，当其受到抑制时，可能不会造成风险后果，而当其受到激发时，可能就会造成风险后果。SHEL 模型示意图如图 4-4 所示。

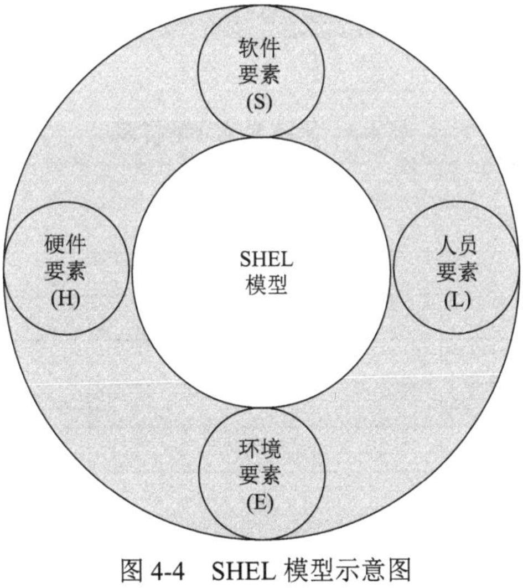

图 4-4　SHEL 模型示意图

根据 SHEL 模型，项目中各类要素及其相互关系的集合构成了系统，项目过程即系统通过既定工作程序，使要素相互配合达成项目目标的过程。系统是由相互作用和相互依赖的若干组成部分结合成的具有特定功能的有机整体。从系统分析的角度出发，可以将高技术远洋客船航行试验项目的整个过程视为一个系统，很显然，这样一个系统是极其复杂的。

基于这个思想，本书对航行试验项目系统的组成要素进行了分析研究。航行试验的最终目的是船舶建造厂家完成对船舶设计功能的验证，以满足船舶交付的要求。也就是说验证的是船舶子系统之间协作运行、共同实现某一目标功能的效果，而并非某一个设备或装置的调试验证过程，这个过程属于船用设备调试阶段(验证的是单一设备的可靠性)，不属于航行试验验证的范畴。所以，从本质上来说，航行试验验证的对象是为满足某一特定功能由所需相关子系统或者设备构成的功能系统，验证的目标是检验功能系统是否满足设计要求。但是，对于风险而言，如果仅仅关注功能系统本身是不够的，因为船舶相关的功能系统仅仅是航行试验的载体，是试验的承担者。而参与并实施试验科目的人员才是航行试验的主体，没有人员的参与，相关的试验科目、试验方法是没有办法实施。但船舶所具备的功能系统数量众多，试验科目众多，也就意味着人员众多，那么人员和功能系统之间的联系也就变得错综复杂。所以，在载体和主体之间一定存在着某种起协调作用的催化剂——管理。没有管理显然会使试验实施变得毫无章法、效率低下，正是因为有了管理因素的存在才使人员和功能系统之间产生协调有序的关系。除此之外，航行试验安全系统还应该包含环境。良好的海试环境及社会环境会使试验实施更加顺利。这样一来，我们就确定了航行试验风险管理研究的范围。

在航行试验项目中，系统要素的分析是逐层展开的过程。在上述分析的基础上，通过建立系统要素分解表格的方式对各个要素进行分解，得出相应的子要素。系统要素分解样表见表 4-3。

表 4-3　系统要素分解样表

主要素	一级子要素	二级子要素
人力要素	技术水平	—
船舶要素	硬件要素	船舶功能系统
	软件要素	试验技术
环境要素	试验工作环境	—
管理要素	试验协调	—
物资要素	试验物资	—

通过上述表格逐层地将航行试验项目的组成要素进行分解，然后可将航行试验项目各级要素构建成一个具有层级结构的要素分解结构，如图 4-5 所示。

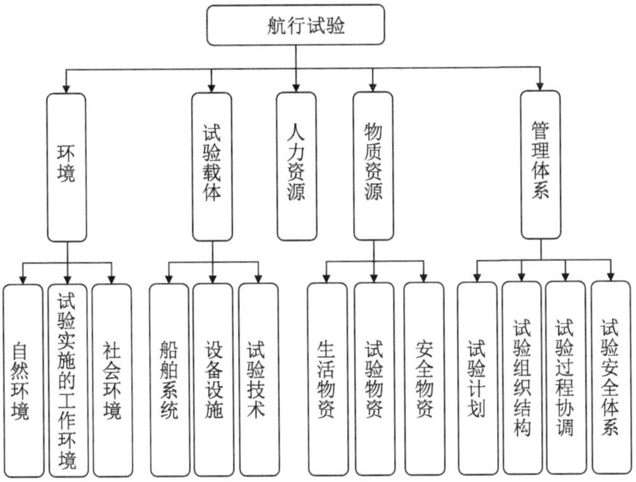

图 4-5　高技术远洋客船航行试验项目系统要素分解结构

通过上述的分解可以看出，航行试验项目过程是一个涵盖环境、船舶、人力、管理和物资的系统，并且人员是整个系统的主体。环境包含自然环境、试验实施的工作环境和社会环境；试验载体指的是海上试验实施阶段所涵盖的船舶系统、设备设施和试验技术等广泛意义上的试验体系，其中包括硬件因素和软件因素，硬件因素为船舶上的功能系统等，软件因素则为试验技术、技术规范等；物质资源包含生活物资、试验物资和安全物资；管理体系包含试验计划、试验组织结构、试验过程协调和试验安全体系。

4.3.2　航行试验项目的阶段性划分和工作分解结构的构建

基于全生命周期理论[86]，从时间的角度出发，对航行试验项目进行横向的分解，从而对航行试验整个过程进行阶段性划分。本书将航行试验项目整个过程分为 3 个阶段，即航行试验项目准备阶段、航行试验项目实施阶段和航行试验项目收尾阶段。

在横向结构图的基础上通过工作分解结构（WBS）方法[87]对各个阶段所需要进行的工作内容进行分解，从而建立纵向工作结构分解图。这样一来，通过所建立的纵横结构分解图就建立了航行试验的整体结构模型。高技术远洋客船航行试验项目系统结构模型如图 4-6 所示。

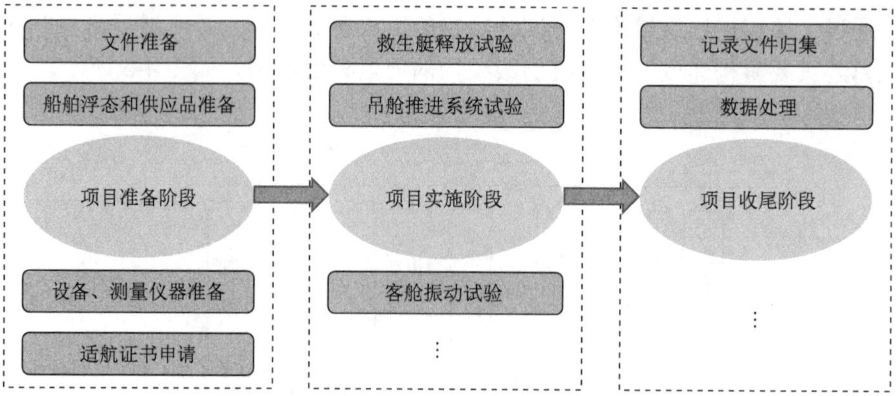

图 4-6　高技术远洋客船航行试验项目系统结构模型

4.3.3　航行试验项目风险识别方法体系的建立

高技术远洋客船航行试验是一个技术复杂、周期长、协同单位众多、涉及范围广泛的系统性工程，如果一味照搬某一种风险识别方法，其实施起来显然是十分困难的。通过对高技术远洋客船航行试验的特点分析，本书提出一套基于系统工程思想的、能够发挥多种方法优势的综合性风险识别体系，以实现对高技术远洋客船航行试验项目的风险识别工作。

该方法体系的实现过程如下：

(1)开展客船、客滚船等相近船舶的航行试验风险事件的收集

对国内和高技术远洋客船功能相似的客船或者客滚船航行试验的历史经验资料进行收集，整理风险事件，按照风险案例名称、所属系统/专业、所述试验过程、事件原因和时间后果等进行整理分析，列出风险源清单。这个过程持续整个风险识别过程。

(2)航行试验的目标分析

分析航行试验整个过程所要追求的目标，通过目标的分析，明确航行试验过程中重点关注的对象，进而明确进行航行试验风险管理的目标。

(3)航行试验系统组成要素分析

根据风险的属性可知，风险是客观存在的，而且风险的存在一定是有载体的，不会凭空出现，所以要想实现大型工程项目的风险识别，首先需要从系统工程的思想出发，对航行试验整个系统的组成要素进行分析，明确航行试验系统的组成要素，通过分析系统的组成要素，寻找航行试验的影响因素，进而判断航行试验的风险来源。

(4)航行试验的结构分解

上文中提出要素分解，航行试验项目的开展就是这些系统要素之间在不同时

间范围内的相互联系、相互实现的过程。也就是说，在不同的时间段内，不同的系统要素组合在一块形成一个任务包，而航行试验项目就是这样一个一个任务包的集合。这种任务包也就是我们常听到的工作内容。所以在系统要素分析的基础上，我们还需要对航行试验项目中的任务包进行分解。本书首先基于全生命周期理论，从横向(时间)角度对航行试验整个过程进行阶段性划分，然后再在横向分解的基础上从纵向的角度结合 WBS 方法对航行试验进行工作结构分解，从而建立航行试验的结构模型。对航行试验进行阶段划分，大致可划分为试验准备阶段、试验实施阶段和试验收尾阶段。

(5)航行试验风险因素的识别

通过对航行试验目标的分析，明确航行试验风险管理的目标，进行航行试验风险的种类划分；通过航行试验系统组成要素分析，得到航行试验的影响要素，并将该影响因素进行总类划分的归属分析，明确各个风险总类下的影响因素。最后，结合航行试验的横向阶段性划分，逐个进行阶段的风险识别。

(6)建立航行试验检查表和辅助材料

结合前面过程中的风险分类及相关历史资料的风险事件和风险源的总结，制定航行试验检查表和辅助材料，在航行试验结构分解的基础上逐步进行航行试验风险的识别与记录。将检查表及辅助资料发放至专家或者项目的管理人员进行风险的识别和初步分析。根据回收的调查表，整理反馈的意见，完善风险清单，开展接下来的工作。这个过程有两个作用，其一是通过专家函询的方式来确定前一步风险源识别的有效性和合理性；其二则是通过专家意见的总结对风险因素进行补充与完善。高技术远洋客船航行试验项目风险识别方法体系框架如图 4-7 所示。

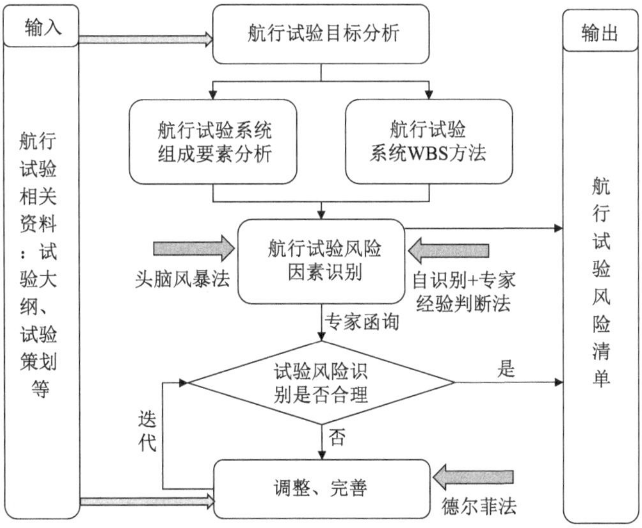

图 4-7　高技术远洋客船航行试验项目风险识别方法体系框架

4.3.4　航行试验项目风险识别方法体系的可行性分析

综合性的高技术远洋客船航行试验项目风险识别方法体系建立的整体思路就是，首先对高技术远洋客船航行试验的整体目标进行分析，从而明确航行试验风险管理的目标；其次对航行试验这一庞大且复杂的系统进行系统内的组成要素分析，明确系统的构成，目的是分析影响航行试验的影响因素，从而进行航行试验项目风险的识别和分类；最后则是基于全生命周期理论对航行试验进行过程划分，也就是从横向(时间)角度进行阶段划分。基于 WBS 方法对各阶段进行工作分解，建立纵向上的有序工作分解结构，两者结合构建航行试验的整体结构模型对航行试验的整个过程进行直观描述。然后采用专家意见调查、头脑风暴法等方法并结合同类型船舶航行试验的历史经验教训及可获取的相关信息进行风险因素的细节化识别和完善。

从构建思路的角度来看，方法体系建立的整体思路遵循“化繁为简”的思想，采用逐步深入的方式，具有较强的逻辑性。从方法使用的角度来看，该方法体系综合考虑不同阶段、不同对象风险识别实施的差异性，系统要素分解能够实现风险来源的判断和确定，WBS 包含“大化小、分块化”的思想，实现从内到外，逐层推进的目标。该方法体系是一套以全生命周期理论-WBS 为整体框架，又可根据不同分析阶段灵活采用其他方法的综合性动态方法体系；该方法体系既能实现集合发挥多种方法理论的优势，又能保证风险识别的有序性和全面性。综上所述，本书提出的风险识别方法体系不失为一种适用于高技术远洋客船航行试验风险识别可行的方法论。

4.4　高技术远洋客船航行试验项目准备阶段的风险识别

4.4.1　航行试验项目准备阶段分析

高技术远洋客船航行试验项目准备阶段指的是高技术远洋客船建造完成之后、出海试航之前，工程项目组对航行试验活动开展所进行的准备工作，其主要可分为航行试验的试验策划和试验前期相关船舶设备及功能系统进行调试准备工作。航行试验的准备阶段对后续航行试验开展起到指导性作用。

航行试验项目风险识别的主要依据包括风险管理的规划、航行试验项目规划，航行试验相关技术文件、风险种类、历史资料等。风险管理规划是航行试验风险识别的重要依据，是风险管理的基准。规划针对航行试验整个过程的风险识别、评估、应对、监控组织和管理。从风险规划中能够看清风险识别的范围。航行试验项目计划规定了试验的内容、进度计划、费用计划和资源计划等相关内容，这些都是航行试验风险识别的依据。风险种类指出了航行试验的风险来源，主要包括技术风险、管理风险、组织风险和质量风险等。历史资料可从同类型航行试验的历史文件或公共信息中获取。

4.4.2　航行试验项目准备阶段的工作结构分解

航行试验项目的准备工作可以划分两大类：一是航行试验策划；二是航行试验前期准备。

(1)航行试验策划

为了使航行试验能够顺利安全地进行，在海上试验正式开始的前期进行整个试验项目的整体策划，从而对整个试验过程中的各项作业活动进行指导，例如，对航行试验组织结构的制定、航行试验相关物资采购供应商的选取、施工实施方案的拟定等进行一个整体的策划。这些策划内容根据航行试验前期的工作进行划分，可将其划分为战略性策划和技术性策划。

战略性策划包括对整个试验的目标的策划，以及整个试验的组织结构策划。

技术性策划则是对航行试验试验实施方案的整体策划，包括试验技术的策划、试验实施进度的策划、试验质量安全的策划和试验物资采购供应商的策划。

(2)航行试验前期准备

航行试验前期准备工作的主要任务是根据航行试验策划书的相关要求对航行试验实施所需要的技术条件、物资和人员等进行准备，从而为后续试验的统筹安排和顺利开展做好铺垫。根据上述对航行试验准备阶段相关工作内容的阐述，同策划阶段，可以对前期准备进行类别划分，包括试验文件的准备、资源的准备和船舶状态的准备。其中，试验文件的准备又包含相关试航证书的申请准备和档案图纸资料的控制。高技术远洋客船航行试验项目准备阶段工作分解结构如图 4-8 所示。

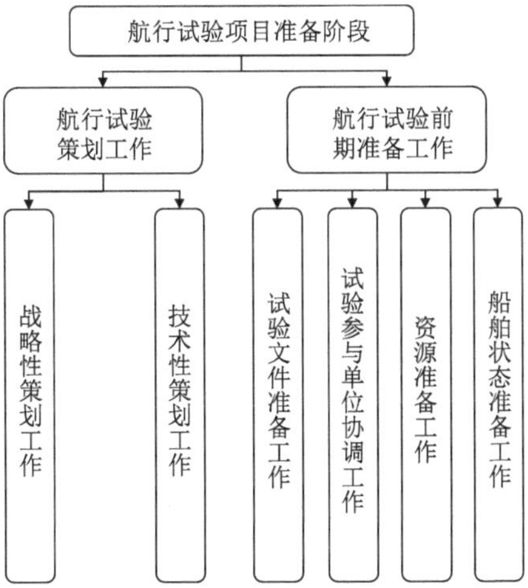

图 4-8　高技术远洋客船航行试验项目准备阶段工作分解结构

4.4.3　航行试验项目准备阶段的风险类别划分

通过上述高技术远洋客船航行试验项目准备阶段的工作分解结构划分可以看出，在准备阶段，项目的状态主要是项目组管理人员的项目策划，如果将准备阶段也看成一个系统的话，准备阶段所包含的系统组成要素是非常简单的，所以准备阶段的风险识别只需要进行工作结构的分解，并在此基础上进行风险类别的划分即可。高技术远洋客船航行试验项目准备阶段的风险种类是根据工作结构情况来划分的，也就是从时间的维度上进行划分，首先按照项目所处的不同时间段，将航行试验项目准备阶段的风险种类划分为试验策划风险和试验前准备工作到位风险 2 大类。

4.4.4　航行试验项目准备阶段的风险因素识别

在对高技术远洋客船航行试验项目准备阶段的工作结构进行分解和分析后，确定准备阶段的风险类别。为了识别出航行试验准备阶段的风险因素，本章采用头脑风暴法来确定高技术远洋客船航行试验准备阶段存在的风险。本节的研究中总共邀请了 10 位上海外高桥造船有限公司的专家，这 10 位专家来自不同的部门，其中设计部门高级工程师 2 人，项目管理部门 4 人(项目经理 1 人，副教授级高工 2 人，教授级高工 1 人)，安全管理部门 2 人，质量管理部门 2 人。在组织专家头脑风暴会议前，首先向各位专家介绍了本书所提出的风险识别方法体系的基本思路，并将相关研究成果进行了系统汇报，会议上的专家对提出的风险识别方法体系持肯定态度。会议过程中，专家组首先在分析影响航行试验项目因素的基础上，结合高技术远洋客船航行试验项目的目标，讨论并确定高技术远洋客船航行试验项目的风险种类。

根据上文提出的阶段性划分，专家组确定航行试验准备阶段的风险种类为项目策划风险和准备工作开展风险 2 大类风险。

在确定风险种类的基础上，各位专家结合自身的工作经验和相关知识储备进行头脑风暴，各抒己见，每位专家将自己认为可能存在的风险因素填入专家调查表中，并对该风险因素存在的原因进行说明。经过第一次头脑风暴之后，需要对专家的调查表进行汇总，整理出一份整体的头脑风暴清单。然后继续组织专家会议，将整理的头脑风暴清单分发给各位专家，在专家审核完成之后，逐个对该头脑风暴清单提出异议，并对异议进行解释说明。经过多轮的重复迭代过程，直至专家组统一意见，得到最终的头脑风暴清单，也就是最后的风险识别清单。

试验策划风险包含技术性策划风险和战略性策划风险。技术性策划风险又包含试验技术策划风险、试验实施进度策划风险、试验物资采购供应商策划风险和试验质量安全策划风险；战略性策划风险包含项目组织结构策划风险和试验目标策划风险。

通过系统要素的分析，能够明确风险的来源；通过工作结构的分解，明确了航行试验准备阶段的工作内容；通过对工作内容的表述，可以初步确定风险的分布，结合专家组成员的头脑风暴，制定了高技术远洋客船航行试验项目准备阶段的主要风险因素汇总表(表 4-4)。

表 4-4　高技术远洋客船航行试验项目准备阶段的主要风险因素汇总表

<table>
<tr><td rowspan="16">高技术远洋客船航行试验项目准备阶段风险</td><td rowspan="6">试验策划风险</td><td rowspan="4">技术性策划风险</td><td>试验技术策划风险</td></tr>
<tr><td>试验实施进度策划风险</td></tr>
<tr><td>试验物资采购供应商策划风险</td></tr>
<tr><td>试验质量安全策划风险</td></tr>
<tr><td rowspan="2">战略性策划风险</td><td>项目组织结构策划风险</td></tr>
<tr><td>试验目标策划风险</td></tr>
<tr><td rowspan="10">试验前准备工作到位风险</td><td rowspan="2">试验相关文件的准备风险</td><td>试航证书的申请准备风险</td></tr>
<tr><td>档案图纸资料的准备风险</td></tr>
<tr><td rowspan="5">试验资源的准备风险</td><td>人力资源的准备风险</td></tr>
<tr><td>生活物资的准备风险</td></tr>
<tr><td>技术的准备风险</td></tr>
<tr><td>试验测量设备的准备风险</td></tr>
<tr><td>安全物资的准备风险</td></tr>
<tr><td rowspan="2">船舶状态准备风险</td><td>船舶设备安全性检查准备风险</td></tr>
<tr><td>船舶出航状态准备风险</td></tr>
<tr><td colspan="2">试验参与方协调风险</td></tr>
</table>

4.5　高技术远洋客船航行试验项目实施阶段的风险识别

高技术远洋客船航行试验项目的实施阶段指的是在进行船舶的系泊试验及相关设备、系统的调试与检查，即一切准备工作完成之后进入海上航行状态的阶段。而在海上航行阶段的主要任务就是执行试验策划的各项航行试验的试验科目，如航速测试试验、回转试验、全回转吊舱试验等。高技术远洋客船航行试验项目实施阶段的风险识别流程如图 4-9 所示。

4.5.1　航行试验项目实施阶段风险种类划分

进行航行试验的目的就是验证新建造的船舶的基本性能是否能够满足设计要求，而试验的期望就是在规定的时间范围内有序地进行各项试验作业内容，顺利、安全、高质量地完成海上试验阶段。

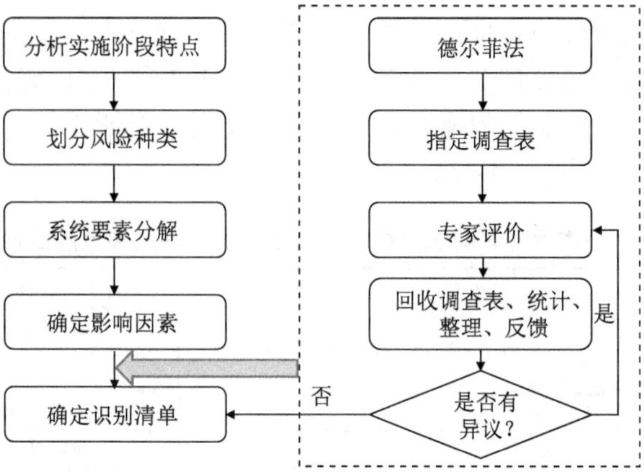

图 4-9　高技术远洋客船航行试验项目实施阶段的风险识别流程

航行试验目的和期望是进行整个过程最大的关注点，这也为风险的分类提供了直接的思路。进行风险管理的主要目标就是保障航行试验目的和期望的实现，所以航行试验目的和期望就是划分风险种类的标准。根据航行试验的目的将航行试验项目实施阶段的风险划分为进度风险、质量风险和安全风险 3 大类。实施阶段风险分类示意图如图 4-10 所示。

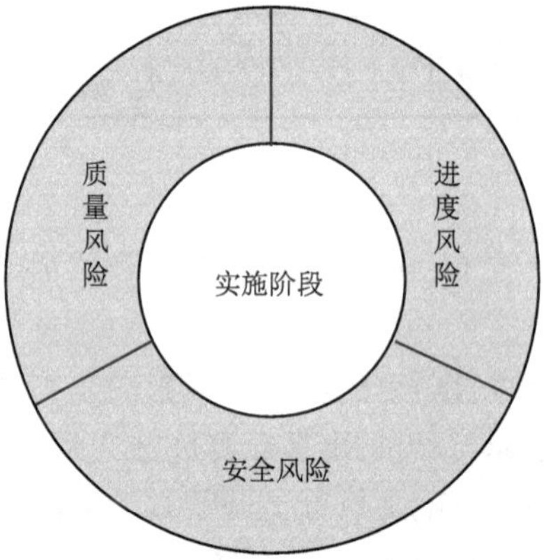

图 4-10　实施阶段风险分类示意图

(1) 航行试验进度风险

试验的进度是指船舶出航到返航完成试验规定的全部内容所经历的时间，一般以天数计算。试验进度是考核整个试验体系的重要指标之一，试验进度直接反映试验体系的合理性、科学性及效率性。航行试验进度风险指的是影响航行试验进度的各种不利因素造成航行试验不能按照计划目标实现的可能性。影响航行试验进度的因素包括很多，影响关系错综复杂，有直接的影响因素、间接的影响因素，有明显的影响因素、隐含的影响因素，又或者是难以预料、超出我们知识水平和认知的影响因素，这些不同的影响因素可能引起的后果程度是不同的。完全不考虑这些影响因素或者直接忽视这些影响因素中比较重要的因素，将会导致错误的决策。

(2) 航行试验质量风险

航行试验质量风险指的是航行试验的质量目标不能实现的可能性。影响航行试验质量的因素有很多，包括试验技术、试验设备、管理制度和人力资源等，这些影响因素均可以直接影响航行试验的质量。

(3) 航行试验安全风险

安全风险是危险、事故发生的可能性与其所造成损失的严重程度的综合度量。安全风险可能造成的后果是人员的伤亡、船体结构的损伤或者是环境的污染。对航行试验安全造成影响的因素需要从系统工程的思想入手，结合航行试验的自身特点，从整体上考虑可能引起安全风险的各种因素，从而制定一个与航行试验整体目标一致的安全风险管理方案，有效预防重大事故的发生，减弱或消除试验实施阶段产生的危险和危害。

4.5.2　航行试验项目实施阶段的系统要素分解

高技术远洋客船航行试验项目实施阶段就是按照试验策划的计划安排开展有序的试验工作，也就是实现每个任务包。在整个实施过程中，人员是执行任务包的主体，船舶设备及相关功能系统是任务包的载体，管理工作是有序执行的前提，试验物资是任务包执行的工具，内外部环境是执行任务包的前提，技术条件是实现任务包质量的保障。正是这些相关因素的相互协调、配合，才能保证实施阶段各项任务包的正常执行。所以基于这样的关系，我们将高技术远洋客船航行试验项目实施阶段的系统组成要素划分成以下 6 大类：环境要素、试验物资保障要素、管理要素、人力资源要素、船舶要素、技术要素。

通过上述对系统要素的分解，可以确定对高技术远洋客船航行试验实施阶段过程产生影响的各项因素，具体如下：

(1) 航行试验技术的准备

航行试验前的技术准备非常关键。在航行试验前期应当充分研究试验技术和验证方法，制定合理且具有权威性的航行试验验证标准；梳理航行试验项目的逻辑关系，编制航行试验大纲、记录表格和报告，并与验船部门和船东代表积极沟通，保证航行试验能够顺利开展。综上所述，技术准备方面的成熟度直接决定了航行试验项目的执行效率。

(2) 系泊试验质量检查到位

在航行试验进行之前，首先进行系泊试验。系泊试验时，需要对船舶的机电设备进行调试。过程中多数设备进行满负荷试验且相关机电设备处于调试状态，调试过程中设备出现故障的可能性较高。若在系泊试验阶段出现的设备问题被忽略并未进行相应故障排除和维修，极有可能在航行试验系统串联时出现问题从而影响整体进度和试验质量，甚至造成更加严重的后果。因此，在系泊试验期间，需要对过程中出现的故障进行排除和维修，以免影响航行试验的顺利开展。

(3)航行试验的物资保障

高技术远洋客船航行试验的试验项目复杂且数量较多，高技术远洋客船的航行试验一般分为两次或者多次航行试验进行，所以航行试验的组织和实施是一项极为复杂的工作，涉及面广泛，包含航行试验技术、航行试验测量设备、船务维护和人员生活的物资保障等各类专业技术人员的协同合作，同时还需要项目管理、质量管理及供应商管理等各类管理职能人员的支持和配合。航行试验的物资保障是影响航行试验的组织实施、整体进度及试验质量的重要因素。

(4)航行试验过程中的人力资源保障及安全管理体系

参与航行试验的人员由船级社验船师、船东代表、船厂质量检验部门人员、设计部门人员、生产管理部门人员、车间人员和船员组成。从人员的组成上可以看出，人员数量多且工作类型不同，并且来自不同的工作单位和部门。某些航行试验项目需要多工种协同参与完成，对这些人员进行合理安排和调度将会影响航行试验的开展进度。除此之外，除了部分船员接受过系统的海上安全训练，其他人员均未接受过系统的培训，并且不同单位、不同部门人员之间的默契程度不同，很有可能产生信息交流偏差。因此，建立合理的管理制度在其中扮演着决定性的作用。

(5)航行试验的环境因素

首先是外部环境因素。航行试验是船舶在开放海域处于航行状态时进行的。航行试验持续时间长，船舶航行过程中对海况和监测的及时性和准确性具有严苛的要求，如大风浪天气，虽然目前某些试航海域的海况和气象有了详细的经验总结，但仍需要严格的监视和保障，如果保障不及时，会对航行试验乃至船舶本身产生严重的后果。

其次是内部环境因素。内部环境因素是一些试验科目所需要满足的前提条件，如果这些前提条件不能得到满足或者在试验过程中发生变化，都有可能导致试验结果的偏差。

4.5.3 航行试验项目实施阶段风险因素识别

(1)检查表法辅助风险识别

在系统组成要素分解的基础上运用检查表法，对相似船舶航行试验项目的经验和相关资料进行归纳和总结，列举出同类航行试验过程中可能出现的各类风险因素，编制风险检查清单。高技术远洋客船航行试验项目的风险检查清单可以参考大型客滚船、医辅船及豪华客船的航行试验项目。

(2) 德尔菲法辅助实施阶段的风险因素识别

在检查表法进行风险识别的基础上再进行风险识别，主要是结合相似船舶的航行试验项目经验而总结编制的风险因素检查表。而对于高技术远洋客船航行试验项目而言，经验较少，所以仅仅通过检查表法来进行风险识别是不够的，还需要德尔菲法来进行辅助识别。德尔菲法实际上是专家调查法，首先需要将想要调查的问题明确下来，拟定调查方案，并对所要调查的内容进行描述说明。然后通过函询或者召开专家会议的形式，邀请 5～10 位高技术远洋客船航行试验领域及客船航行试验领域的专家，并为这些专家提供航行试验项目的相关资料，通过调查表的形式进行提问。同时，专家组成员需要结合自身的工作经验及知识储备对所列出的问题进行回答，在没有专家相互交流的情况下，各位专家提出各自的意见和看法。该过程结束后，需要对专家的首轮调查意见进行整理和归纳，将部分有分歧的意见进行反馈，让其他专家根据自己掌握的信息再一次提出意见，如此反复，直至意见统一，结合检查表法整理出最终的风险识别清单。

在运用德尔菲法的时候，也要考虑专家或者学者的知识水平及权威性，不同的专家意见具有不同的重要程度，因为并不是每一位专家对于所调查的问题都具有足够的知识背景和知识储备，这时就需要根据不同的专家权重系数进行专家意见的处理，使得识别结果趋于合理化。从客观的角度来讲，通过检查表法和德尔菲法相结合的方式进行风险识别具有较为科学、合理的优点，能够对项目风险的识别起到重要的作用。

(3) 高技术远洋客船航行试验项目实施阶段风险因素清单

采用上述风险识别过程，结合船厂实地调研，利用检查表法和德尔菲法相结合的方式针对该高技术远洋客船航行试验项目，按照实施阶段不同的风险种类，制定了该高技术远洋客船航行试验项目实施阶段的风险因素汇总表(表 4-5、表 4-6、表 4-7)。

表 4-5　高技术远洋客船航行试验项目实施阶段进度风险因素汇总表

项目	一级风险因素	二级风险因素
进度风险	外部环境风险	恶劣天气及海况风险
		试航海域交通条件风险
	试验物资风险	试验物资堆放管理风险
		试验物资供应风险
		试验测量设备质量风险
		试验后物资保管风险

续表

项目	一级风险因素	二级风险因素
进度风险	管理风险	物资协调风险
		组织结构合理性风险
		人力资源协调风险
		任务变更处置能力风险
		现场监督力度风险
		技术培训效果风险
	人力资源风险	管理人员管理水平风险
		技术人员责任心风险
		技术人员专业水平风险
		技术人员沟通能力风险
		技术人员健康状况风险
	船舶设备风险	设备调试纠正风险
		单一设备的可靠性风险
	技术风险	试验方法可行性风险
		试验方法的实施难度风险

表 4-6　高技术远洋客船航行试验项目实施阶段质量风险因素汇总表

项目	一级风险因素	二级风险因素
质量风险	船舶设备风险	设备调试纠正风险
		单一设备的可靠性风险
	技术风险	试验方法可行性风险
		试验符合性验证风险
		试验数据采集准确性风险
		试验数据后处理方法风险
	物资保障风险	试验设备质量风险
		设备使用说明齐全风险
		试验设备的管理风险
		试验设备安装到位风险
	管理风险	组织技术培训力度风险
		试验监督力度风险
		试验突发情况应急能力风险
		试验文件的管理风险
	人力资源风险	技术人员的沟通能力风险
		技术人员专业水平风险
		监管人员水平风险
		人员培训水平风险
	内部环境风险	作业前提条件满足性风险
		试验特殊要求满足性风险

表 4-7　高技术远洋客船航行试验项目实施阶段安全风险因素汇总表

项目	一级风险因素	二级风险因素
安全风险	管理风险	应急组织结构的合理性风险
		应急组织协调能力风险
		安全管理体系的保证风险
		组织安全培训的深度风险
		安全演习质量风险
		应急响应流程有效性风险
	船舶设备风险	设备可靠性风险
	人力资源风险	技术人员安全培训水平风险
		技术人员操作失误风险
		管理人员应急处置水平风险
	物资保障风险	物资存放位置风险
		试验设备质量问题风险
		安全救生设备风险
	技术风险	试验安全指标设计风险
	环境风险	恶劣天气及海况风险
		试航海域交通条件风险
	环境风险	试验现场杂物存放风险
		试验现场的防护措施风险
		危险区域警示标志设置风险
		作业环境的条件变化风险

4.6　本 章 小 结

本章重点研究分析了高技术远洋客船航行试验项目的风险识别过程，具体如下：

(1) 从系统的角度入手，对高技术远洋客船航行试验项目的系统组成要素进行分解，确定高技术远洋客船航行试验项目的系统组成要素。利用“大化小”的思想，对高技术远洋客船航行试验项目进行阶段性划分，分别为准备阶段、实施阶段和试验后处理阶段。在阶段性划分的基础上，对各个阶段的项目工作内容进行工作结构分解。从而本章提出了一种以系统要素分解和工作结构分解为主线、其他风险识别方法辅助识别的综合性的风险识别方法体系，并对该方法体系的实现过程进行了说明。

(2) 在高技术远洋客船航行试验阶段性划分的基础上，本章分别对准备阶段及实施阶段的系统的特点进行分析，提出准备阶段以工作结构分解为主、实施阶段以系统要素分解为主的风险识别过程；结合不同阶段项目的不同特点，本章将准备阶段和实施阶段的风险类别进行了划分，并结合其他风险识别方法分别对其风险识别过程进行了描述。

(3) 在进行风险识别之后，本章提出了风险评估指标体系建立的原则并对指标编码规则进行了规定，以高技术远洋客船航行试验项目准备阶段的风险识别结果为例，构建的风险评估指标体系说明了风险评估指标体系建立原则和指标编码规则的应用。

第 5 章　高技术远洋客船航行试验生活功能试验风险评估研究

5.1　研究内容和技术路线

根据高技术远洋客船生活功能，将其分为生活保障系统、安全及管理系统、综合娱乐系统和空调通风系统等。进行航行试验时，需要对高技术远洋客船生活保障系统、安全及管理系统、综合娱乐系统及空调通风系统等进行相应的测试试验，从而对高技术远洋客船生活功能进行验证。进行生活功能试验风险评估也需考虑这些子系统，下面先对这些子系统进行简单回顾。

5.1.1　高技术远洋客船生活保障系统

生活保障系统主要包括通道系统、客房换洗系统、餐饮保障系统、污水与垃圾的收集和处理等子系统，如图 5-1 所示。

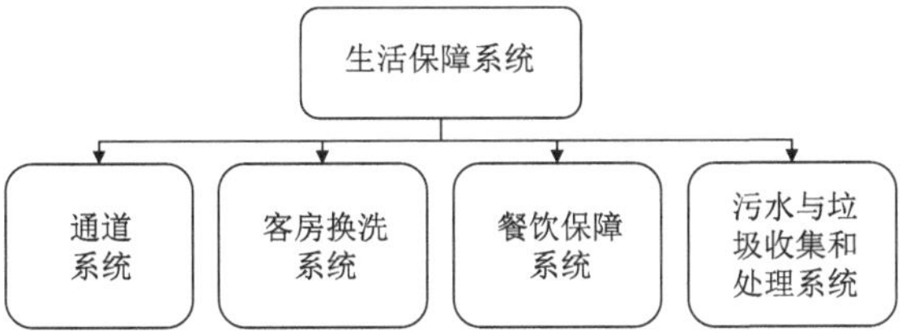

图 5-1　生活保障系统子系统组成

高技术远洋客船乘客电梯是通道系统最重要的组成部分，其井道一般需穿过十几层甲板，乘客电梯是游客在高技术远洋客船各层甲板之间移动所使用的主要交通工具。故电梯布置的合理性、便捷性与乘客体验密切联系。电梯系统的合理设计，可以切实提高其运营效率和乘客体验。高技术远洋客船总布置规划是电梯交通分析的基本约束条件，其中影响垂直交通的主要因素有乘客甲板总层数、登船通道、主餐厅、自助餐厅、客舱和医疗中心等[88]。

污水与垃圾收集和处理系统关乎船上人员生活环境和体验，是生活保障系统中最为重要的子系统。下面对其展开介绍。

船舶生活污水的污染负荷高，如果长期未经处理直接排放至航行水域中，将会对航行区域的水环境造成严重的影响，尤其是自净能力差的封闭水域。生活污水中含有大量有机物和营养盐，这将造成水中营养过剩，藻类等微生物过度生长和繁殖，进而导致水中溶解氧含量不够，水中的鱼类等需氧生物窒息而死；更为严重的是微生物生长同时释放出毒素杀死其他生物，导致整片水域的生态环境被完全破坏。因此需要将生活污水进行处理，待其指标达到相应排放标准后再进行排放。IMO 标准、美国阿拉斯加海域法规等均对排放水质做出相应指标要求。IMO 标准对排放生活污水的固体悬浮物、大肠杆菌、化学需氧量及 pH 等指标做出相应规定[89]，具体如下：①耐热大肠杆菌群数几何平均值不超过 100 个/100 mL；②悬浮固体总量几何平均值为 35 mg/L 或用于冲洗的周围海水中悬浮固体最大总量不超过 35 mg/L；③5 日生化需氧量(BOD_5)几何平均值不超过 25 mg/L；④化学需氧量(COD)几何平均值不超过 125 mg/L；⑤排出物 pH 介于 6 与 8.5 之间；⑥排出物总氮的几何平均值不超过 20 mg/L 或至少降低 70%(如船舶在特殊海域航行)；⑦排出物总磷的几何平均值不超过 1.0 mg/L 或至少降低 80%(如船舶在特殊海域航行)。

高技术远洋客船上人员密集，生活污水流量较大，因此对生活污水系统的要求更加严格。在日常运营过程中需要消耗大量的淡水，而消耗的大部分的日用淡水转化为船上各种形式的污水，船上产生的污水主要可分为黑水和灰水等，如图 5-2 所示。黑水指污染负荷较高的厕所、医务室等处的排水；灰水指污染负荷较小的厨房、洗涤和洗浴等处的废水。

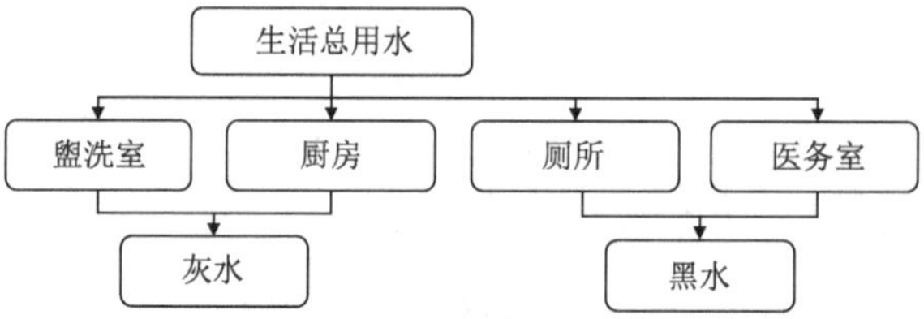

图 5-2 生活污水组成

对于高技术远洋客船而言，生活污水系统是一个极其复杂的系统，通过污水系统对灰水、黑水进行收集、处理和排放[90]。生活污水系统的主要功能包括污水收集、污水输送和污水处理等。污水收集、输送是指通过高效的终端收集组件和管网将污水及时地收集、输送至对应模块进行处理。污水处理即通过处理单元有效降解污染物，并进行消毒杀菌，以达到相应法律法规要求的排放标准。

高技术远洋客船上的灰水主要由 4 类水组成，如图 5-3 所示。其中有部分灰水产量与乘员数目及提供服务的规格直接挂钩。居住区域落水的产生处所虽与普通货船类似，但由于高技术远洋客船的居住区域服务与普通货船有较大差异，其产生的灰水的处理特征也更为突出。不同来源的灰水的物理、化学特征也不同。

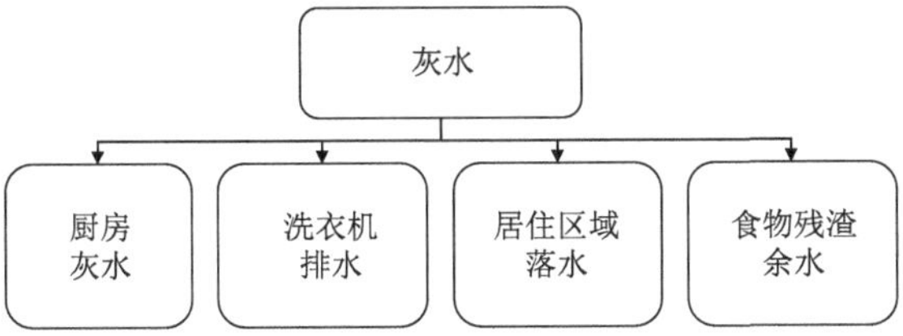

图 5-3　灰水的组成

船舶上黑水产量与黑水收集形式有着密切关系，即按照收集方式不同，需要收集的黑水量有巨大差距。灰水和黑水可采用的收集形式如图 5-4 所示。

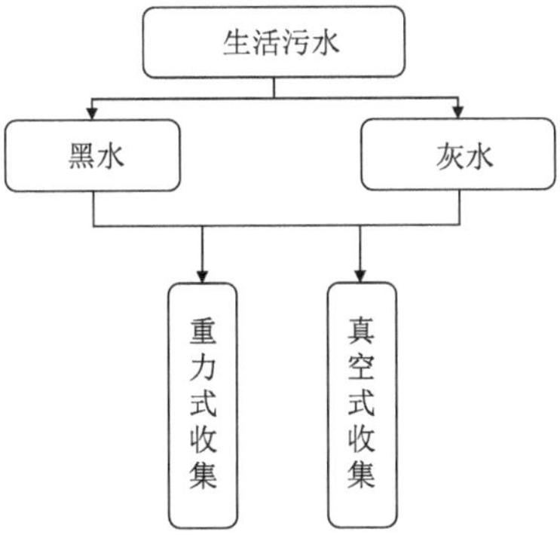

图 5-4　灰水和黑水可采用的收集形式

高技术远洋客船一般对灰水采用重力收集方式，而对黑水采用真空收集形式。对污水进行收集以后需要进行污水处理[91]。传统污水生化处理方式的降解时间长、空间利用率较低，且其指标无法满足高技术远洋客船的规范要求。因此高技术远洋客船采用高级污水处理系统对污水进行降解处理。AWTS 采用膜生物反应器(MBR)进行生化降解。MBR 将传统活性污泥法和膜分离技术相结合，其对有机物的去除是活性污泥生化反应和膜组件截留共同作用的结果[92]。生化降解的 7 个主要处理流程有：黑灰水介质中固体和油脂的预过滤或者预处理；收集、均衡和混合待处理的黑灰水介质；污水生化降解处理；处理后废水的澄清过滤；消毒处理；处理后污水的排放或存放；生物污泥处理。

高技术远洋客船上除了需要对污水进行收集处理，也需要对垃圾进行收集处理。高技术远洋客船与普通货船产生的垃圾种类和数量都有很大的不同。高技术远洋客船会产生的垃圾一般大致分为 3 类[93,94]，即维修和保养而产生的废弃物、物资供给而产生的废弃物及日常生活和工作而产生的废弃物。高技术远洋客船上不仅提供饮食住宿，还提供娱乐、医疗等服务，其产生的垃圾类型与数量与普通船舶相比更甚。高技术远洋客船产生的危险废弃物种类也较多，会对公众健康或环境构成重大或潜在威胁。因此如何处理高技术远洋客船上产生的垃圾也极其重要，需要根据相关规范要求对垃圾进行处理。以处理船上食物垃圾和干垃圾为例，其主要处理方式有港口回收、船上处理或是排放入海。港口回收即根据港口要求对垃圾进行分类，再由港口设施对垃圾回收并上岸处理。船上处理是通过焚烧、能源转化再利用、生物分解等方式直接在船上处理。垃圾焚烧成本较低且大大减小垃圾在船上的储存空间，所以干垃圾在船上焚烧是高技术远洋客船主流的处理方式。但焚烧后的废气会对大气造成污染，因此在一些海域和部分港口受到限制。排放入海是将满足条件的垃圾在允许的海域直接排放入海。

5.1.2 高技术远洋客船安全及管理系统

高技术远洋客船各区域功能不同且复杂，船上人员多、舱室多，若发生事故时没有有效控制，则带来的损失无法估计。因此大型高技术远洋客船需要格外注重人员安全、环境安全及船舶安全。

安全及管理系统可以有效地保障人员、船舶安全，有效实现人员管理、火灾、进水和设备安全状态监控。安全及管理系统是一个庞大而复杂的系统，包括数据采集和处理、设备状态监测、辅助决策和功能扩展等功能，可实现对火灾、进水、设备和人员安全管理等相关信息的综合处理。工作人员通过安全及管理系统监控和处理所有紧急情况，并收集数据、报警、设置操作命令等。该系统通过相关接口获取所有与安全相关的细节信息，系统功能由其连接的不同业务系统共同构成。安全及管理系统的组成在第 3 章已详细介绍，本节重点介绍与火灾风险相关的内容。

火灾报警装置是可以接收、显示和传递火灾报警信号或能够发出控制信号及具有其他辅助功能的装置[95]。火灾报警系统包括火灾自动报警控制器、感烟探测器、感温探测器、智能模块、接口模块和中继器等。火灾报警系统能使人们尽早发现火灾，并及时采取有效措施控制初期火灾，在最大限度内减少火灾带来的损失。

高技术远洋客船舱室数量大且区域功能复杂，可燃物多，同时人员密集，这些因素导致高技术远洋客船的火灾风险较高。若发生火灾且无法及时有效地对其进行控制，带来的损失将无法估量。因此结合高技术远洋客船的特点，采用高压水雾灭火系统作为水雾灭火方式[96]。高压水雾灭火系统又可以称为细水雾灭火系统，对烟雾、废气有吸附洗涤作用，阻止烟尘扩散，同时抑制火势随烟尘蔓延。细水雾灭火系统还适用于油类火灾、电气火灾，并且相比于传统水灭火方式，其用水量较少。细水雾灭火的主要机理是利用气化隔氧作用、冷却作用和降低火焰的热辐射来完成灭火。

一般船舶机舱密闭性较好，若发生火灾，烟气很难排出，然而火灾中 85%以上的死亡都与烟气有关，因此防排烟系统也具有重要作用。防排烟系统是为了在火灾发生时，确保人员的逃生和方便消防人员灭火所采取的措施[97]。防排烟的基本方式涵盖多种策略，包括不燃化防烟、密闭防烟、阻碍防烟、加压防烟、自然排烟、机械排烟及机械加压送风防烟。这些方式在烟气控制中各有侧重，共同构成了防火设施中防烟、排烟的多元化策略。在实际应用中，这些方式往往需要有机结合，以实现最佳的烟气控制效果。通过综合运用这些防排烟方法，可以显著降低火灾中烟气的危害，提高人员疏散和灭火救援的效率[98]。

防火水密门系统的作用是在发生火灾或机舱进水后，及时隔绝火灾以防止火情扩大，或阻断海水在机舱继续扩散以避免船舶沉没[99]。

低位照明系统是当船舶发生火灾事故时，烟雾使普通应急照明效果降低，沿脱险通道设置的电源照明、荧光条、荧光指示器等应急照明，以便人员迅速地撤离事故现场和危险区域，安全到达救生艇和救生筏登乘甲板。低位照明系统符号使人员轻易识别出所有脱险通道和出口。低位照明系统可分为荧光低位照明系统和电力低位照明系统[100]。荧光低位照明系统包括低位引导线、方向指示器和逃生通道标志等，其一般选用磷光条作为发光体。电力低位照明系统包括光源、电源和控制回路等。一般情况下，会将荧光低位照明系统和电力低位照明系统组合使用[101]。

5.1.3　高技术远洋客船综合娱乐系统

高技术远洋客船综合娱乐系统属于高技术远洋客船的核心系统，是高技术远洋客船风格定位的关键系统，其作用是为船上人员提供视听交互的丰富体验。高技术远洋客船综合娱乐系统包括照明系统、音响系统、视频系统及其他设备设施等[102]，相关内容已在第 3 章介绍。

其中音响系统中的广播系统与高技术远洋客船的安全性密切相关，关乎整船人员的安危，并且相关规范中对船舶扬声器布置的方式和数量有具体明确要求，保证在应急工况下满足应急广播报警等安全功能。广播系统包含了紧急通知、一般紧急报警信号、火灾报警信号、机组报警信号、正常喊话通知及播放背景音乐等功能。目前，最常见的广播系统是 KG-2 型公共广播系统[103]。该系统具有可靠性高、实时性强、区域选择性等特点。广播系统通常是由控制主机和遍布各区域的扬声器组成的通信系统。主机是广播系统的核心，包括声音输入设备、功放、报警信号发生器和电源装置等。

5.1.4　高技术远洋客船空调通风系统

空调通风系统是高技术远洋客船中最大、最复杂的系统，对高技术远洋客船舱室的温度、湿度及空气流速等进行调节，以满足船上人员的舒适生活[104]。高技术远洋客船的空调通风系统与一般客船不同，其系统庞大且复杂，同时需要满足节能环保及舒适度等要求。高技术远洋客船根据功能的不同及不同层次乘客需求划分为不同的区域，各区域的空调通风系统设置也有所不同，以此实现不同的空调调节作用。以住舱区域为例，高级船员及乘客住舱、中级船员住舱与服务员及低级船员住舱分别采用不同的空调通风系统。

空调通风系统的作用过程[105]：新鲜空气从带除雾功能的百叶窗进入，通过风管及阀件后进入空调机室的空气处理单元(AHU)，由 AHU 的空气过滤器处理后经过转轮，进行预处理后再加热至合适温度，通过风机加压，由布风器送至各个区域使用。空调通风从各区域设置的回风箱、卫生单元抽风口，由空气过滤器过滤，经过转轮的热交换，经阀件通过风机，从空调通风管道排到大气中。

空调通风系统按照介质可分为水系统和风管系统。水系统包括制冷和加热两种功能[106,107]。其中制冷系统有直膨系统和冷媒水系统，加热有电加热和热水加热 2 种方式。由于高技术远洋客船的制冷量大，一般采用冷媒水系统。冷媒水系统可分为 2 个部分，即冷水机组和 AHU 部分。对于加热方式，高技术远洋客船需要的热量也较多，采用电加热方式会导致电网负荷过大，因此常采用热水加热方式。风管系统的分类较多，可分为单风管系统、双风管系统、VAV 系统和风机盘管(FCU)系统。一般常用的系统为 VAV 系统与 FCU 系统。FCU 系统是混合本地的回风及来自中央 AHU 的新风，来提供新风及调节室内温度。FCU 系统的作用过程：将舱室所需的新风送至中央 AHU 进行预处理，后送至各区域 FCU 系统；本地的 FCU 系统将新风与回风混合后，经过盘管处理后再送进房间；房间内的负荷变化时，通过回风口的感温探头，将信号送至冷媒水管路调节阀，通过调节盘管的水量来对出风温度进行调节。VAV 系统的核心机制是通过室内温度的反馈来调节舱室的送风量。VAV 系统的作用过程：通过舱室内的感温探头感应室内温度，并传输信号至 VAV 阀，调节 VAV 阀的开度；同时使风管总管或送风箱内的压力探头感应系统的压力信号，并输出信号至风机，通过调节风机的风量来保持管路里面的压力不变。

5.1.5　生活功能系统试验内容

在进行高技术远洋客船航行试验前需要相关部门制定相应的航行试验大纲，并按照要求在试验过程中记录有关数据，同时试验前需要准备足够的人力、物力资源[108]。高技术远洋客船的航行试验需要对高技术远洋客船生活功能等方面进行试验，并进行风险评估。高技术远洋客船生活功能系统试验涉及生活保障系统、安全及管理系统、综合娱乐系统和空调通风系统等相关试验项目，例如生活保障系统中的焚烧炉操作试验，综合娱乐系统中的娱乐灯光系统试验、娱乐影像系统试验、娱乐视频系统试验，空调通风系统中的暖通空调夏季试验、机舱和辅机舱送抽风机试验、机舱和辅机舱温度测试等，它们之间相互交叉、相互关联，涉及生活功能的方方面面。

焚烧炉操作试验的目的是测试在正常运行情况下垃圾储罐与焚烧炉之间给料情况及焚烧炉是否满足垃圾处理要求。焚烧炉操作试验内容：按照设计的最大容量及计算推导准备垃圾量，并将其投放在干垃圾储罐中；随后启动焚烧程序，同时停止垃圾投放。在规定时间焚烧后，查看干垃圾罐内的垃圾是否清空。

综合娱乐系统试验是为了验证娱乐系统在海上运行阶段的功能性及效果，保证系统的所有设备、点位供电正常；保证所有设备通电后能正常工作；保证所有输入、输出回路连线正确；保证系统所有设备之间连接全部正确；保证系统能正常工作并满足技术要求。在进行试验前需要进行系统完整性检查、运行自由度检查及电气检查等。试验包括娱乐灯光系统试验、娱乐音响系统试验和娱乐视频系统试验。

娱乐灯光系统试验项目包括核对检查回路与设备接入系统、设备通电检查、逐灯试验、常规灯调试及电脑灯调试等。

娱乐音响系统试验项目包括设备连接及供电检查、音响系统设定检查、音响传声系统调试、音箱音量定位及调音台调试等。

娱乐视频系统试验主要是对视频系统的工作状态、供电检查及参数设定等进行调试检查。其试验项目包括试验前电路检查、视频系统设备设定检查、单个设备运行检查及视频系统总体调试等。

暖通空调夏季试验需要空调系统根据规定参数进行试验，其试验内容包括 HVAC 自动化测试、公共区域和服务处所测试、住舱区域测试、应急通风测试等。HVAC 自动化测试是记录空调自动化控制站的运行参数，即风机转速、空调压缩机负载、海水温度、室外气温及冷媒水供水温度等。公共区域和服务处所测试是在试验的每个阶段逐个测试房间的温度和湿度，并记录数据。住舱区域测试是对至少 3 个舱室的每个 AHU 测量记录温度、湿度和用户面板的位置。应急通风测试是在应急通风条件下操作和记录安全电气储藏室和驾驶室的温度升高情况。

机舱和辅机舱送抽风机试验是为了测试并记录所有抽风机和送风机数据，包括风机转速、电流电压及空气流量等。其试验内容包括风机转速测试、空气流量测试及电气测试等。风机转速测试要求测量皮带驱动或直接与电机连接的设备的转速，必要时可以使用计时转速计或频闪转速仪。空气流量测试时，风机处的风量应等于或大于设计值的100%。该试验应在试航中做耐久性试验时进行，必须在设备首次使用前进行自查通风系统的维护。

机舱和辅机舱温度测试是在耐久性试验时测试并完整记录有关机舱和辅机舱温度。该试验与机舱和辅机舱送抽风机试验相同，需要在试航中做耐久性试验时进行，必须在设备首次使用前进行自查通风系统的维护。

5.1.6 技术路线

对高技术远洋客船的生活功能试验过程进行风险评估时，我们采用了AHP-FMEA 方法。这种方法结合了失效模式及影响分析(FMEA)和层次分析法(AHP)，旨在系统地确定可能发生的失效模式及其影响，并评估各失效模式的风险程度。运用 AHP-FMEA 方法进行风险评估的主要步骤包括：首先，明确分析对象为高技术远洋客船，并识别其各个系统。接着，根据生活功能将客船分解为各子系统和组成构件。然后，针对每个子系统，确定其可能的失效模式及失效原因；收集并分析这些失效模式，以获取风险因素评价指标值。最后，运用层次分析法和归一化计算，确定各风险因素的相对重要性和权重。通过这些步骤，可以全面评估高技术远洋客船生活功能试验过程中的风险，为后续的航行测试提供重要的参考依据。其技术路线如图 5-5 所示。

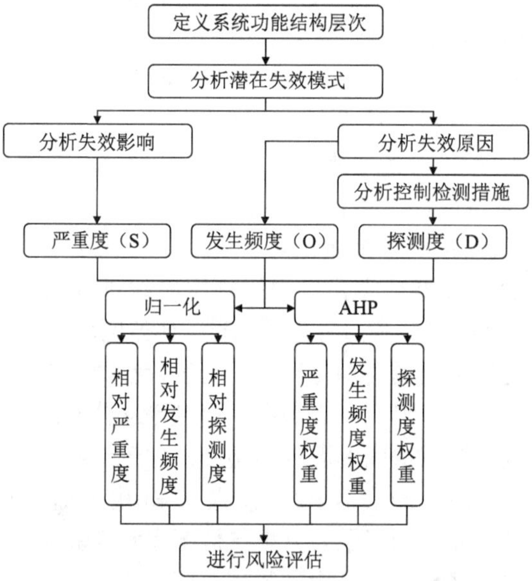

图 5-5　AHP-FMEA 方法技术路线图

5.2　高技术远洋客船生活功能试验过程风险源

根据前文所述，高技术远洋客船的生活功能试验涵盖了多个关键项目，这些试验项目不仅对试验阶段有明确要求，还需满足特定的条件和标准，以确保试验的准确性和有效性。只有在满足这些要求的前提下，才能进行相关的试验，从而全面评估高技术远洋客船的生活功能性能。例如，进行焚烧炉操作试验时需要消防系统、冷却水系统及蒸汽系统处于可使用状态，确保可以通风换气处理焚烧产生的热量。若人为因素或系统组件发生故障导致相关系统失效，无法处理焚烧炉操作试验产生的废气等后果，则会给高技术远洋客船航行试验带来风险。因此需要对高技术远洋客船生活功能试验过程进行风险源分析。在生活功能试验阶段，对高技术远洋客船进行风险分析的目的是找出可能导致高技术远洋客船发生事故的风险因素，再根据这些风险因素设置相应的管理措施，并帮助确定相关的风险对高技术远洋客船而言是否可以忍受。进行风险源分析首先要识别在生活功能试验阶段可能存在的风险源。

由以往海上事故的调查报告可知，大部分事故是人的因素造成，其次是机械故障导致。因此人的因素也是风险分析中需要重点关注的部分[109]。由于船舶及其设备的操作都依赖于人，其维修保养都离不开人，即使是自动化程度较高的船舶也不可能离开人的管理，因此人在船舶运输系统中占较重要地位。在高技术远洋客船生活功能试验过程中，人的作用也不可或缺。人对船舶航行安全的影响涉及诸多因素，各个因素之间相互作用和影响。

在对高技术远洋客船的生活功能试验进行风险源分析时，必须综合考虑多个因素。人的因素自然是不可忽视的一环，但同样重要的是人与硬件、软件及环境之间的协调关系。这些元素之间的交互必须保持和谐一致，以确保整个系统能够正常、高效地运行。只有这样，高技术远洋客船的生活功能才能得以充分发挥，为乘客提供安全、舒适的环境。如果人与其他元素之间存在交互、问题，则会导致事故发生。因此本章采用 SHEL 模型对高技术远洋客船生活功能试验中人的因素进行风险识别。

SHEL 模型名称由软件(software)、硬件(hardware)、环境(environment)以及人(liveware)的英文单词首字母构成。该模型也由软件、硬件、环境以及人 4 个元素组成。SHEL 模型中人是模型的重要部分，系统是由人与系统中的其他人、软件、所处环境及硬件之间的相互关系组成，即人–人（L-L）、人–软件（L-S）、人–硬件（L-H）、人–环境（L-E）4 个界面。其中人是指与个人相关的要素。人既有相应的能力也有其自身的局限性[110]。人–人界面是指系统中人与其他人之间的活动，即人与人之间的管理、交流与合作的关系。人–软件界面是指人与软件之间的相互关系，如是否满足相关规章制度要求。人-硬件界面是指人与系统中的实体部分之间的关系。人-环境界面是指人与系统中的环境之间的关系，如航行条件是否限制船舶航行等。

SHEL 模型的核心在于以人为中心，通过优化人与硬件、软件及环境之间的协调关系，来提升整个系统的性能并降低事故发生的可能性。在事故调查中，该模型同样强调以人为中心，凸显人在系统中的主导地位，通过深入了解人的行为和决策过程，来更有效地识别风险并采取措施减少事故的发生。

5.2.1 L-L 因素

由前文可知 L 因素是指与个人相关的因素。人的行为要受到其身体、性格、生理及心理等方面的影响，可能会对高技术远洋客船生活功能试验带来风险，见表 5-1。身体方面指身体特征、视觉和听觉等。生理方面主要指健康状况、疲劳程度、用药情况及饮酒情况。心理方面主要指感知情况、注意力、情感、态度和能力等因素。系统中涉及的人员往往十分广泛。例如，在海事中不仅包括船舶的船长、船员及引航员，还包括船舶设计、建造、检验及船舶营运的管理监督服务等相关人员。在高技术远洋客船生活功能试验过程中，涉及的人员包括试航操作人员和海事监管人员等。

表 5-1　L 因素的风险因素

	风险因素
L 因素	试航人员的职业道德素质不高
	试航人员的性格不适合海上试航工作
	试航人员的心理素质不高
	试航人员的安全意识不强
	试航船员的专业技能不够强
	试航单位安全管理人员的安全管理能力不够
	管理机构人员的法律意识不到位
	试航人员身体健康状况不佳
	试航人员饮酒
	压力过大或休息不佳等原因导致的疲劳

试航人员及安全管理人员的性格与心理是保证高技术远洋客船生活功能试航过程安全的基本因素。性格与心理因素通过不同形式影响着人员的潜力和作用的发挥，从而影响整个系统的实现，因此，其对高技术远洋客船生活功能试航过程的安全存在巨大的影响。人员性格与心理还可以细分为职业道德素质、性格特征、

心理素质和安全意识 4 个方面。

(1) 职业道德素质

职业道德素质是指参与高技术远洋客船生活功能试验相关人员敬业爱岗精神、团队精神、人道意识及保护海洋环境的使命感等方面。职业道德会对人们的行为方式产生主观能动的作用，起到相关人员自我约束、自我推动的作用。因而职业道德素质的高低直接影响着生活功能试验过程的风险大小。例如，在试航前，相关部门人员需要对高技术远洋客船相关文件资料进行检查以确保满足相应要求。若由没有职业道德素质的人员负责这部分工作，对不符合条件的船舶通过了航行试验文件，则一旦发生海上事故带来的后果将无法估计。

(2) 性格特征

性格特征方面要衡量人员的主要性格特征给高技术远洋客船生活功能试验过程带来的风险程度。有相关研究表明，易产生事故的性格特征有：感情冲动，容易兴奋；脾气暴躁；厌倦工作、没有耐心；慌张、不沉着；动作生硬、迟缓而工作效率低下；处理问题轻率、冒失。

(3) 心理素质

心理素质方面要衡量人员对艰苦环境的适应力和是否能沉着冷静处理意外紧急事件等。心理素质可以直接影响理论的掌握、应用及面对紧急情况时的应对发挥。人员的心理素质情况也决定了高技术远洋客船生活功能试验过程的风险情况。在遇到紧急情况时，心理素质好的人可以冷静面对紧急情况，从而做出正确判断，采取有效的措施进行自救或支援，将风险及损失降到最低；而心理素质差的人则会用消极的态度应对危险，不利于船舶及船上人员的安全。在进行航行试验过程中，试验项目整体任务量大、周期长，且海上环境实时变化。例如，耐久性试验需要进行 4 h 以上，需要试航人员全程耐心细致地完成任务。

(4) 安全意识

安全意识是人员对专业和安全知识的深入理解、经验积累及长期形成的潜在心理认知。它体现为始终保持对安全的警觉性，严格遵守安全规章制度，并将其切实付诸实践。然而，当相关人员的安全意识薄弱时，就会给工作环境带来巨大风险，可能导致安全事故的发生。因此，提升人员的安全意识是确保工作场所安全的重要任务。

除了人员性格与心理以外，人员生理因素也会给生活功能试验过程带来风险。生理因素是保证参与高技术远洋客船生活功能试验的人员安全履行自身职责的基本因素，其中最主要的是健康状况和疲劳程度。

(1) 健康状况

健康方面主要衡量参与高技术远洋客船航行试验人员的健康状况及精力的旺盛程度。航行试验项目大多数周期长，参与人员的身体健康状况必定会对高技术远洋客船航行试验的安全性有直接影响。故参与高技术远洋客船航行试验的人员的身体健康状况是生理因素中最基本、最主要的内容，良好的健康状况是人员参与航行试验完成任务的基本要求。

(2)疲劳程度

疲劳方面则是衡量参与高技术远洋客船航行试验的人员在航行过程中的疲劳程度。船员在长时间的工作过程中，压力过大、休息不足等各方面的原因都可能造成疲劳过度。船员在疲劳状态时表现为感官迟钝、动作不准确且灵敏度降低、注意力不集中、思维迟缓、反应慢、心情烦躁或者遗漏事情等，往往容易导致事故的发生。由此可知，疲劳是会降低相关人员的工作水平，使生理与心理反应迟缓，并削弱做出合理判断能力的一种状态。疲劳必然会导致不安全行为增加，船舶操纵质量下降，面临紧急情况时反应速度变慢，从而导致事故发生的可能性增加。

此外，人员业务素质因素也会带来风险。参与生活功能试验过程的人员应对高技术远洋客船设备设施和资料较为熟悉，且有自身的经验，具备综合能力。管理人员素质主要是衡量管理人员的安全管理知识和安全管理能力。安全管理知识主要指管理人员所具备的安全管理方面的知识。管理人员掌握必要的安全管理知识，才能从根本上解决安全隐患，保障高技术远洋客船生活功能试验过程的安全。安全管理能力则是指管理人员对整体状态的判断和掌控整体布局的能力，包括决策能力、规划能力及创造能力等。在进行高技术远洋客船生活功能试验前，需要建立安全管理体系以保障高技术远洋客船航行试验的安全。

5.2.2 L-L 界面因素

人的因素对海上安全事故的发生和发展起着重要作用。在进行高技术远洋客船生活功能试验时，人的因素是影响其安全的重要原因。降低高技术远洋客船航行试验的风险不仅要保证参与试航人员的能力，还要保证班组内测试人员之间能够进行无障碍的交流与合作。

L-L 界面是指系统中人与其他人之间的活动。L-L 界面的风险因素包括员工的挑选和培训不当、配合不当及船员间人际关系不和谐等，具体见表 5-2。员工的挑选和培训不当是指管理人员选择不适合参与试航的人员进行这项工作或者后续进行培训的工作不充分使人员到岗时仍无法很好胜任，就会给高技术远洋客船试航工作带来风险。船员间存在沟通问题或语言问题是指当班组内人员无法进行有效沟通协调，在进行试航时就可能发生事情的遗漏或者重复，从而导致事故的发生，给高技术远洋客船航行试验带来风险。故需要对相关风险因素进行管理，以降低高技术远洋客船生活功能试验过程的风险。

表 5-2 L-L 界面的风险因素

	风险因素
L-L 界面	员工的挑选和培训不当
	班组配合不当
	船员间存在沟通问题或者语言问题
	船长不能有效处理解决相关问题
	船员间人际关系不和谐
	下达指令不清晰、不及时
	团队内部意见不统一

5.2.3 L-S 界面因素

L-S 界面是指人与软件之间的相互关系。在高技术远洋客船试航过程中，涉及对高技术远洋客船海上测试前的备案要求和测试过程中的安全要求，及参与测试组织内部的安全操作流程等的安全管理要求。其主要分为试航单位与海事部门 2 个部分的安全管理。

高技术远洋客船试航单位主要考察规章规程、教育培训和部门组织结构 3 大方面带来的风险。

规章规程是试航单位规章规程的建立、实施情况。试航单位需要建立高技术远洋客船航行试验过程相应的安全管理手册及管理总规划等一系列相关的质量体系文件，以确保在高技术远洋客船航行试验过程中的安全。

教育培训是衡量船员及工作人员教育培训制度的健全性、有效性，确保试航单位对参与试航人员进行安全教育，以提高人员安全意识。教育培训体现在安全教育周期、安全讲座开展情况、安全培训是否进行、安全培训的考核方式及安全培训是否有全面计划等。教育培训是提高管理者和船员安全素质最有效的途径，也是高技术远洋客船生活功能试验过程人为因素风险控制最重要的方面。完善的教育培训制度，不仅能够提高船员和工作人员自身的安全生产意识及遵守规章制度的自觉性，也能强化船员对紧急情况的发现和处理能力，并有利于船舶设备的保养与管理。因此，教育培训制度的好坏同样会决定高技术远洋客船航行试验人为因素风险的高低。

部门组织结构情况是衡量公司中与安全相关的部门设置和组织结构、各部门各岗位的职责和相互关系。部门组织结构情况也可以体现试航单位安全管理水平，即体现在试航过程中的风险程度。部门组织结构的合理设置、部门组织职能的科学分工以及安全管理体制关系顺畅和协调高效，是公司有效体现安全方针重要的保证之一。

海事部门在保障航行安全方面扮演着关键角色，主要体现在制定和执行政策法规、规章制度，及设立有效的管理机构和管理方式方面。然而，如果海事部门在试航过程中的监管存在疏漏，可能会给高技术远洋客船及其船员带来重大风险。例如，若海事部门在试航前对船只设备的检查不够细致或遗漏了某些关键部分，导致船只实际上并不满足试航要求，而仍然批准试航作业进行，那么可能产生的后果将是难以估量的。同样，对航海作业资料的不全面审查，及在试航过程中监督不到位，都可能给高技术远洋客船及其人员带来安全风险。因此，海事部门必须加强对试航过程的监管，确保所有船只和船员都符合安全标准，从而保障整个航行的顺利进行。

L-S 界面的风险因素包括没有配备足够的试航人员、配备的试航人员不适任、试航单位没有对操作人员进行安全培训教育、试航单位应急系统不完善等，具体见表 5-3。高技术远洋客船生活功能试验过程中没有配备足够的试航人员，即存在一个人身兼数职的情况，在发生紧急情况时，给高技术远洋客船及船上人员带来了风险。若是配备的试航人员不适任，即配备的人员与自身岗位不符而并不能很好地担任自己的工作，对于高技术远洋客船复杂系统而言存在一定的风险。若

表 5-3　L-S 界面的风险因素

	风险因素
L-L 界面	没有配备足够的试航人员
	配备的试航人员不适任
	试航单位没有对操作人员进行安全培训教育
	试航单位在未报备的情况下进行试航
	试航单位在非报备的试航领域试航
	试航单位对未申报的设备进行测试
	试航单位管理不当，行政效率低下
	试航单位应急系统不完善
	高技术远洋客船资源管理不当
	高技术远洋客船脱离试航程序进行试航
	高技术远洋客船救生设备配备不足
	试航现场试航单位监管不到位
	试航单位在不满足试航条件情况下进行测试
	海事监管部门试航前对高技术远洋客船设备的全面检查不仔细、有遗漏
	海事监管部门对航海作业的资料检查不全面
	海事监管部门在发现缺陷后没有纠错的情况下允许试航报备
	海事监管部门在测试过程中监督不到位

试航单位应急系统不完善，在高技术远洋客船生活功能试验过程中发生事故时，也会增加高技术远洋客船及船上人员的风险程度。因此，需要试航单位对发生紧急情况时做出有效的应对措施，同时海事监管部门对相关资料进行严格审查。

5.2.4　L-H 界面因素

L-H 界面是指人与系统中的实体部分，即人与高技术远洋客船的交互。L-H 界面的风险因素包括硬件故障和人与高技术远洋客船的交互不当 2 个部分，具体见表 5-4。

表 5-4　L-H 界面的风险因素

	风险因素
L-H 界面	污水收集系统故障
	供水系统故障
	空调系统故障
	照明系统故障
	火灾报警系统故障
	防排烟系统故障
	二氧化碳灭火系统故障
	细水雾灭火系统故障
	水密门故障
	娱乐灯光系统故障
	娱乐音响系统故障
	娱乐视频系统故障
	对系统设备的不恰当清洁养护
	人员操作不当

L-H 界面的风险因素包括各子系统故障，即污水收集系统故障、供水系统故障、空调系统故障、火灾报警系统故障等。各子系统发生故障导致高技术远洋客船生活功能无法正常运行。

5.2.5　L-E 界面因素

在对高技术远洋客船进行海上测试时，船体内外的环境都会对高技术远洋客船试航作业安全造成影响。船内的环境主要指船内测试人员的工作环境和生活环境。船内工作环境的好坏会对船员造成影响，从而对高技术远洋客船试航过程造成风险影响。船员的生活环境包括生活设施保障、船员交往及集体活动等。船上的生活空间狭小、人群单一、运动不足、缺乏新鲜蔬菜、违反生物节律，除此之外，较长时间与社会、家庭分离，都会使得船员容易烦躁和被激怒，导致身体或者心理产生问题，从而对高技术远洋客船试航过程造成风险影响。部分举例见表 5-5。

表 5-5　L-E 界面的风险因素

	风险因素	
L-E 界面	自然环境	大风
		大浪
		暴雨
		浓雾
		气温过高
		气温过低
	交通环境	水域不够宽敞
		水流不稳定
		水域没有足够的深度
		船舶通航密度大
		海底存在电缆或沉船
	生活环境	生活空间狭小
		生活条件单一
	工作环境	温度过高
		振动大

船外的环境因素包括试航水域自然环境因素和交通环境因素。

自然环境因素包括大风、大浪、暴雨、浓雾、气温等，属于变化最大且最不可控的因素。例如，在大风大浪环境下航行，会使高技术远洋客船产生横摇及纵摇等运动，同时也会给操作人员带来心理压力，这会给船舶的航行带来极大的危险。雾是海面能见度的主要影响因子，若是在浓雾等极端气候下航行，能见度极低，会给高技术远洋客船试航航行带来极大的风险。在试航过程中能见度逐渐降低，不仅会给船舶航行增加难度，还会给试航人员带来心理压力，从而导致操作容易失误，其风险大大增加。若能见度非常低，一般会选择停止或取消试航工作。极端气温也容易使船员感到不适，从而导致操作失误。因此在进行高技术远洋客船生活功能试验前需要提前对气象情况等自然环境因素进行了解和熟悉，并在试验开始前仔细观察以确保符合试验要求。

交通环境因素中蕴含着地理环境因素，例如试航水域的航道长度、宽度、深度和障碍物等。这类地理环境信息在试航前皆可以提前了解到。若对地理环境因素掌握不清楚，则容易出现搁浅、触礁等事故。试验要求试航水域具有足够的水深、助航距离及回旋余地，即要求试航水域具有足够的深度与宽度。如果试航中其水域没有达到足够的深度与宽度，则不可以进行试验，否则可能造成触底等事故的发生。除地理环境因素外，交通环境因素还涉及通航密度和助航服务，即船舶试航水域航道上的通行船只数量及航标分布情况。试航船与一般船舶相比具有不稳定性，当试航水域的船舶通航密度大，试航船比一般船舶更有风险，更容易造成碰撞等海上交通事故。这对船舶碰撞、触损的发生有一定的影响。

船内的环境因素包括生活环境因素和工作环境因素。当试航人员一直处在生活空间狭小、生活条件单一的环境下，可能会感到烦躁，影响试航操作，从而给高技术远洋客船试航工作带来风险。当工作环境温度过高、振动大，会给操作人员造成身体不适，从而影响其操作，也会带来风险。

5.3　高技术远洋客船生活功能试验过程风险评估

对高技术远洋客船的生活功能试验过程进行风险评估采用的方法是 AHP-FMEA 方法。FMEA 方法即为失效模式及影响分析方法，是用来确定可能发生的失效模式及其影响的分析方法。传统 FMEA 方法步骤为：首先分析研究对象可能产生的失效模式，确定导致各种失效模式产生的原因及后果，确定该失效模式发生频度和严重度；然后评估当前防止失效发生的控制措施，确定其探测度。FMEA 方法分析流程图如图 5-6 所示。

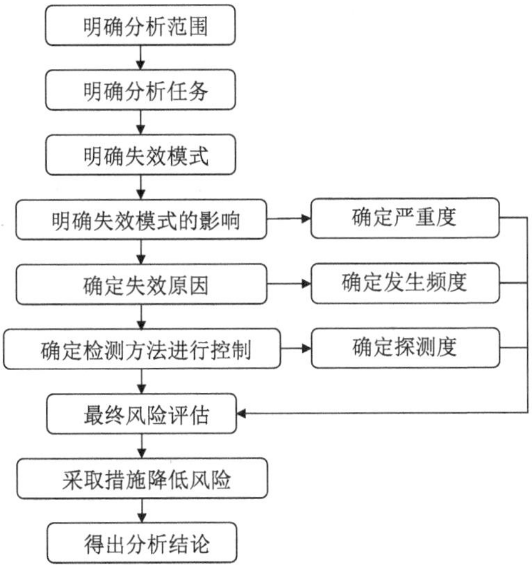

图 5-6　FMEA 方法分析流程图

AHP 的核心思路在于将一个复杂的系统逐步拆解为若干相对简单的因素。这些因素根据它们之间的性质与关系的差异，被构建成一个层次化的树状结构。随后，依据专家的主观经验，对这些因素间的相对重要性进行评估和排序。这种方法通过系统化的层次划分和主观经验的结合，为复杂问题的决策提供了有效的工具。AHP 的关键步骤有构建层次结构模型、构建判断矩阵、层次单排序和一致性检验及层次总排序和一致性检验[111]。AHP 分析流程图如图 5-7 所示。

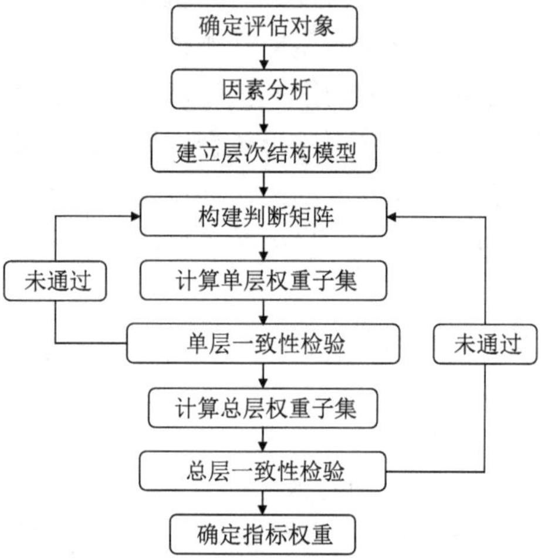

图 5-7　AHP 分析流程图

为解决传统 FMEA 方法的缺点，在传统 FMEA 方法的基础上引入 AHP，即 AHP-FMEA 方法。

AHP-FMEA 方法的主要步骤为首先确定分析对象，识别系统，将研究对象分解成各子系统及组成构件，再确定各子系统、组成构件的失效模式及失效原因，收集各失效模式。将得到的各失效模式的影响因素由归一化算法得到每个失效模式的风险因素的相对重要性。从专家那里收集成对指标即严重度大于发生频度、严重度大于探测度、发生频度大于探测度，并通过 AHP 推断每个失效模式的风险因素的权重，即严重度、发生频度及探测度的权重。各风险因素的相对重要度与权重相乘再相加得到各失效模式的风险优先值。根据风险优先值（RPN）可以分析得到关键失效模式、关键系统及关键组件。

将 AHP-FMEA 方法运用在高技术远洋客船海上航行测试的主要步骤：首先识别高技术远洋客船各系统，根据生活功能将高技术远洋客船分解成各子系统及组成构件；再确定各子系统的失效模式及失效原因，收集高技术远洋客船的各失效模式，得到风险因素评价指标值；最后运用 AHP、归一化计算得到相对重要性及权重。

5.3.1　系统分解

按照高技术远洋客船的生活功能将高技术远洋客船分为各子系统。高技术远洋客船生活保障系统的子系统主要有污水收集处理系统和变频恒压供水系统。高技术远洋客船的空调通风系统是除吊舱推进系统之外的第二大系统。按照空调通风系统的各部件功能，将空调通风系统分为冷水机组、变风量系统末端及空气处理机组 3 个部分进行分析。为保障高技术远洋客船上发生火灾时人员及财产安全，需要考虑消防系统。根据消防系统各子系统的作用，将高技术远洋客船上的消防系统分为火灾报警系统、防排烟系统、二氧化碳灭火系统及细水雾灭火系统进行分析。高技术远洋客船生活功能需各子系统均正常运行才能得以保障，故对各子系统进行风险分析。

(1)污水收集系统

高技术远洋客船生活污水系统是一个极其复杂的系统，通过污水系统对高技术远洋客船上的灰水、黑水进行收集处理和排放。生活污水系统的功能包括污水收集、污水输送和污水处理等。本章对黑水的收集、运输系统进行风险分析。

高技术远洋客船上黑水产量与黑水收集形式有极大的关系，若收集方式不同，需要收集的黑水量也有较大区别。采用传统重力式的黑水收集方式产生的黑水量比真空式收集方式多出几倍，因此采用真空式收集方式对黑水进行收集。高技术远洋客船上黑水一般产生于厕所，真空厕所系统则对产生的黑水进行收集运输。

真空厕所系统的组成包括马桶端部排放和控制部分、真空管路部分污水收集储存和真空建立部分等[112]，具体组成如图 5-8 所示。端部排放和控制部分的作用是控制马桶端排污阀的启闭、马桶充水。真空管路部分的作用是储存真空及运送污物。污水收集储存部分的作用是收集、处理及储存系统中排放的污物。真空建立部分的作用是抽吸系统中的空气以保持系统真空度。

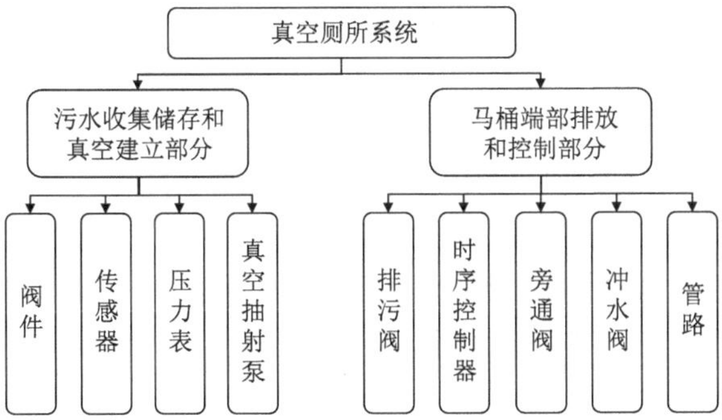

图 5-8　真空厕所系统组成

真空厕所系统利用真空为工作介质，以压差进行抽吸，把产生的污物运输至中央收集装置。其工作过程如下：真空建立装置中的循环泵抽吸搜集柜中液体进行循环粉碎，液体经过抽射泵作为工作流体抽吸污水管路中的空气使其达到一定的真空度；当真空度达到一定值后，压力传感器感应到后循环泵停止工作，同时单向阀关闭以确保管路密闭保持此时的真空度；当排放污物进入真空管路时污物经过真空管路通过单向阀送入到收集装置中，此过程对管路中的真空有一定程度的破坏作用；当压力传感器感应到真空度降低到一定的数值时，循环泵自动运行，利用抽射泵进行抽吸真空，如此循环工作。真空厕所系统节能减排效果十分明显。

(2)变频恒压供水系统

高技术远洋客船是以旅游为目的的高端客船，为乘客提供文化、餐饮、购物、住宿和观光等服务，因此，舒适度是衡量高技术远洋客船性能的重要指标。供水系统是高技术远洋客船的重要组成部分，其可靠性直接影响高技术远洋客船的舒适度。在大型高技术远洋客船上，饮用水是否能正常、有效地供应直接影响到乘客的舒适度[113]。

船舶供水系统可以采用的方案如图 5-9 所示。高技术远洋客船供水系统与一般船舶的区别在于高技术远洋客船乘客数量巨大，需要大量连续的饮用水供应。故高技术远洋客船采用变频恒压供水系统。

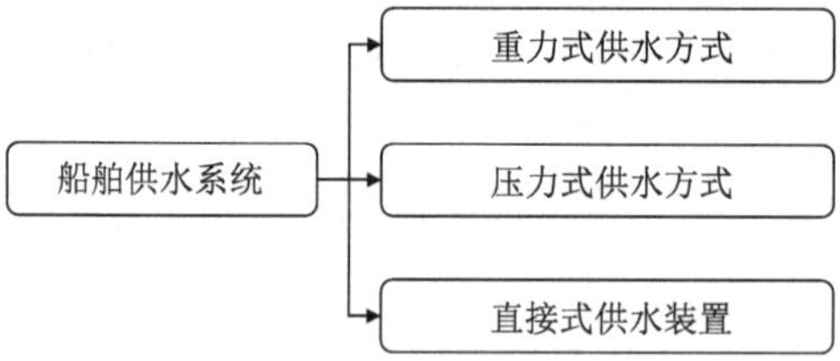

图 5-9　船舶供水系统可以采用的方案

高技术远洋客船变频恒压供水系统的作用过程如下：供水模块出口总管上的压力传感器将供水管网压力转换为电信号，电信号传送至控制器并对其进行运算处理，运算处理后得到电机输出频率，进而带动离心泵调节供水量及供水压力，从而实现恒压供水。变频恒压供水系统包含淡水舱、淡水泵、变频控制箱和供水系统管路等[114]。供水系统的组成如图 5-10 所示。

水的来源主要是岸上供给或是海上生产。岸上供应的饮用水需要符合世界卫生组织可用水标准。远洋船舶需在航行中使用海水淡化装置制备淡水。饮用水舱是供水系统的关键设备之一，其作用是储存用于供水系统的可饮用水。动力源一般为泵组，由泵组直接向各饮用水服务点供给饮用水。饮用水泵需满足船舶最大容量的使用要求，且饮用水泵不能用于任何其他用途。减压装置一般是带隔离阀

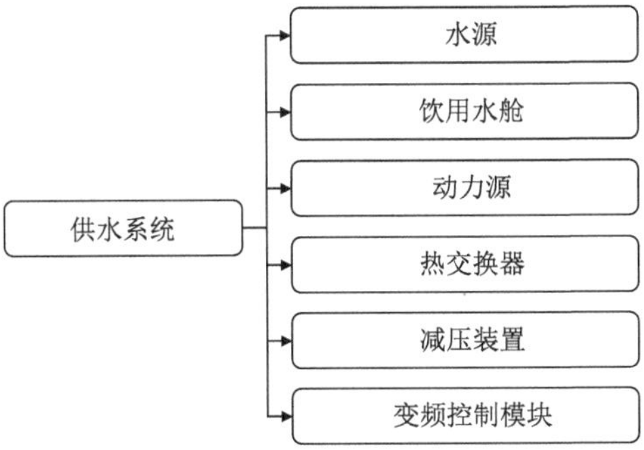

图 5-10　供水系统组成

和旁通管的减压阀，用于维持每个区域的水压恒定。变频控制模块则是对电机转速进行控制，使得水压尽可能保持稳定，实现恒压供水。恒压供水一般为一个变频器控制一个水泵机组。

(3) 空调通风系统

高技术远洋客船空调通风系统为乘客舒适的生活提供了保障。高技术远洋客船上几乎所有旅客能达到的处所均设有空调通风系统，其运行效果直接影响乘客的搭乘体验。其系统配置在很大程度上体现了高技术远洋客船的豪华程度。高技术远洋客船空调通风系统大部分时间都需要运行，其能源消耗是相当可观的。空调通风系统的消耗超过高技术远洋客船总能耗的十分之一，是仅次于推进系统的第二大能源消耗。在豪华高技术远洋客船中，空调通风系统是最大、最复杂的系统。

根据高技术远洋客船功能及特性进行划分，船上众多区域可以分为旅客居住区域、旅客公共区域、高级船员居住区域、普通船员居住区域、船员公共与服务区域及船员工作区域等。各区域的功能定位不同，故对空气调节的需求有所区别。

对于高技术远洋客船而言，空调通风系统采用 VAV 空调系统。VAV 空调系统属于全空气系统的一种形式。全空气空调系统全部由空气承担室内的热湿负荷，通过输送一定量经过处理的湿空气将空调区域的余热消除，使空调区的空气温度和湿度被控制在设定值[115]。广义 VAV 空调系统元件有冷热源、空气处理机组、空气输送管道和空调末端装置等。VAV 空调系统组成如图 5-11 所示。

VAV 空调系统的空气处理机组主要承担空气处理的任务。空气处理机组是室外新风和回风混合的装置，同时是水系统和空气系统能量交换的场所。室外新风和回风经过空气机组处理后达到设计状态点后被送入室内。空气处理机组主要元件包括送风机、表冷器、空气过滤器、新风阀和回风阀等。

空气输送管段是空气处理机组和空调末端装置的连接桥梁，其主要作用是输送新风和回风。空气输送管道对密封性和强度有较高的要求，以防止管道出现空气泄漏。空气输送管段是 VAV 空调系统输送空气的重要部件，对整个空调系统节能起到重要作用。

冷水机组是制冷空调系统的核心。冷水机组由压缩机、冷凝器、节流阀及蒸发器组成[116]。压缩机、冷凝器等是冷水机组的核心，内部具有很强的耦合关系。蒸发器和冷凝器的主要作用是进行热交换；制冷剂在其中通过发生相变实现热量传递；压缩机的作用是实现电能向机械能的转换，即为系统提供动力；节流装置通过控制阀门开度进而调节制冷剂的流量和压力变化。

VAV 空调系统末端装置通过末端风阀开度控制送风量及保证室温达到设计值。VAV 空调系统末端装置与室内舒适度直接相关，同时也决定空调系统的性能。VAV 空调系统末端装置的元件包括进风管道、箱体和风阀等。VAV 空调系统末端机组按风量调节方式可分为压力有关型和压力无关型。

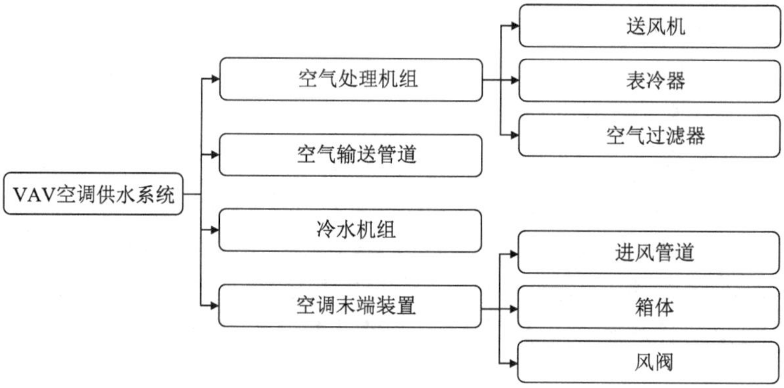

图 5-11　VAV 空调系统组成

(4) 照明系统

高技术远洋客船上的照明系统包括正常照明、(辅助) 应急照明、探照灯及信号灯等，其中主要部分为正常照明、应急照明和辅助应急照明，要求其满足日常照度需求及逃生安全性照明。应急照明系统主要分布在机舱内重要处所、船员旅客舱室、艇甲板和各人员通道等[117]。

在发生重大危险事件时，客船低位照明系统发挥着重要作用。客船低位照明系统可分为荧光低位照明系统和电力低位照明系统。荧光低位照明系统包括低位引导线、方向指示器、逃生通道标志和逃生线路标志。电力低位照明系统包括光源、电源和控制回路等。

日常照明中，按照光源不同可以分为热辐射光源、气体放电光源和 LED 光源[118]。LED 光源寿命长、节能、高亮度、体积小，同时又具有色彩和亮度可控制、色温丰富的特点，与其他光源类型相比，更适合作为船舶照明光源。

(5) 消防系统

当高技术远洋客船上人员违章吸烟、乱扔烟头、违章焊割，或是货物自燃时，容易造成火灾的发生，但是火灾是否会蔓延酿成大祸与消防系统密切相关。当消防系统出现故障或失效，船舶一旦出现火情，很容易因探测系统未及时发现或联动系统未能被及时启动而丧失灭火时机，最后酿成大祸[119]。

消防系统由两大核心组成：自动报警系统和消防联动控制系统。火灾报警装置作为消防系统的核心，负责接收、显示和传递火灾报警信号，同时能够发出控制信号并提供其他辅助功能。这套装置包含多个关键部件，如火灾自动报警控制器、火灾显示盘、智能模块、接口模块和中继器等，其中火灾自动报警控制器是整个系统的核心。触发装置是火灾报警装置的另一个重要部分，负责自动或手动触发报警功能。通常情况下，触发装置包括火灾探测器和手动报警按钮，它们共同确保在火灾发生时能够及时报警并采取相应措施。火灾探测器以敏感元件为核心构成，分类方式多种多样[120]。火灾探测器类型如图 5-12 所示。

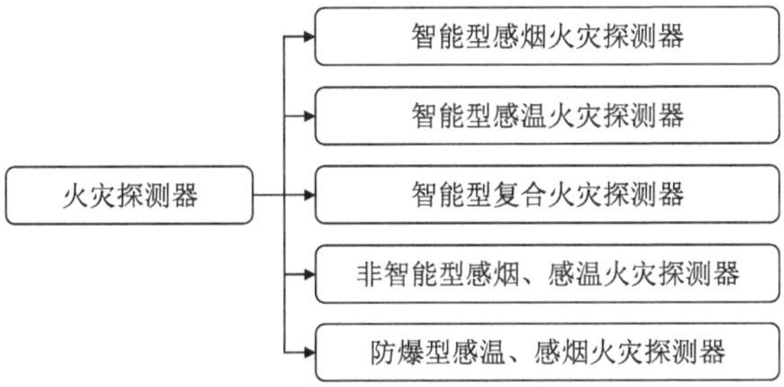

图 5-12　火灾探测器类型

一般情况下，手动火灾报警按钮发生警报误报的可能性很小，因为手动报警按钮的报警触发条件是必须人工按下按钮启动。手动报警按钮分为智能型手动报警按钮与非智能型手动报警按钮。

消防联动控制系统包括防排烟控制系统、细水雾灭火系统、二氧化碳灭火系统及水密门系统等。

防排烟控制系统的作用是防止烟气向防烟分区以外扩散、把高技术远洋客船上着火区域所在防烟分区以内的烟气及时排除并且控制停止相关区域的空调系统以控制通风。这可以为人员顺利疏散、安全避难提供更多的保障，同时为救火提供有利条件。防排烟控制系统中除自动报警器之外，还包括排烟阀、防火阀、排烟防火阀和送风口等。防排烟控制系统组成如图 5-13 所示。

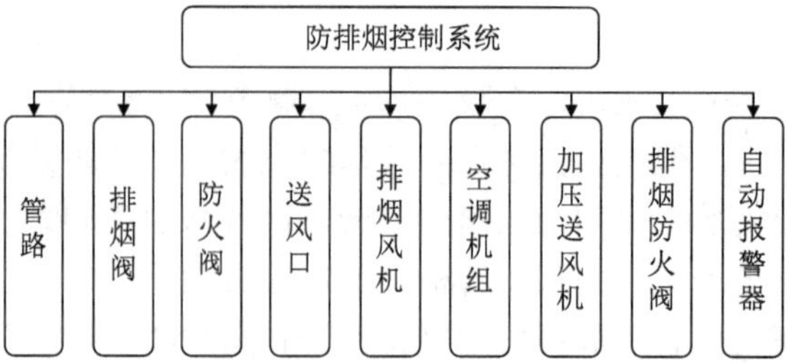

图 5-13 防排烟控制系统组成

二氧化碳灭火系统可用于扑灭气体、液体和可溶性固体火灾、电气火灾、固体表面火灾等。其不适用于扑灭硝酸纤维、火药等物质的燃烧及活泼金属、金属氢化物类物质的火灾。固定式二氧化碳灭火系统是船舶重要的消防设施，广泛应用于封闭处所的失火保护。二氧化碳灭火系统包括自动报警器、气体灭火控制器和二氧化碳气体钢瓶等。二氧化碳灭火系统组成如图 5-14 所示。

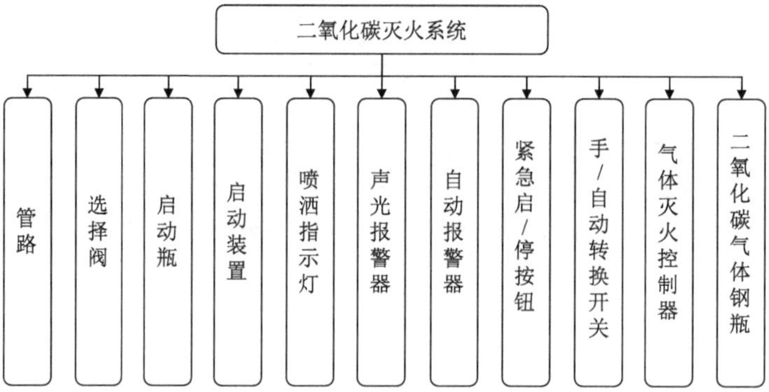

图 5-14 二氧化碳灭火系统组成

细水雾灭火系统是具有供水设备单元、分配管网、探火及火灾报警装置。细水雾灭火系统是通过单个或多个细水雾喷嘴相连接，释放细水雾来控制火灾。根据高技术远洋客船上的易燃物类型及细水雾灭火系统自身特点，高技术远洋客船多采用高压水雾灭火系统。细水雾灭火系统主要由 3 个部分组成，分别为货控室、本地控制及驾驶台显示部分。细水雾灭火系统组成如图 5-15 所示。

水密门系统的作用是在由于某种原因机舱进水后及时防止水在机舱内扩散。其工作原理是通过电机驱动液压泵，从而将电能转化为高压液压能，人员操作控制系统使高压液压油推动油缸活塞杆伸缩带动门开启或关闭。水密门系统组成如图 5-16 所示。

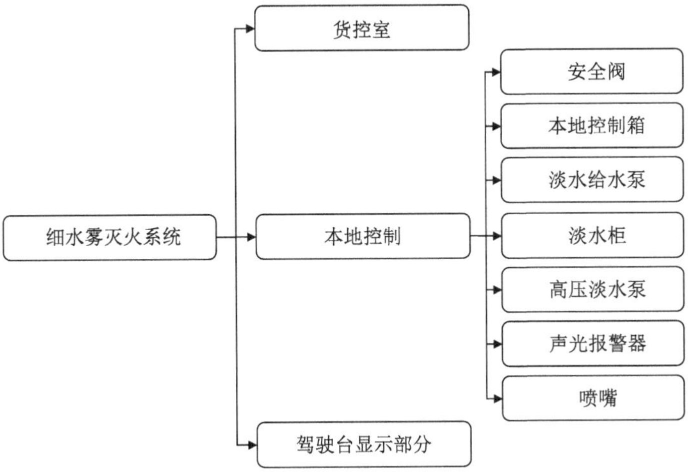

图 5-15　细水雾灭火系统组成

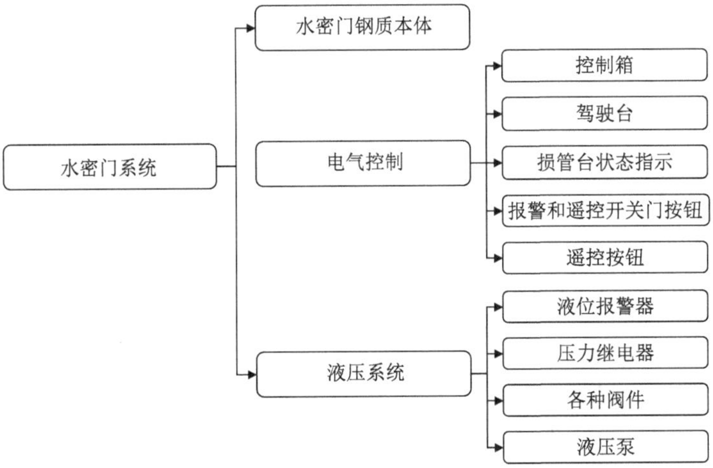

图 5-16　水密门系统组成

5.3.2　失效模式和失效原因

在对高技术远洋客船进行系统分解后，收集各子系统的各部件的失效模式及其失效原因，并确定各失效模式的风险评价指标，即严重度(S)、发生频度(O)及探测度(D)。各风险评价指标的评价标准均不同，分别见表 5-6、表 5-7、表 5-8。严重度(S)指失效模式发生时所产生的影响。发生频度(O)指分析造成某一失效模式发生的各失效原因导致失效模式发生的可能性。探测度(D)指故障未被成功探测的概率，探测度等级数值越小，故障越容易被探测。其风险评价指标相对重要性见表 5-9、表 5-10。

表 5-6　严重度(S)评价标准

等级	故障影响的严重程度
2	影响极小，稍微处理即可继续进行
4	影响较小，轻微故障可在短时间内修复
6	中等程度影响，可在几个小时内处理问题
8	重大影响，难以处理，修理时间长
10	重大影响，造成重大事故，影响未来的使用
1，3，5，7，9	中间值

表 5-7　发生频度(O)评价标准

等级	故障发生的可能性
2	发生频度极低，基本不会发生故障
4	发生频度低，很少发生
6	发生频度中等，偶尔发生
8	发生频度高，时常发生
10	发生频度极高，经常发生
1，3，5，7，9	中间值

表 5-8　探测度(D)评价标准

等级	故障被成功探测的难易度
2	通过感觉可以直接发现的故障
4	通过正常使用过程中可以发现，不需要太长时间
6	通过系统分析和拆卸进行检测发现
8	通过长时间的仪器检测，并通过系统拆卸后仔细分析得到
10	难以检测，需要专业人员通过专业手段才能发现
1，3，5，7，9	中间值

表 5-9　风险评价指标相对重要性(前者较之后者)

评价指标	描述
1	同等重要
3	中等重要
5	重要
7	非常重要
9	极其重要
2，4，6，8	中间值

表 5-10　风险评价指标相对重要性(后者较之前者)

评价指标	描述
1	同等重要
1/3	中等重要
1/5	重要
1/7	非常重要
1/9	极其重要
1/2，1/4，1/6，1/8	中间值

(1)污水收集系统

本节以黑水收集运输的真空厕所系统为例进行分析。真空厕所系统的组成包括马桶端部排放和控制部分、真空管路部分、污水收集储存和真空建立部分。对真空厕所系统的组成部分的失效模式及失效原因进行收集。

真空厕所系统共有 6 种失效模式，分别是真空度不能正常保持、真空度不能建立、排污阀不能开启、排污阀不能关闭、循环泵频繁启动或者连续运转及压力表或压力传感器管路脏堵。当马桶排污阀损坏，排污阀与真空管连接处漏气，真空管路漏泄，或者排污阀橡胶隔管污脏、漏气等情况，发生都会导致真空度不能正常保持。当循环泵发生故障或是真空抽射泵损坏等情况发生，则会导致真空度不能建立。当橡胶套漏气或是真空管路真空度不足情况发生，则导致排污阀不能开启。污水收集系统(真空厕所系统)FMEA 表见表 5-11。

表 5-11　污水收集系统(真空厕所系统)FMEA 表

失效模式	失效原因	失效影响
真空度不能正常保持	FM1FC1 马桶排污阀损坏	影响整个生活污水系统运行
	FM1FC2 排污阀与真空管连接处漏气	
	FM1FC3 真空管路漏泄	
	FM1FC4 排污阀橡胶隔管污脏、漏气	
真空度不能建立	FM2FC5 人员操作失误	影响整个生活污水系统运行
	FM2FC6 循环泵故障	
	FM2FC7 真空抽射泵损坏	
	FM2FC8 真空管路发生较大的漏泄	
排污阀不能开启	FM3FC9 橡胶套漏气	影响整个生活污水系统运行，严重时导致系统故障
	FM3FC10 真空管路真空度不足	
排污阀不能关闭	FM4FC11 控制系统中的旁通阀关闭不严	影响整个生活污水系统运行，严重时导致系统故障
	FM4FC12 时序控制阀损坏	
	FM4FC13 排污阀弹簧关闭机构失效	

续表

失效模式	失效原因	失效影响
循环泵频繁启动或者连续运转	FM5FC14 压力传感器故障	影响整个生活污水系统运行
	FM5FC15 系统真空度不能正常保持或无法建立	
	FM5FC16 控制系统故障	
压力表或压力传感器管路脏堵	FM6FC17 真空度无法正常显示或正常传感	影响整个生活污水系统运行
	FM6FC18 循环泵的运转不正常	
	FM6FC15 系统真空度不能正常保持或无法建立	

(2) 变频恒压供水系统

高技术远洋客船采用直接供水、变频恒压供水的方式进行供水。由图 5-10 可知，变频恒压供水系统由水源、饮用水舱、动力源、热交换器、减压装置及变频控制模块组成。对变频恒压供水系统的失效模式及失效原因进行收集分析。

变频恒压供水系统的失效模式[121-125]共有 12 种，分别是造水机造水量减少、淡水含盐量过高、水泵不吸水、水泵噪声超标、水泵不能启动、水泵排液后中断、水泵轴承过热、水泵不排液、泵体流道腐蚀与冲刷、水泵转轴裂纹故障、水泵齿式联轴器故障及变频器停止输出。变频恒压供水系统 FMEA 表见表 5-12。其中，造水机造水量减少与淡水含盐量过高是海水淡化装置的失效模式；水泵不吸水、水泵噪声超标、水泵不能启动等 9 种失效模式是离心水泵的失效模式；变频器停止输出是变频器的失效模式。导致失效模式发生的失效原因有很多。

表 5-12　变频恒压供水系统 FMEA 表

失效模式	失效原因	失效影响
造水机造水量减少	FM7FC19 冷凝水泵出口的电磁阀关闭不严	无法达到船用水量的要求
	FM7FC20 进蒸发器的通道淤堵	
	FM7FC21 缸套水加热温度低	
	FM7FC10 真空度不足	
	FM7FC22 蒸发器换热面结垢严重	
淡水含盐量过高	FM8FC23 加热介质温度过高或真空度过高	影响整个供水系统运行，严重时导致系统停止运行
	FM8FC24 排盐水的流量不足	
	FM8FC25 冷凝器漏泄	
水泵不吸水	FM9FC26 吸入口处有杂物、堵塞	影响整个供水系统运行
	FM9FC27 管路密封性差	
	FM9FC28 轴封损坏	
水泵噪声超标	FM10FC29 泵壳内部有异物	影响整个供水系统运行
	FM10FC30 叶轮损坏	
	FM10FC31 焊接部位断裂	

续表

失效模式	失效原因	失效影响
水泵不能启动	FM11FC32 原动机损坏	影响整个供水系统运行
	FM11FC33 泵卡死	
	FM11FC34 排出阀未关	
水泵排液后中断	FM12FC26 吸入口处有杂物、堵塞	影响整个供水系统运行
	FM12FC35 液舱抽空	
	FM12FC36 吸入管路发生漏气	
水泵轴承过热	FM13FC37 润滑油变质	影响整个供水系统运行
	FM13FC38 轴承缺少润滑油	
水泵不排液	FM14FC39 吸入口供液不足	影响整个供水系统运行
	FM14FC40 滤网、吸入管堵塞	
	FM14FC41 泵的转向异常	
	FM14FC42 泵体补水不足	
泵体流道腐蚀与冲刷	FM15FC43 泵内流体压力高、流速快，造成冲刷损坏	影响整个供水系统运行
	FM15FC44 流体对流道的化学腐蚀造成损坏	
	FM15FC45 泵体流道结构设计不当	
	FM15FC46 选用材料低劣造成损坏	
水泵转轴裂纹故障	FM16FC47 应力集中	影响整个供水系统运行
	FM16FC48 恶劣的工作条件及环境	
水泵齿式联轴器故障	FM17FC49 对中量超过联轴器许用位移	影响整个供水系统运行
	FM17FC50 联轴器内零件润滑不当	
变频器停止输出	FM18FC51 电机堵转或负载过大	影响整个供水系统运行
	FM18FC52 水泵摩擦卡滞	
	FM18FC53 线路或接触点不良	
	FM18FC54 电源电压过低	
	FM18FC55 变频器的输出回路短路	

对于海水淡化装置部分而言，造成造水机造水量减少的主要原因有：冷凝水泵出口的电磁阀关闭不严；进蒸发器的通道淤堵；缸套水加热温度低；真空度不足；蒸发器换热面结垢严重。淡水含盐量过高的原因有加热介质温度过高或真空度过高、排盐水的流量不足及冷凝器漏泄等。对于离心水泵部分而言，离心泵有水泵不能吸水、水泵噪声超标、水泵不能启动、水泵排液后中断、水泵轴承过热等 9 种失效模式，其失效原因大体分为内部有异物、发生损坏或者磨损导致的泄漏等情况。例如，导致水泵不吸水的原因有吸入口处有杂物、堵塞，管路密封性差，以及轴封损坏。

(3)空调通风系统

由图 5-11 可知，空调通风系统由空气处理机组、空气输送管道、冷水机组以及空调末端装置等组成。对高技术远洋客船空调通风系统的失效模式及失效原因进行收集分析。

空调通风系统共有 18 种失效模式[126-131]，分别是 AHU 冷冻水阀卡住故障、AHU 送风阀卡住故障、AHU 表冷器失效故障、AHU 表冷器盘管内表面结垢故障、水泵性能下降故障、风机运行故障、AHU 送风机失效故障、冷却水流量不足、冷冻水流量不足、制冷剂充注量异常、润滑油过量、冷凝器结垢、不凝性气体、热交换器结垢、风机盘管表面结垢、传感器故障、控制器故障、风阀故障。其中，属于空气处理机组的失效模式有 AHU 冷冻水阀卡住故障、AHU 送风阀卡住故障、AHU 表冷器失效故障、AHU 表冷器盘管内表面结垢故障、水泵性能下降故障、风机运行故障及 AHU 送风机失效故障，共 7 种；属于冷水机组的失效模式有冷却水流量不足、冷冻水流量不足、制冷剂充注量异常、润滑油过量、冷凝器结垢及不凝性气体，共 6 种；属于 VAV 空调末端装置的失效模式有热交换器结垢、风机盘管表面结垢、传感器故障、控制器故障、风阀故障，共 5 种。空调通风系统 FMEA 表见表 5-13。

表 5-13　空调通风系统 FMEA 表

部件	失效模式	失效原因	失效影响
空气处理机组	AHU 冷冻水阀卡住故障	FM30FC83 阀体部分零件松动	导致空气处理机组工作不正常，影响空调系统
	AHU 送风阀卡住故障	FM31FC77 锈蚀作用	影响空调系统运行
	AHU 表冷器失效故障	FM32FC84 冷冻水阀位设为固定值	导致空气处理机组工作不正常，影响空调系统
		FM32FC85 使用过程中流经表冷器的介质水不干净且水压力大导致铜管磨损破裂	
	AHU 表冷器盘管内表面结垢故障	FM33FC86 使用过程中流经的介质水不干净	导致空气处理机组工作不正常，影响空调系统
	水泵性能下降故障	FM34FC87 叶轮磨损	导致空气处理机组工作不正常，影响空调系统
		FM34FC88 叶轮倾斜角改变	
	风机运行故障	FM35FC89 转子不对中故障	导致空气处理机组工作不正常，影响空调系统
		FM35FC90 基础或装配松动	
		FM35FC91 轴承故障	
		FM35FC92 转子与静止件之间的摩擦	导致空气处理机组工作不正常，影响空调系统
		FM35FC93 叶片故障	
	AHU 送风机失效故障	FM36FC94 风机电机故障	导致空气处理机组工作不正常，影响空调系统

续表

部件	失效模式	失效原因	失效影响
冷水机组	冷却水流量不足	FM19FC56 水泵选型过小	导致冷水机组制冷效果不好，影响机组制冷能力的发挥，严重时出现烧毁电机，影响空调系统运行
		FM19FC57 水泵运行出错	
		FM19FC58 管路阀门调节不当	
		FM19FC59 冷却水连接管路渗漏	
		FM19FC60 管路堵塞	
	冷冻水流量不足	FM20FC56 水泵选型过小	导致冷水机组制冷效果不好，影响机组制冷能力的发挥，影响空调系统运行
		FM20FC57 水泵运行出错	
		FM20FC60 管路堵塞	
		FM20FC59 冷冻水连接管路渗漏	
		FM20FC61 蒸发器结垢	
	制冷剂充注量异常	FM21FC62 产品出厂前制冷剂充注量不足	不仅导致冷水机组发生故障，还降低冷水机组效能，影响空调运行
		FM21FC63 阀门或焊接部分泄漏	
		FM21FC64 人为充注过量	
	润滑油过量	FM22FC65 润滑油充注维修中人员失误导致	导致摩擦面过热
	冷凝器结垢	FM23FC66 冷却水系统直接与外界空气接触，造成水系统污染	导致机组停机，影响空调系统运行
		FM23FC67 水中含有各种钙镁离子时易产生固态沉淀	
	不凝性气体	FM24FC68 制冷剂发生化学反应	导致机组制冷能力下降，严重时会烧毁电机，影响空调系统运行
		FM24FC69 润滑油分解产生不凝性气体	
		FM24FC70 检修时混入不凝性气体	
		FM24FC71 充注制冷剂过程时带入不凝性气体	
		FM24FC72 充注制冷剂前冷水机组排空不充分	
VAV 空调末端装置	热交换器结垢	FM25FC73 水与空气、灰尘等接触较多	导致系统末端工作不正常，影响空调系统
		FM25FC74 发生化学反应生成污垢	
		FM25FC75 工质或其组成部分在过冷的换热面上凝固而成的	
	风机盘管表面结垢	FM26FC76 发生化学反应生成污垢	导致系统末端工作不正常，影响空调系统
		FM26FC73 水与空气、灰尘等接触较多	
		FM26FC77 腐蚀作用	
	传感器故障	FM27FC78 流量传感器读数固定在最小值	导致系统末端工作不正常，影响空调系统
		FM27FC79 流量传感器读数固定在最大值	
	控制器故障	FM28FC80 最小风量设定值太大	导致系统末端工作不正常，影响空调系统
		FM28FC81 空调区域空气温度设定值太小	
	风阀故障	FM29FC82 阀门位置设定在固定值	影响空调系统运行

(4)照明系统

对高技术远洋客船照明系统的失效模式及失效原因进行收集分析。照明系统的失效模式有 3 种，分别是短路故障、接地故障及断路故障。当线路受潮或是绝缘受损时常常发生短路故障；当电缆线老化破损碰地或是线路经常受海水和盐雾的侵袭时，则会发生接地故障；当发生接线桩头处松脱或线路机械损伤则会导致断路故障发生。照明系统 FMEA 表见表 5-14。

表 5-14　照明系统 FMEA 表

失效模式	失效原因	失效影响
短路故障	FM37FC95 线路受潮	导致照明系统失效，影响生活功能正常运行
	FM37FC96 绝缘受损	
接地故障	FM38FC97 电缆线老化破损碰地	导致照明系统失效，影响生活功能正常运行
	FM38FC98 线路经常受海水和盐雾的侵袭	
断路故障	FM39FC99 接线桩头处松脱	导致照明系统失效，影响生活功能正常运行
	FM39FC100 线路机械损伤	

(5)消防系统

消防系统由自动报警系统、二氧化碳灭火系统、细水雾灭火系统及防排烟控制系统等组成。将消防系统分为火灾报警系统、防排烟控制系统、二氧化碳灭火系统、细水雾灭火系统及水密门系统 5 个子系统，对各子系统的失效模式及失效原因进行收集分析。

消防系统共有 39 种失效模式，其中火灾报警系统有 7 种失效模式[132]，分别是通信故障、探测器故障、线路故障、手动报警按钮损坏、探测器接触不良、误报警及画图故障。防排烟控制系统共有 7 种失效模式，分别是电动防火阀无法关闭、排烟风机启动失效、正压送风机启动失效、送风口无法打开、空调系统无法关闭、排烟风机无法停动及自动报警系统电源故障。二氧化碳灭火系统共有 4 种失效模式，分别是二氧化碳灭火系统误启动、着火区域未喷水/二氧化碳、控制器电源系统故障及无法联动控制关闭相关设备。细水雾灭火系统共有 14 种失效模式[133-136]，分别是淡水舱内水流为零或偏少、关键摩擦副的磨损、高压泵出口压力表损坏、弹簧腐蚀疲劳断裂、管路破裂、橡胶管破裂、主隔离阀工作不正常、线路断路故障、控制线路短路、本地控制箱与货控室的通信不正常、各分区声光报警器和电磁阀不正常、喷头未喷水、自动报警系统电源故障及喷嘴喷水偏少。水密门系统有 7 种失效模式[137,138]，分别是无法手动打开水密门、开关门抖动、液压泵排油故障、液压泵压力故障、液压泵噪声或振动异常、液压泵发热故障及液压泵漏油。消防系统 FMEA 表见表 5-15。

表 5-15　消防系统 FMEA 表

系统	失效模式	失效原因	失效影响
火灾报警系统	通信故障	FM40FC101 线路绝缘不好	火警报警系统运行不正常，影响消防系统正常运行
		FM40FC102 线路故障	
	探测器故障	FM41FC103（夏季）被阳光直射，温度达到报警温度	火警报警系统运行不正常，影响消防系统运行
		FM41FC104 接线模块出现故障	
		FM41FC105 探测器内部积灰过多	
	线路故障	FM42FC106 探测器底座接线出现松动、虚接或脱落	火警报警系统运行不正常，影响消防系统正常运行
		FM42FC107 探测器线路板表面蜡融化	
		FM42FC108 信号电缆损坏或断开	
	手动报警按钮损坏	FM43FC109 手动报警按钮出现老化	火警报警系统运行不正常
	探测器接触不良	FM44FC110 底座老化	火警报警系统运行不正常
	误报警	FM45FC111 热空气相遇产生凝水，探测器凝水	火警报警系统运行不正常，影响消防系统正常运行
		FM45FC112 防火门接近开关损坏	
		FM45FC113 探测器布置不合理	
	画图故障	FM46FC106 探测器底座或其他智能模块接线出现松动或触点	火警报警系统运行不正常，影响消防系统正常运行
		FM46FC107 接线端子氧化	
防排烟控制系统	电动防火阀无法关闭	FM47FC108 电动防火阀故障	防排烟控制系统运行不正常，影响消防系统正常运行
		FM47FC109 输入、输出模块故障	
	排烟风机启动失效	FM48FC114 火排烟风机控制箱故障	防排烟控制系统运行不正常，影响消防系统正常运行
		FM48FC115 双输入、双输出模块故障	
		FM48FC116 排烟阀没有打开	
	正压送风机启动失效	FM49FC115 双输入、双输出模块故障	防排烟控制系统运行不正常，影响消防系统正常运行
		FM49FC116 正压送风机控制箱故障	
	送风口无法打开	FM50FC109 输入、输出模块故障	防排烟控制系统运行不正常，影响消防系统正常运行
		FM50FC117 正压送风口故障	
	空调系统无法关闭	FM51FC109 输入、输出模块故障	防排烟控制系统运行不正常，影响消防系统正常运行
		FM51FC118 切换模块故障	
		FM51FC119 空调系统控制箱故障	
	排烟风机无法停动	FM52FC120 输入模块故障	防排烟控制系统运行不正常，影响消防系统正常运行
		FM52FC115 双输入、双输出模块故障	
		FM52FC121 防火阀故障	

续表

系统	失效模式	失效原因	失效影响
防排烟控制系统	自动报警系统电源故障	FM53FC122 自动报警控制器停电且无备用电池	防排烟控制系统运行不正常，影响消防系统正常运行
		FM53FC123 自动报警控制器主机断路器发生短路	
二氧化碳灭火系统	二氧化碳灭火系统误启动	FM54FC124 火灾探测器误报警	二氧化碳灭火系统运行不正常，影响消防系统正常运行
	着火区域未喷水/二氧化碳	FM55FC125 启动瓶驱动器故障	二氧化碳灭火系统运行不正常，影响消防系统正常运行
		FM55FC126 启动瓶的压力不足无法打开二氧化碳钢瓶	
		FM55FC127 压力开关故障无法检测二氧化碳气体钢瓶开启	
		FM55FC128 电磁选择阀故障	
	控制器电源系统故障	FM56FC129 自动报警控制器电源系统故障	二氧化碳灭火系统运行不正常，影响消防系统正常运行
		FM56FC130 气体灭火控制器电源系统故障	
	无法联动控制关闭相关设备	FM57FC118 切换模块故障	二氧化碳灭火系统运行不正常，影响消防系统正常运行
		FM57FC119 空调系统控制箱故障	
		FM57FC131 电动防火门控制箱故障	
		FM57FC120 输入、输出模块故障	
		FM57FC108 电动防火阀故障	二氧化碳灭火系统运行不正常，影响消防系统正常运行
细水雾灭火系统	淡水舱内水流为零或偏少	FM58FC132 淡水给水泵运行不正常	细水雾灭火系统运行不正常，影响消防系统正常运行
		FM58FC133 滤器堵塞	
		FM58FC134 淡水给水阀未打开	
	关键摩擦副的磨损	FM59FC135 水箱中的污染颗粒直接通过泵入口进入系统	细水雾灭火系统运行不正常，影响消防系统正常运行
		FM59FC136 管路、焊缝处因锈蚀而产生的污染物	
		FM59FC137 水压元件或辅件清洗不干净而携带的污染物	
	高压泵出口压力表损坏	FM60FC138 高压泵内水中含有空气	细水雾灭火系统运行不正常，影响消防系统正常运行
	弹簧腐蚀疲劳断裂	FM61FC77 腐蚀作用	细水雾灭火系统运行不正常，影响消防系统正常运行
	管路破裂	FM62FC77 因水的锈蚀作用	细水雾灭火系统运行不正常，影响消防系统正常运行
		FM62FC78 焊接处出现虚焊	
	橡胶管破裂	FM63FC139 橡胶老化	影响消防系统正常运行

续表

系统	失效模式	失效原因	失效影响
细水雾灭火系统	主隔离阀工作不正常	FM64FC140 限位开关触点接反	细水雾灭火系统运行不正常，影响消防系统正常运行
		FM64FC141 限位开关烧坏故障	
		FM64FC142 主隔离阀不到位	
	线路断路故障	FM65FC143 振动或接线不牢	影响消防系统正常运行
	控制线路短路	FM66FC144 使用不当	细水雾灭火系统运行不正常，影响消防系统正常运行
		FM66FC145 环境潮湿	
	本地控制箱与货控室的通信不正常	FM67FC146 电工接线错误	细水雾灭火系统运行不正常，影响消防系统正常运行
	各分区声光报警器和电磁阀不正常	FM68FC146 电工接线错误	细水雾灭火系统运行不正常，影响消防系统正常运行
		FM68FC147 管路里面存有少量的铁屑等杂质	
		FM68FC148 启动前未打开释放开关	
	喷头未喷水	FM69FC149 喷头未开启	细水雾灭火系统运行不正常，影响消防系统正常运行
		FM69FC150 管网无水	
	自动报警系统电源故障	FM70FC122 自动报警控制器停电且无备用电池	细水雾灭火系统运行不正常，影响消防系统正常运行
		FM70FC123 自动报警控制器主机断路器发生短路	
	喷嘴喷水偏少	FM71FC151 喷头堵塞	细水雾灭火系统运行不正常，影响消防系统正常运行
		FM71FC152 高压水压力低	
水密门系统	无法手动打开水密门	FM72FC153 液压系统管路阀门不通畅	导致水密门系统故障，影响消防系统正常运行
		FM72FC154 手摇泵故障	
		FM72FC155 液压系统管路存在泄漏	
		FM72FC156 油缸活塞卡阻，无法动作	
	开关门抖动	FM73FC157 管路或油缸中空气未排干净，导致压力波动	导致水密门系统故障，影响消防系统正常运行
		FM73FC158 吸入管路密封差	
		FM73FC159 门启闭机械系统设计不合理	
		FM73FC160 旋转或移动部件安装间隙过大	
		FM73FC161 液压系统及启闭油缸出现故障	
		FM73FC162 结构及工艺缺陷	
		FM73FC163 液压驱动系统速度过快	
	液压泵排油故障	FM74FC164 设计、安装不合要求	导致水密门系统故障，影响消防系统正常运行
		FM74FC165 元器件质量性能不好	
		FM74FC166 设备运输、安装中引起的损坏	

续表

系统	失效模式	失效原因	失效影响
水密门系统	液压泵压力故障	FM75FC167 压力表没有打开或压力表有故障	导致水密门系统故障，影响消防系统运行
		FM75FC168 液压油温度过高	
		FM75FC169 安全阀设定值太低或阀芯卡死在开口溢流的位置	
	液压泵噪声或振动异常	FM76FC170 液压泵内部有空气或油箱内液面低导致泵吸入空气	导致水密门系统故障，影响消防系统正常运行
		FM76FC171 油液中杂质较多，污染严重	
		FM76FC172 液压泵吸油管路直径太小、管路弯曲和死角太多或油滤堵塞导致吸油不足	
	液压泵发热故障	FM77FC173 液压泵各零部件安装间隙过小，导致摩擦严重而发热	导致水密门系统故障，影响消防系统正常运行
		FM77FC174 回油未经油箱冷却就被液压泵吸入	
		FM77FC175 油液中混入空气或水分	
		FM77FC176 油液受到污染而严重变质	
	液压泵漏油	FM78FC177 油液温度太高	导致水密门系统故障，影响消防系统运行
		FM78FC178 管路连接部分密封件密封不良	
		FM78FC179 液压泵进出油口连接松动	

5.3.3 失效模式和效果分析

采用 AHP-FMEA 方法对高技术远洋客船的生活功能航行试验过程进行风险评估。在进行风险评估前要对各失效原因导致的失效模式的风险指标进行处理，即利用归一化处理及 AHP。首先进行归一化处理，生成风险指标组成量化矩阵，对风险指标进行归一化得到归一化矩阵，即得到每一风险原因导致的失效模式的风险指标相对值。后利用 AHP，将每一失效模式的风险指标值进行相对重要度比较，从而得到相对重要度评价指标矩阵，对其进行运算处理得到各风险指标的权重值。将对应风险指标的权重与相对值相乘，再相加得到 RPN 风险优先值，从而衡量各失效模式的风险程度，对其进行分析。

在高技术远洋客船生活功能试航过程中可能会发生设备故障，故列举了 78 个失效模式和 179 个失效原因。利用归一化处理及 AHP 对风险评价指标值进行处理，得到各失效原因导致的失效模式。各失效原因的 RPN 值见表 5-16。平均风险优先值 RPN 为 0.012 82，当超过平均风险优先值，则将该失效模式视为关键失效模式。其中关键失效模式有 38 个，分别是真空度不能正常保持、真空度不能建立、排污阀不能关闭、循环泵频繁启动或者连续运转、压力表或压力传感器管路脏堵、造水机造水量减少、淡水含盐量过高、水泵不吸水、水泵噪声超标、水泵不能启动、水泵排液后中断、水泵不排液、泵体流道腐蚀与冲刷、变频器停止输出、冷却水流量不足、冷冻水流量不足、制冷剂充注量异常、不凝性气体、热交换器结垢、风机运行故障、探测器故障、误报警、排烟风机启动失效、空调系统无法关闭、排烟风机无法停动、着火区域未喷水/二氧化碳、无法联动控制关闭相关设备、淡水舱内水流为零或偏少、关键摩擦副的磨损、主隔离阀工作不正常、各分区声光报警器和电磁阀不正常、无法手动打开水密门、开关门抖动、液压泵排油故障、液压泵压力故障、液压泵噪声或振动异常、液压泵发热故障与液压泵漏油。

表 5-16　各失效原因的 RPN 值

失效原因	S 相对值	O 相对值	D 相对值	S 权重	O 权重	D 权重	RPN 值
FM1FC1	0.004 057	0.003 472	0.004 546	0.428 6	0.142 8	0.428 6	0.004 183
FM1FC2	0.004 057	0.005 208	0.003 409	0.500 0	0.250 0	0.250 0	0.004 183
FM1FC3	0.004 057	0.003 472	0.003 409	0.539 0	0.163 8	0.297 2	0.003 769
FM1FC4	0.004 057	0.005 208	0.004 546	0.400 0	0.200 0	0.400 0	0.004 483
FM2FC5	0.005 071	0.006 944	0.004 546	0.500 0	0.250 0	0.250 0	0.005 408
FM2FC6	0.005 071	0.003 472	0.005 682	0.444 4	0.111 2	0.444 4	0.005 165
FM2FC7	0.005 071	0.003 472	0.006 818	0.333 9	0.098 2	0.567 9	0.005 906
FM2FC8	0.005 071	0.005 208	0.004 546	0.539 0	0.163 8	0.297 2	0.004 937
FM3FC9	0.004 057	0.005 208	0.004 546	0.400 0	0.200 0	0.400 0	0.004 483
FM3FC10	0.004 057	0.005 208	0.003 409	0.500 0	0.250 0	0.250 0	0.004 183
FM4FC11	0.004 057	0.006 944	0.003 409	0.400 0	0.400 0	0.200 0	0.005 082
FM4FC12	0.004 057	0.003 472	0.004 546	0.442 9	0.169 8	0.387 3	0.004 147
FM4FC13	0.004 057	0.003 472	0.005 682	0.320 3	0.122 6	0.557 1	0.004 891
FM5FC14	0.005 071	0.005 208	0.003 409	0.600 0	0.200 0	0.200 0	0.004 766
FM5FC15	0.005 071	0.005 208	0.004 546	0.539 0	0.163 8	0.297 2	0.004 937
FM5FC16	0.005 071	0.005 208	0.005 682	0.428 6	0.142 8	0.428 6	0.005 352
FM6FC17	0.005 071	0.003 472	0.004 546	0.539 0	0.163 8	0.297 2	0.004 653
FM6FC18	0.005 071	0.006 944	0.004 546	0.500 0	0.250 0	0.250 0	0.005 408
FM6FC15	0.005 071	0.003 472	0.004 546	0.442 9	0.169 8	0.387 3	0.004 596
FM7FC19	0.004 057	0.005 208	0.003 409	0.500 0	0.250 0	0.250 0	0.004 183
FM7FC20	0.004 057	0.005 208	0.002 273	0.411 1	0.327 8	0.261 1	0.003 969
FM7FC21	0.004 057	0.003 472	0.002 273	0.548 5	0.210 6	0.240 9	0.003 504
FM7FC10	0.004 057	0.006 944	0.004 546	0.333 3	0.333 4	0.333 3	0.005 183

续表

失效原因	S 相对值	O 相对值	D 相对值	S 权重	O 权重	D 权重	RPN 值
FM7FC22	0.004 057	0.005 208	0.003 409	0.500 0	0.250 0	0.250 0	0.004 183
FM8FC23	0.005 071	0.005 208	0.002 273	0.548 5	0.240 9	0.210 6	0.004 515
FM8FC24	0.005 071	0.003 472	0.002 273	0.600 0	0.200 0	0.200 0	0.004 192
FM8FC25	0.005 071	0.003 472	0.004 546	0.537 4	0.194 6	0.268 0	0.004 619
FM9FC26	0.006 085	0.005 208	0.004 546	0.539 0	0.163 8	0.297 2	0.005 484
FM9FC27	0.006 085	0.003 472	0.005 682	0.567 9	0.098 2	0.333 9	0.005 694
FM9FC28	0.006 085	0.005 208	0.005 682	0.539 0	0.163 8	0.297 2	0.005 822
FM10FC29	0.004 057	0.006 944	0.003 409	0.333 3	0.333 4	0.333 3	0.004 804
FM10FC30	0.004 057	0.003 472	0.004 546	0.442 9	0.169 8	0.387 3	0.004 147
FM10FC31	0.004 057	0.005 208	0.004 546	0.400 0	0.200 0	0.400 0	0.004 483
FM11FC32	0.006 085	0.003 472	0.006 818	0.454 5	0.091 0	0.454 5	0.006 181
FM11FC33	0.006 085	0.003 472	0.006 818	0.454 5	0.091 0	0.454 5	0.006 180
FM11FC34	0.006 085	0.006 944	0.005 682	0.400 0	0.200 0	0.400 0	0.006 096
FM12FC26	0.005 071	0.006 944	0.004 546	0.500 0	0.250 0	0.250 0	0.005 408
FM12FC35	0.005 071	0.005 208	0.003 409	0.500 0	0.250 0	0.250 0	0.004 690
FM12FC36	0.005 071	0.003 472	0.004 546	0.537 4	0.194 6	0.268 0	0.004 619
FM13FC37	0.004 057	0.006 944	0.003 409	0.400 0	0.400 0	0.200 0	0.005 082
FM13FC38	0.004 057	0.005 208	0.004 546	0.400 0	0.200 0	0.400 0	0.004 483
FM14FC39	0.005 071	0.005 208	0.005 682	0.428 6	0.142 8	0.428 6	0.005 352
FM14FC40	0.005 071	0.003 472	0.004 546	0.537 4	0.194 6	0.268 0	0.004 619
FM14FC41	0.005 071	0.003 472	0.006 818	0.333 9	0.098 2	0.567 9	0.005 906
FM14FC42	0.005 071	0.005 208	0.004 546	0.539 0	0.163 8	0.297 2	0.004 937
FM15FC43	0.004 057	0.003 472	0.004 546	0.442 9	0.169 8	0.387 3	0.004 147
FM15FC44	0.004 057	0.006 944	0.003 409	0.333 3	0.333 4	0.333 3	0.004 804
FM15FC45	0.004 057	0.003 472	0.007 955	0.221 3	0.093 4	0.685 3	0.006 673
FM15FC46	0.004 057	0.003 472	0.006 818	0.231 1	0.103 8	0.665 1	0.005 833
FM16FC47	0.004 057	0.006 944	0.005 682	0.250 0	0.250 0	0.500 0	0.005 591
FM16FC48	0.004 057	0.003 472	0.004 546	0.442 9	0.169 8	0.387 3	0.004 147
FM17FC49	0.003 042	0.005 208	0.006 818	0.200 0	0.200 0	0.600 0	0.005 741
FM17FC50	0.004 057	0.006 944	0.005 682	0.250 0	0.250 0	0.500 0	0.005 591
FM18FC51	0.005 071	0.003 472	0.003 409	0.500 0	0.250 0	0.250 0	0.004 256
FM18FC52	0.005 071	0.003 472	0.005 682	0.444 4	0.111 2	0.444 4	0.005 165
FM18FC53	0.005 071	0.005 208	0.003 409	0.500 0	0.250 0	0.250 0	0.004 690
FM18FC54	0.005 071	0.005 208	0.003 409	0.500 0	0.250 0	0.250 0	0.004 690
FM18FC55	0.005 071	0.006 944	0.004 546	0.500 0	0.250 0	0.250 0	0.005 408

续表

失效原因	S 相对值	O 相对值	D 相对值	S 权重	O 权重	D 权重	RPN 值
FM19FC56	0.004 057	0.003 472	0.006 818	0.231 1	0.103 8	0.665 1	0.005 833
FM19FC57	0.004 057	0.005 208	0.005 682	0.297 2	0.163 8	0.539 0	0.005 121
FM19FC58	0.004 057	0.005 208	0.004 546	0.400 0	0.200 0	0.400 0	0.004 483
FM19FC59	0.004 057	0.003 472	0.004 546	0.442 9	0.169 8	0.387 3	0.004 147
FM19FC60	0.004 057	0.005 208	0.004 546	0.400 0	0.200 0	0.400 0	0.004 483
FM20FC56	0.004 057	0.003 472	0.006 818	0.231 1	0.103 8	0.665 1	0.005 833
FM20FC57	0.004 057	0.005 208	0.005 682	0.297 2	0.163 8	0.539 0	0.005 121
FM20FC60	0.004 057	0.005 208	0.004 546	0.400 0	0.200 0	0.400 0	0.004 483
FM20FC59	0.004 057	0.003 472	0.004 546	0.442 9	0.169 8	0.387 3	0.004 147
FM20FC61	0.004 057	0.005 208	0.003 409	0.500 0	0.250 0	0.250 0	0.004 183
FM21FC62	0.005 071	0.003 472	0.005 682	0.444 4	0.111 2	0.444 4	0.005 165
FM21FC63	0.005 071	0.005 208	0.004 546	0.539 0	0.163 8	0.297 2	0.004 937
FM21FC64	0.005 071	0.006 944	0.006 818	0.241 0	0.210 6	0.548 4	0.006 424
FM22FC65	0.003 042	0.006 944	0.005 682	0.163 8	0.297 2	0.539 0	0.005 625
FM23FC66	0.005 071	0.006 944	0.005 682	0.400 0	0.200 0	0.400 0	0.005 690
FM23FC67	0.005 071	0.006 944	0.003 409	0.539 0	0.297 2	0.163 8	0.005 356
FM24FC68	0.006 085	0.005 208	0.004 546	0.539 0	0.163 8	0.297 2	0.005 484
FM24FC69	0.006 085	0.003 472	0.005 682	0.567 9	0.098 2	0.333 9	0.005 694
FM24FC70	0.006 085	0.005 208	0.005 682	0.539 0	0.163 8	0.297 2	0.005 822
FM24FC71	0.006 085	0.003 472	0.005 682	0.567 9	0.098 1	0.333 9	0.005 693
FM24FC72	0.006 085	0.005 208	0.005 682	0.524 7	0.141 6	0.333 8	0.005 827
FM25FC73	0.005 071	0.005 208	0.004 546	0.539 0	0.163 8	0.297 2	0.004 937
FM25FC74	0.005 071	0.003 472	0.004 546	0.500 0	0.250 0	0.250 0	0.004 540
FM25FC75	0.005 071	0.005 208	0.003 409	0.500 0	0.250 0	0.250 0	0.004 690
FM25FC76	0.006 085	0.003 472	0.004 546	0.581 2	0.109 6	0.309 2	0.005 323
FM26FC73	0.006 085	0.005 208	0.004 546	0.539 0	0.163 8	0.297 2	0.005 484
FM26FC77	0.006 085	0.003 472	0.004 546	0.581 2	0.109 6	0.309 2	0.005 323
FM27FC78	0.005 071	0.006 944	0.003 409	0.539 0	0.297 2	0.163 8	0.005 356
FM27FC79	0.005 071	0.006 944	0.003 409	0.539 0	0.297 2	0.163 8	0.005 356
FM28FC80	0.005 071	0.006 944	0.003 409	0.539 0	0.297 2	0.163 8	0.005 356
FM28FC81	0.005 071	0.006 944	0.003 409	0.539 0	0.297 2	0.163 8	0.005 356
FM29FC82	0.004 057	0.006 944	0.003 409	0.400 0	0.400 0	0.200 0	0.005 082
FM30FC83	0.005 071	0.005 208	0.004 546	0.539 0	0.163 8	0.297 2	0.004 937
FM31FC77	0.005 071	0.005 208	0.004 546	0.539 0	0.163 8	0.297 2	0.004 937
FM32FC84	0.005 071	0.006 944	0.003 409	0.539 0	0.297 2	0.163 8	0.005 356

续表

失效原因	S 相对值	O 相对值	D 相对值	S 权重	O 权重	D 权重	RPN 值
FM32FC85	0.005 071	0.003 472	0.005 682	0.444 4	0.111 2	0.444 4	0.005 165
FM33FC86	0.005 071	0.006 944	0.003 409	0.539 0	0.297 2	0.163 8	0.005 356
FM34FC87	0.004 057	0.003 472	0.005 682	0.333 8	0.141 5	0.524 7	0.004 827
FM34FC88	0.004 056	0.006 944	0.005 682	0.250 0	0.250 0	0.500 0	0.005 591
FM35FC89	0.006 085	0.005 208	0.005 682	0.524 7	0.141 5	0.333 8	0.005 826
FM35FC90	0.006 085	0.003 472	0.004 546	0.581 2	0.109 6	0.309 2	0.005 323
FM35FC91	0.006 085	0.003 472	0.005 682	0.567 9	0.098 2	0.333 9	0.005 694
FM35FC92	0.006 085	0.005 208	0.006 818	0.428 6	0.142 8	0.428 6	0.006 274
FM35FC93	0.006 085	0.003 472	0.004 546	0.581 2	0.109 6	0.309 2	0.005 323
FM36FC94	0.005 071	0.003 472	0.005 682	0.444 4	0.111 2	0.444 4	0.005 165
FM37FC95	0.004 057	0.005 208	0.005 682	0.297 2	0.163 8	0.539 0	0.005 121
FM37FC96	0.004 057	0.003 472	0.005 682	0.333 8	0.141 5	0.524 7	0.004 827
FM38FC97	0.004 057	0.003 472	0.004 546	0.428 6	0.142 8	0.428 6	0.004 183
FM38FC98	0.004 057	0.005 208	0.003 409	0.500 0	0.250 0	0.250 0	0.004 183
FM39FC99	0.004 057	0.005 208	0.004 546	0.400 0	0.200 0	0.400 0	0.004 483
FM39FC100	0.004 057	0.003 472	0.005 682	0.333 8	0.141 5	0.524 7	0.004 827
FM40FC101	0.006 085	0.005 208	0.004 546	0.539 0	0.163 8	0.297 2	0.005 484
FM40FC102	0.006 085	0.003 472	0.004 546	0.581 2	0.109 6	0.309 2	0.005 323
FM41FC103	0.006 085	0.005 208	0.002 273	0.647 9	0.229 9	0.122 2	0.005 418
FM41FC104	0.006 085	0.005 208	0.005 682	0.539 0	0.163 8	0.297 2	0.005 822
FM41FC105	0.006 085	0.003 472	0.004 546	0.581 2	0.109 6	0.309 2	0.005 323
FM42FC106	0.004 057	0.003 472	0.004 546	0.428 6	0.142 8	0.428 6	0.004 183
FM42FC107	0.004 057	0.003 472	0.003 409	0.539 0	0.163 8	0.297 2	0.003 769
FM42FC108	0.004 057	0.003 472	0.004 546	0.428 6	0.142 8	0.428 6	0.004 183
FM43FC109	0.006 085	0.003 472	0.003 409	0.647 9	0.122 2	0.229 9	0.005 151
FM44FC110	0.005 071	0.003 472	0.003 409	0.500 0	0.250 0	0.250 0	0.004 256
FM45FC111	0.005 071	0.006 944	0.002 273	0.524 7	0.333 8	0.141 5	0.005 300
FM45FC112	0.005 071	0.003 472	0.004 546	0.500 0	0.250 0	0.250 0	0.004 540
FM45FC113	0.005 071	0.005 208	0.005 682	0.400 0	0.200 0	0.400 0	0.005 343
FM46FC106	0.005 071	0.003 472	0.004 546	0.500 0	0.250 0	0.250 0	0.004 540
FM46FC107	0.005 071	0.005 208	0.004 546	0.539 0	0.163 8	0.297 2	0.004 937
FM47FC108	0.005 071	0.003 472	0.005 682	0.444 4	0.111 2	0.444 4	0.005 165
FM47FC109	0.005 071	0.003 472	0.005 682	0.444 4	0.111 2	0.444 4	0.005 165
FM48FC114	0.004 057	0.005 208	0.005 682	0.297 2	0.163 8	0.539 0	0.005 121
FM48FC115	0.004 057	0.003 472	0.006 818	0.309 2	0.109 5	0.581 3	0.005 598

续表

失效原因	S 相对值	O 相对值	D 相对值	S 权重	O 权重	D 权重	RPN 值
FM48FC116	0.004 057	0.006 944	0.003 409	0.400 0	0.400 0	0.200 0	0.005 082
FM49FC115	0.004 057	0.003 472	0.006 818	0.309 2	0.109 5	0.581 3	0.005 598
FM49FC116	0.004 057	0.003 472	0.005 682	0.333 8	0.141 5	0.524 7	0.004 827
FM50FC109	0.005 071	0.003 472	0.005 682	0.444 4	0.111 2	0.444 4	0.005 165
FM50FC117	0.005 071	0.005 208	0.004 546	0.539 0	0.163 8	0.297 2	0.004 937
FM51FC109	0.005 071	0.003 472	0.005 682	0.444 4	0.111 2	0.444 4	0.005 165
FM51FC118	0.005 071	0.005 208	0.006 818	0.320 3	0.122 6	0.557 1	0.006 061
FM51FC119	0.005 071	0.005 208	0.006 818	0.320 3	0.122 6	0.557 1	0.006 061
FM52FC120	0.005 071	0.003 472	0.005 682	0.444 4	0.111 2	0.444 4	0.005 165
FM52FC115	0.005 071	0.003 472	0.006 818	0.333 9	0.098 2	0.567 9	0.005 906
FM52FC121	0.005 071	0.005 208	0.005 682	0.400 0	0.200 0	0.400 0	0.005 343
FM53FC122	0.006 085	0.003 472	0.004 546	0.581 2	0.109 6	0.309 2	0.005 323
FM53FC123	0.006 085	0.003 472	0.004 546	0.581 2	0.109 6	0.309 2	0.005 323
FM54FC124	0.004 056	0.006 944	0.003 409	0.400 0	0.400 0	0.200 0	0.005 082
FM55FC125	0.006 085	0.005 208	0.004 546	0.539 0	0.163 8	0.297 2	0.005 484
FM55FC126	0.006 085	0.006 944	0.005 682	0.539 0	0.163 8	0.297 2	0.006 106
FM55FC127	0.006 085	0.005 208	0.004 546	0.539 0	0.163 8	0.297 2	0.005 484
FM55FC128	0.006 085	0.003 472	0.005 682	0.567 9	0.098 2	0.333 9	0.005 694
FM56FC129	0.005 071	0.003 472	0.005 682	0.444 4	0.111 2	0.444 4	0.005 165
FM56FC130	0.005 071	0.003 472	0.005 682	0.444 4	0.111 2	0.444 4	0.005 165
FM57FC118	0.006 085	0.005 208	0.006 818	0.428 6	0.142 8	0.428 6	0.006 274
FM57FC119	0.006 085	0.005 208	0.006 818	0.428 6	0.142 8	0.428 6	0.006 274
FM57FC131	0.006 085	0.005 208	0.005 682	0.539 0	0.163 8	0.297 2	0.005 822
FM57FC120	0.006 085	0.005 208	0.005 682	0.539 0	0.163 8	0.297 2	0.005 822
FM57FC108	0.006 085	0.005 208	0.005 682	0.539 0	0.163 8	0.297 2	0.005 822
FM58FC132	0.005 071	0.003 472	0.005 682	0.444 4	0.111 2	0.444 4	0.005 165
FM58FC133	0.005 071	0.005 208	0.004 546	0.539 0	0.163 8	0.297 2	0.004 937
FM58FC134	0.005 071	0.006 944	0.003 409	0.539 0	0.297 2	0.163 8	0.005 356
FM59FC135	0.004 057	0.006 944	0.004 546	0.333 3	0.333 4	0.333 3	0.005 183
FM59FC136	0.004 057	0.003 472	0.004 546	0.428 6	0.142 8	0.428 6	0.004 183
FM59FC137	0.004 057	0.006 944	0.003 409	0.400 0	0.400 0	0.200 0	0.005 082
FM60FC138	0.005 071	0.005 208	0.004 546	0.539 0	0.163 8	0.297 2	0.004 937
FM61FC77	0.004 057	0.003 472	0.004 546	0.428 6	0.142 8	0.428 6	0.004 183
FM62FC77	0.004 057	0.003 472	0.005 682	0.333 8	0.141 5	0.524 7	0.004 827
FM62FC78	0.004 057	0.003 472	0.005 682	0.333 8	0.141 5	0.524 7	0.004 826

续表

失效原因	S 相对值	O 相对值	D 相对值	S 权重	O 权重	D 权重	RPN 值
FM63FC139	0.003 042	0.003 472	0.003 409	0.400 0	0.200 0	0.400 0	0.003 275
FM64FC140	0.004 057	0.005 208	0.005 682	0.297 2	0.163 8	0.539 0	0.005 121
FM64FC141	0.004 057	0.003 472	0.005 682	0.333 8	0.141 5	0.524 7	0.004 827
FM64FC142	0.004 057	0.005 208	0.003 409	0.500 0	0.250 0	0.250 0	0.004 183
FM65FC143	0.004 057	0.005 208	0.004 546	0.400 0	0.200 0	0.400 0	0.004 483
FM66FC144	0.004 056	0.003 472	0.004 546	0.428 6	0.142 8	0.428 6	0.004 182
FM66FC145	0.004 056	0.005 208	0.003 409	0.500 0	0.250 0	0.250 0	0.004 182
FM67FC146	0.005 071	0.005 208	0.006 818	0.320 3	0.122 6	0.557 1	0.006 061
FM68FC146	0.004 057	0.005 208	0.006 818	0.239 5	0.137 3	0.623 2	0.005 936
FM68FC147	0.004 057	0.006 944	0.005 682	0.250 0	0.250 0	0.500 0	0.005 591
FM68FC148	0.004 057	0.006 944	0.003 409	0.400 0	0.400 0	0.200 0	0.005 082
FM69FC149	0.005 071	0.003 472	0.002 273	0.600 0	0.200 0	0.200 0	0.004 192
FM69FC150	0.005 071	0.006 944	0.002 273	0.524 7	0.333 8	0.141 5	0.005 300
FM70FC122	0.005 071	0.003 472	0.004 546	0.500 0	0.250 0	0.250 0	0.004 540
FM70FC123	0.005 071	0.003 472	0.004 546	0.500 0	0.250 0	0.250 0	0.004 540
FM71FC151	0.003 043	0.005 208	0.004 546	0.250 0	0.250 0	0.500 0	0.004 336
FM71FC152	0.003 043	0.006 944	0.005 682	0.163 8	0.297 2	0.539 0	0.005 625
FM72FC153	0.006 085	0.005 208	0.004 546	0.539 0	0.163 8	0.297 2	0.005 484
FM72FC154	0.006 085	0.003 472	0.005 682	0.567 9	0.098 2	0.333 9	0.005 694
FM72FC155	0.006 085	0.003 472	0.004 546	0.581 2	0.109 6	0.309 2	0.005 323
FM72FC156	0.006 085	0.005 208	0.005 682	0.524 7	0.141 5	0.333 8	0.005 826
FM73FC157	0.005 072	0.006 944	0.004 546	0.500 0	0.250 0	0.250 0	0.005 409
FM73FC158	0.005 071	0.003 472	0.005 682	0.444 4	0.111 2	0.444 4	0.005 165
FM73FC159	0.005 071	0.003 472	0.006 818	0.333 9	0.098 2	0.567 9	0.005 906
FM73FC160	0.005 071	0.003 472	0.005 682	0.444 4	0.111 2	0.444 4	0.005 165
FM73FC161	0.005 071	0.005 208	0.006 818	0.320 3	0.122 6	0.557 1	0.006 061
FM73FC162	0.005 071	0.003 472	0.005 682	0.444 4	0.111 2	0.444 4	0.005 165
FM73FC163	0.005 071	0.006 944	0.004 546	0.500 0	0.250 0	0.250 0	0.005 408
FM74FC164	0.004 057	0.003 472	0.004 546	0.428 6	0.142 8	0.428 6	0.004 183
FM74FC165	0.004 057	0.005 208	0.005 682	0.297 2	0.163 8	0.539 0	0.005 121
FM74FC166	0.004 057	0.005 208	0.003 409	0.500 0	0.250 0	0.250 0	0.004 183
FM75FC167	0.006 085	0.005 208	0.004 546	0.539 0	0.163 8	0.297 2	0.005 484
FM75FC168	0.006 085	0.006 944	0.003 409	0.548 5	0.240 9	0.210 6	0.005 729
FM75FC169	0.006 085	0.006 944	0.003 409	0.548 5	0.240 9	0.210 6	0.005 729
FM76FC170	0.004 056	0.005 208	0.005 682	0.297 2	0.163 8	0.539 0	0.005 121

续表

失效原因	S 相对值	O 相对值	D 相对值	S 权重	O 权重	D 权重	RPN 值
FM76FC171	0.004 057	0.005 208	0.004 546	0.400 0	0.200 0	0.400 0	0.004 483
FM76FC172	0.004 057	0.003 472	0.006 818	0.320 3	0.122 6	0.557 1	0.005 524
FM77FC173	0.004 057	0.005 208	0.006 818	0.239 5	0.137 3	0.623 2	0.005 936
FM77FC174	0.004 057	0.005 208	0.005 682	0.297 2	0.163 8	0.539 0	0.005 121
FM77FC175	0.004 057	0.006 944	0.003 409	0.400 0	0.400 0	0.200 0	0.005 082
FM77FC176	0.004 057	0.005 208	0.003 409	0.500 0	0.250 0	0.250 0	0.004 183
FM78FC177	0.004 057	0.006 944	0.003 409	0.400 0	0.400 0	0.200 0	0.005 082
FM78FC178	0.004 057	0.003 472	0.005 682	0.320 3	0.122 6	0.557 1	0.004 890
FM78FC179	0.004 057	0.005 271	0.004 501	0.400 0	0.200 0	0.400 0	0.004 483

(1) 污水收集系统

污水收集系统共有 6 种失效模式，分别是真空度不能正常保持、真空度不能建立、排污阀不能开启、排污阀不能关闭、循环泵频繁启动或者连续运转及压力表或压力传感器管路脏堵。其整个污水收集系统的 RPN 值为 0.090 53。污水收集系统各失效模式分析如图 5-17 所示。

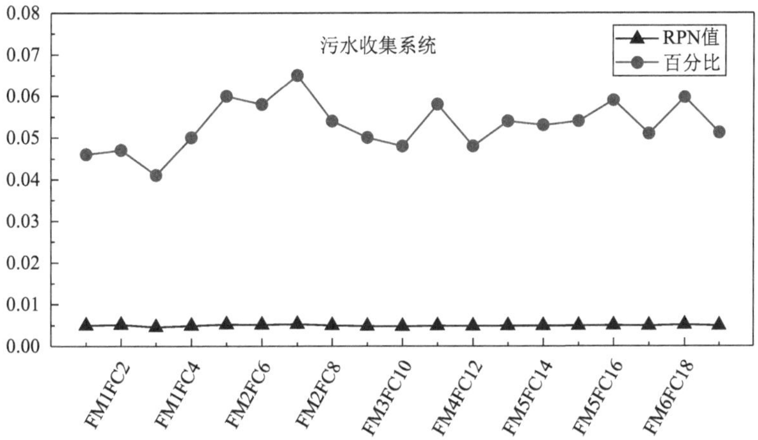

图 5-17　污水收集系统各失效模式分析

其中关键失效模式有 5 种，分别是真空度不能正常保持、真空度不能建立、排污阀不能关闭、循环泵频繁启动或者连续运转及压力表或压力传感器管路脏堵。其关键失效模式的 RPN 值分别为 0.016 62、0.021 42、0.014 12、0.015 06、0.014 66。

从失效原因角度进行分析，每种关键失效模式的失效原因均不同，但大部分是管路或是管件连接处发生泄漏及部件发生损坏。例如，真空度不能正常保持的失效原因有马桶排污阀损坏；排污阀与真空管连接处漏气；真空管路漏泄；排污阀橡胶隔管污脏、漏气。真空不能建立的失效原因也有真空管路发生较大的漏泄。但发生泄漏时，会有抽气响声存在，故在进行航行试验过程需要试航人员对设备设施进行检查，同时在试验过程中要求试验人员能敏锐地察觉各部分的异常，以保证高技术远洋客船生活功能的正常运行。

(2) 变频恒压供水系统

变频恒压供水系统共有 12 种可能的失效模式，具体包括造水机产水量降低、淡水中盐分过高、水泵无法正常吸水、水泵运行时噪声过大、水泵无法启动、水泵在排液过程中突然停止、水泵轴承过热、水泵完全不排液、泵体流道受到腐蚀或冲刷、水泵转轴出现裂纹、水泵齿式联轴器出现故障及变频器停止输出。这些失效模式都可能对供水系统的正常运行产生严重影响。整个变频恒压供水系统的 RPN 值为 0.195 1。变频恒压供水系统各失效模式分析如图 5-18 所示。

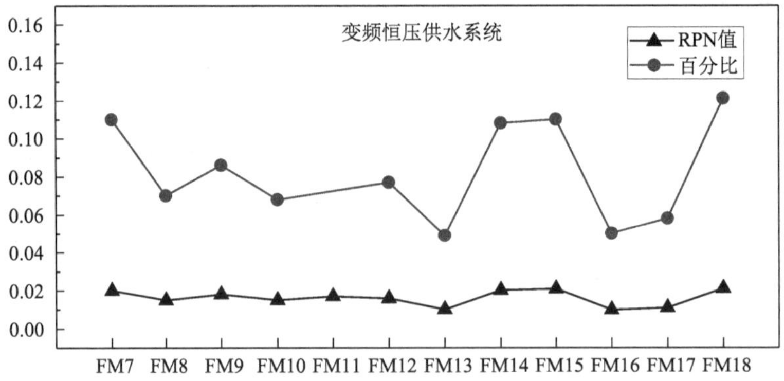

图 5-18　变频恒压供水系统各失效模式分析

其中关键失效模式有 9 种，分别是造水机造水量减少、淡水含盐量过高、水泵不吸水、水泵噪声超标、水泵不能启动、水泵排液后中断、水泵不排液、泵体流道腐蚀与冲刷及变频器停止输出。其 RPN 值分别为 0.021 02、0.013 33、0.017、0.013 43、0.018 46、0.014 72、0.020 81、0.021 46、0.024 21。

从失效原因角度进行分析，变频恒压供水系统关键失效模式的失效原因均不相同。以离心水泵的关键失效模式的失效原因为例，离心水泵的失效原因大部分是内部组件发生故障，例如，叶轮发生损坏可能会导致水泵噪声超标及原动机卡死，可能会造成水泵无法启动等。因此在进行高技术远洋客船航行试验前需要相应人员对相应设备设施进行严格检查，以确保高技术远洋客船生活功能正常运行。

(3) 空调通风系统

空调通风系统共有 18 种不同的失效模式。这些模式包括冷却水流量不足、冷冻水流量不足、制冷剂充注量异常、润滑油过量、冷凝器结垢、不凝性气体问题、热交换器结垢、风机盘管表面结垢、传感器故障、控制器故障、风阀故障、AHU 冷冻水阀卡住故障、AHU 送风阀卡住故障、AHU 表冷器失效故障、AHU 表冷器盘管内表面结垢故障、水泵性能下降故障、风机运行故障及 AHU 送风机失效故障。这些失效模式可能单独或同时出现，对空调通风系统的正常运行产生严重影响。整个空调通风系统的 RPN 值为 0.236 1。空调通风系统各失效模式分析如图 5-19 所示。

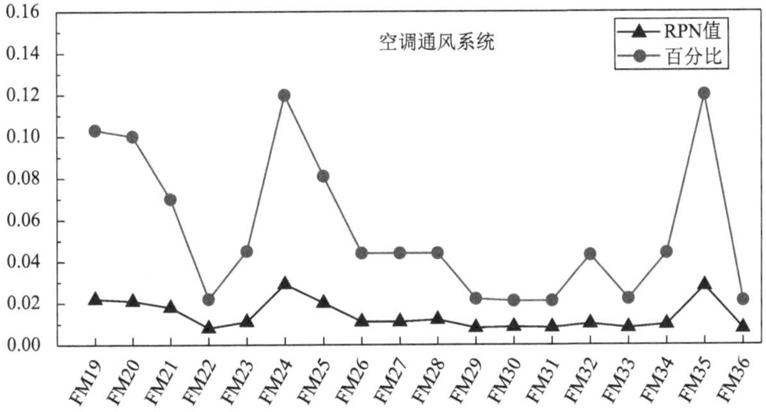

图 5-19　空调通风系统各失效模式分析

空调通风系统的关键失效模式有 6 种，分别是冷却水流量不足、冷冻水流量不足、制冷剂充注量异常、不凝性气体、热交换器结垢及风机运行故障。其 RPN 值分别为 0.024 07、0.023 77、0.016 53、0.028 52、0.019 49、0.028 44。

空调通风系统的失效原因有内部组件运行错误或是堵塞渗漏等。失效原因各不相同，也反映出小的错误可能就会影响整个系统的运行。而空调通风系统是高技术远洋客船第二大重要的系统，更应密切关注系统的异常情况。因此在高技术远洋客船航行试验前也需要相关人员进行详细检查，同时在高技术远洋客船试验过程中关注各部分的异常情况。

(4) 照明系统

照明系统的失效模式有 3 种，分别是短路故障、断路故障及接地故障。照明系统各失效模式分析如图 5-20 所示。

从失效原因角度进行分析，照明系统发生故障的原因大多是线路损坏。由于高技术远洋客船还未进行长时间运营，在进行海上航行试验过程发生的可能性不大。但需要注意接线桩头处松脱等情况。因此在高技术远洋客船航行试验前需要相应试验人员进行全面检查。

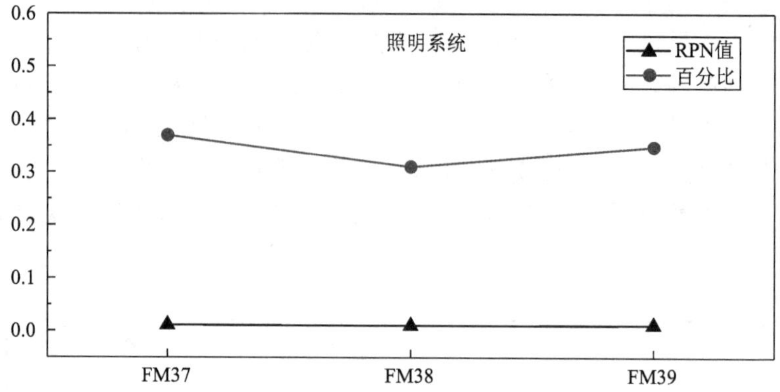

图 5-20　照明系统各失效模式分析

(5) 消防系统

① 火警报警系统

火警报警系统共有 7 种失效模式，分别是通信故障、探测器故障、线路故障、手动报警按钮损坏、探测器接触不良、误报警及画图故障。其中关键失效模式有 2 种，即探测器故障与误报警。火警报警系统的 RPN 值为 0.073 57，占消防系统 RPN 值的 14.6%。火警报警系统各失效模式分析如图 5-21 所示。

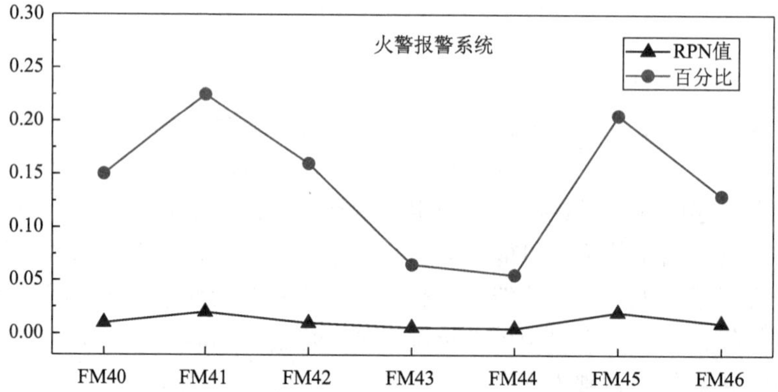

图 5-21　火警报警系统各失效模式分析

从失效原因的角度进行分析，火警报警系统发生故障的原因大多是内部组件发生故障，例如，探测器发生故障会影响整个系统的运行。因此，在航行试验前也需要相关人员对火警报警系统进行详细检查，同时在高技术远洋客船试验过程中关注该系统的异常情况，以确保系统正常运行。

② 防排烟控制系统

防排烟控制系统的失效模式主要有 7 种。首先，电动防火阀无法紧密关闭，可能导致烟雾在不该流通的区域扩散。其次，排烟风机启动失效或无法停动，会严重影响烟雾的排除效率。此外，正压送风机启动失效会导致送风不足，无法有效防止烟雾侵入关键区域。送风口无法打开也是一个常见问题，这会导致送风受阻。在某些情况下，空调系统可能无法关闭，进一步加剧烟雾扩散的问题。最后，自动报警系统电源故障会导致报警系统失效，无法及时发出警报。这些失效模式都可能对防排烟系统的有效性产生严重影响，因此在系统设计和维护中应予以充分考虑。关键失效模式有 3 种，即排烟风机启动失效、空调系统无法关闭和排烟风机无法停动。防排烟控制系统的 RPN 值为 0.091 01，占消防系统 RPN 值的 18.1%。防排烟控制系统各失效模式分析如图 5-22 所示。

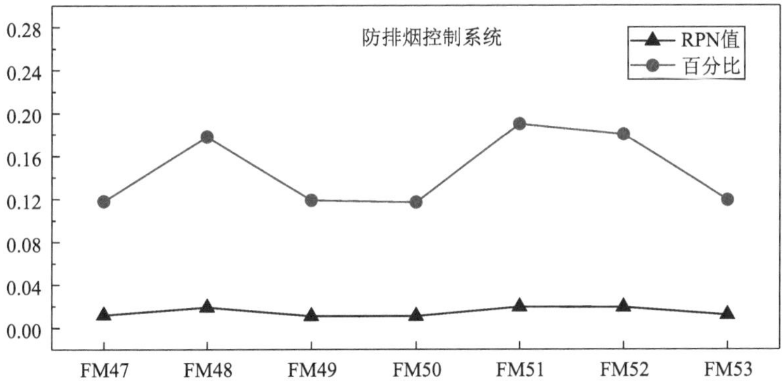

图 5-22　防排烟控制系统各失效模式分析

从关键失效模式的失效原因进行分析，3 种关键失效模式的失效原因都有输入、输出模块发生故障。输入、输出模块连接自动报警控制器与排烟防火阀、电动防火阀、送风口和排烟阀等，对排风阀或者正压送风口等有控制作用，故其发生故障会涉及多个部件。因此，在航行试验前也需要相关人员对防排烟系统进行详细检查，同时，在高技术远洋客船试验过程中关注该系统的异常情况，以确保系统正常运行。

③ 二氧化碳灭火系统

二氧化碳灭火系统的失效模式共有 4 种，分别是二氧化碳灭火系统误启动、着火区域未喷水/二氧化碳、控制器电源系统故障及无法联动控制关闭相关设备。其中关键失效模式有 2 种，即着火区域未喷水/二氧化碳和无法联动控制关闭相关设备。二氧化碳灭火系统的 RPN 值为 0.068 19，占消防系统 RPN 值的 13.5%。二氧化碳灭火系统各失效模式分析如图 5-23 所示。

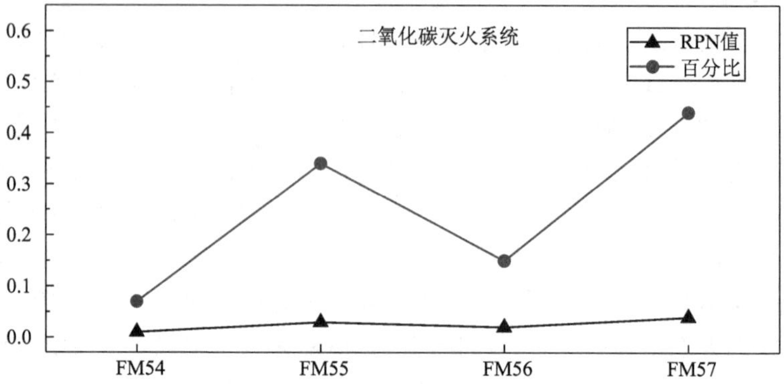

图 5-23　二氧化碳灭火系统各失效模式分析

对关键失效模式的失效原因进行分析，当联动控制的相关设备或者相应控制模块发生故障时就会导致无法联动控制关闭相关设备。无法联动控制关闭相关设备的失效原因中空调系统控制箱故障、电动防火门控制箱故障及电动防火阀故障属于联动控制相关部分发生故障；输入、输出模块故障和切换模块故障属于是控制模块发生故障。着火区域未喷水/二氧化碳的失效原因可分为启动装置发生故障和反馈装置故障。其中启动瓶驱动器故障和电磁选择阀故障属于启动装置发生故障。压力开关故障无法检测二氧化碳气体钢瓶开启则是反馈装置故障，无法在气体喷出后给出压力反馈信号。因此，在航行试验前也需要相关人员对二氧化碳灭火系统进行详细检查，同时，在高技术远洋客船试验过程中关注该系统的异常情况，以确保系统正常运行。

④ 细水雾灭火系统

细水雾灭火系统有 14 种失效模式，分别是淡水舱内水流为零或偏少、关键摩擦副的磨损、高压泵出口压力表损坏、弹簧腐蚀疲劳断裂、管路破裂、橡胶管破裂、主隔离阀工作不正常、线路断路故障、控制线路短路、本地控制箱与货控室的通信不正常、各分区声光报警器和电磁阀不正常、喷头未喷水、自动报警系统电源故障及喷嘴喷水偏少。其中关键失效模式有 4 种，分别是淡水舱内水流为零或偏少、关键摩擦副的磨损、主隔离阀工作不正常、各分区声光报警器和电磁阀不正常。细水雾灭火系统的 RPN 值为 0.130 1，占消防系统 RPN 值的 25.8%。细水雾灭火系统各失效模式分析如图 5-24 所示。

对细水雾灭火系统关键失效模式的失效原因进行分析，当组件内有杂质就可能影响整个系统的运行。例如，水压元件或辅件清洗不干净而携带的污染物及水箱中的污染颗粒进入系统就会导致关键摩擦副的磨损。

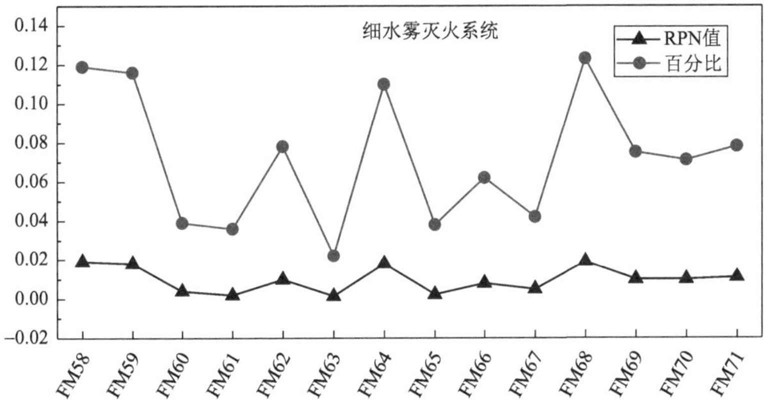

图 5-24　细水雾灭火系统各失效模式分析

⑤ 水密门系统

水密门系统有 7 种失效模式且均为关键失效模式，分别是无法手动打开水密门、开关门抖动、液压泵排油故障、液压泵压力故障、液压泵噪声或振动异常、液压泵发热故障及液压泵漏油，其中 5 种属于液压泵的失效模式。水密门系统的 RPN 值为 0.140 9，占消防系统 RPN 值的 28%。水密门系统各失效模式分析如图 5-25 所示。

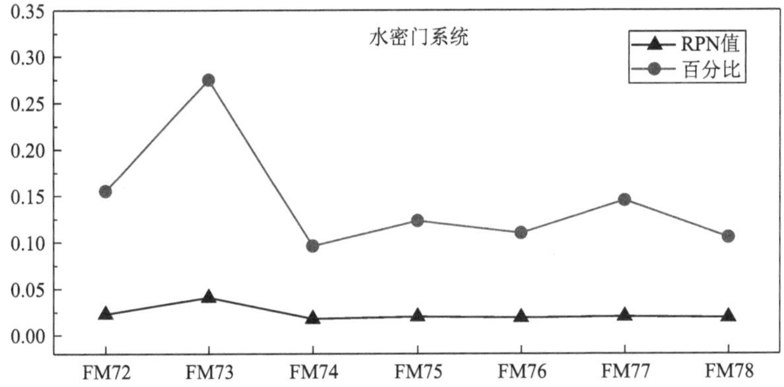

图 5-25　水密门系统各失效模式分析

以液压泵的关键失效模式的失效原因为例进行分析，将其大致分为 3 类，即油液造成的问题，设计安装运输造成的问题及部件质量或者损坏问题。例如，油液温度太高会导致液压泵漏油及液压泵压力故障；液压泵各零部件安装间隙过小摩擦严重从而导致液压泵发热故障。因此，在航行试验前也需要相关人员对水密门系统进行详细检查，同时，在高技术远洋客船试验过程中关注该系统的异常情况，以确保系统正常运行。

5.4 本章小结

本章研究了高技术远洋客船生活功能试验内容，并把高技术远洋客船生活功能试验过程作为研究对象进行风险评估，介绍了在高技术远洋客船生活功能试验阶段的风险源并采用 AHP-FMEA 方法对其进行分析。

本章还研究了在高技术远洋客船生活功能测试阶段存在的风险源，对高技术远洋客船航行测试过程中的风险分析采用 SHEL 模型，其中包括人-人、人-软件、人-硬件、人-环境 4 个方面的风险源。人的因素的风险源涉及人员性格与心理、人员业务素质因素和生理素质 3 个方面，共识别 10 个风险源。人-人界面风险源于在班组的协作问题，共识别 7 个风险源。高技术远洋客船生活功能测试阶段风险源模型中软件主要指试航单位和海事监管部门的管理方面，人-软件界面的风险源来自试航单位管理问题和海事监管部门的监管不到位，共识别 17 个风险源。人-硬件界面的风险源有高技术远洋客船系统设备故障与人船交互不当，共识别 14 个风险源。人-环境界面风险源来自自然环境、交通环境及人员工作、生活环境，共识别 17 个风险源。分别分析以上风险源对生活功能试验过程的影响，试航单位需要针对以上风险源采取相应措施来降低生活功能试验过程风险，同时海事监管部门应严格执行监管责任。

本章采用 AHP-FMEA 方法完成对高技术远洋客船生活功能试验过程进行风险分析。该方法确定失效模式的风险评价指标，即严重度、发生频度和探测度，并确定各风险评价指标的权重，得到 RPN 值及风险程度。本章共列举了 78 个失效模式，其中 38 个为关键失效模式。消防系统是高技术远洋客船生活功能方面风险值最高的系统，其 RPN 值为 0.504。其次是空调通风系统、变频恒压供水系统、污水收集系统及照明系统。消防系统由火灾报警系统、防排烟控制系统、二氧化碳灭火系统、细水雾灭火系统及水密门系统等子系统组成，其中水密门系统和细水雾灭火系统是关键子系统，需要对其关键失效模式进行关注。空调通风系统的失效模式共有 18 种，其中关键失效模式有 6 种，其 RPN 值均远超过平均 RPN 值，故需要着重关注空调系统的失效模式以保证空调通风系统的正常运行，确保高技术远洋客船的舒适度。变频恒压供水系统的关键失效模式有 9 种，需要关注变频恒压供水系统的关键失效模式以保证高技术远洋客船的生活功能正常运行。污水收集系统的关键失效模式有 5 种，故需要对污水收集系统的关键失效模式进行关注以保证高技术远洋客船的污水收集能正常运行，从而不影响高技术远洋客船的运行。造成失效模式发生的失效原因共有 179 种，失效原因各不相同，但是大致可以分为部件故障、存在异物及操作失误 3 大类。根据上述风险源及列举的失效原因，应加强对高技术远洋客船生活功能试验过程的安全管理。

参 考 文 献

[1] 李珍璜, 徐寅生. 船舶试航流程的优化研究[J]. 广船科技, 2023, 43(1): 95-100.

[2] 冯倩菲, 王玉平. 考虑排放限制与航次成本的航速优化问题[J]. 中国航海, 2023, 46(2): 82-89.

[3] 朱显明. 船舶气象航线规划算法研究[D]. 长春: 吉林大学, 2023.

[4] 杨柯. 群桥水域船舶多约束航路规划研究[D]. 武汉: 武汉理工大学, 2015.

[5] Han P, Yang X. Big data-driven automatic generation of ship route planning in complex maritime environments[J]. Acta Oceanologica Sinica(English Edition), 2020, 39(8): 113-120.

[6] Arasteh A M, Lary K, Shariati S S. Optimizing voyage plan in way of Persian Gulf and Red Sea using meteorology and oceanography satellite data[J]. Macromolecular Research, 2012, 12(1): 119-126.

[7] Li Z, Hu S, Gao G, et al. Decision-making on process risk of Arctic route for LNG carrier via dynamic Bayesian network modeling[J]. Journal of Loss Prevention in the Process Industries, 2021: 104473.

[8] Lou W F. Study on the ship trial and sea trial of America Navy after delivery[J]. Ship Engineering, 2013, 35(z1): 168-171.

[9] Fricke S E, Shenbar A J. Managing multiple engineering projects in a manufacturing support environment[J]. IEEE Transactions on Engineering Management, 2000, 47(2): 258-268.

[10] 詹姆斯·刘易斯. 项目计划、进度与控制[M]. 5版. 石泉, 杨磊, 译. 北京: 机械工业出版社, 2012.

[11] Steyn H. An investigation into the fundamentals of critical chain projects scheduling[J]. International Journal of Project Management, 2000, 6: 363-369.

[12] Steyn H. Project management applications of the theory of constraints beyond critical chain scheduling[J]. International Journal of Project Management, 2002, 20(1): 75-80.

[13] Wei C C, Liu P H, Tsai Y C. Resource-constrained project management using enhanced theory of constraint[J]. International Journal of Project Management, 2002, 20(7): 561-567.

[14] Bevilacqua M, Ciarapica F E, Giacchetta G. Critical chain and risk analysis applied to high-risk industry maintenance: A case study[J]. International Journal of Project Management, 2009, 27(4): 419-432.

[15] Hoel K, Taylor S G. Quantifying buffers for projects schedules[J]. Production and Inventory Management Journal, 1999, 40(2): 43-47.

[16] Kapsali M. Systems thinking in innovation project management: A match that works[J]. International Journal of Project Management, 2011, 29(4): 396-407.

[17] 秦琦, 祁斌, 沈苏雯, 等. 2016 年世界船舶市场评述与 2017 年展望[J]. 船舶, 2017, 28(1): 1-15.

[18] 李守泽, 余建军, 孙树栋. 风险管理的技术和最新发展趋势[J]. 中国制造业信息化, 2010, 39(9): 5-10, 16.

[19] Dubois D, Fargier H, Galvagnon V. On latest starting times and floats in activity networks with ill-known durations[J]. European Journal of Operational Research, 2003, 147(2): 266-280.

[20] Chanas S, Dubois D, Zielinski P. On the sure criticality of tasks in activity network with imprecise durations[J]. IEEE Transactions on Systems, Man and Cybernetics Part B, 2002, 32(4): 393-407.

[21] Abdelkader Y H. Evaluating project completion times when activity times are Weibull distributed[J]. European Journal of Operational Research, 2004, 157(3): 704-715.

[22] Bonnal P, Gourc D, Lacoste G. Where do we stand with fuzzy project scheduling[J]. Journal of Construction Engineering and Management, 2004, 13(1): 114-123.

[23] Guenduez M, Nielsen Y, Oezdemir M. Quantification of delay factors using the relative importance index method for construction projects in Turkey[J]. Journal of Management in Engineering, 2013, 29(2): 133-139.

[24] 郭波. 项目风险管理[M]. 北京: 电子工业出版社, 2008.

[25] Millera R, Lessard D. Understanding and managing risks in large engineering projects[J]. International Journal of Project Management, 2001, 19(8): 437-443.

[26] 邱尔妮. 我国船舶行业的市场竞争力研究[D]. 哈尔滨: 东北林业大学, 2007: 10-52.

[27] 沈建明. 项目风险管理[M]. 北京: 机械工业出版社, 2010.

[28] 常虹, 高云莉. 风险矩阵方法在工程项目管理中的应用[J]. 工业技术经济, 2007(11): 134-137.

[29] 周辉仁. 递阶遗传算法理论及其应用研究[D]. 天津: 天津大学, 2008.

[30] 王怡萍. 制造企业质量风险评估模型研究[D]. 西安: 西安理工大学, 2020: 15-52.

[31] 丁香乾, 石硕. 层次分析法在项目风险管理中的应用[J]. 中国海洋大学学报, 2004(1): 97-102.

[32] 中国船级社. 综合安全评估应用指南[S]. 北京: 人民交通出版社, 2015.

[33] 程晓霖. D 公司船舶设计项目风险管理案例研究[D]. 大连: 大连理工大学, 2015: 15-41.

[34] 王旨. 客船建造项目的风险对策研究[D]. 上海: 上海交通大学, 2015: 8-43.

[35] 朱康. D 船舶制造企业 LNG 项目风险管理研究[D]. 大连: 大连理工大学, 2021: 10-30.

[36] 张弛. 大船集团集装箱船项目风险管理研究[D]. 大连: 大连理工大学, 2018: 8-31.

[37] 胡人杰. A 公司船舶设计和设备系统集成项目风险管理[D]. 上海: 上海交通大学, 2016: 13-60.

[38] 叶华清. 超大型全冷式液化气船建造项目的风险管理研究[D]. 上海: 东华大学, 2018: 15-49.

[39] 吴骏, 王志刚, 赵凡琪. 安全返港要求下的客船电气设计[J]. 船舶, 2016, 27(4): 78-86.

[40] 李艇, 付云鹏, 范永鹏, 等. 安全返港理念下的船舶设计方法分析[J].中国造船, 2020,

61(1): 187-193.
[41] 唐强, 罗蓉, 孙家鹏. 安全返港的功能需求分析与发展趋势展望[J]. 船舶与海洋工程, 2022, 38(4): 70-74.
[42] 康悦. A 动车所项目施工阶段风险管理体系研究[D]. 北京: 北京交通大学, 2020: 23-56.
[43] 林五福. M 建设工程项目风险识别与评估研究[D]. 苏州: 苏州大学, 2016: 16-33.
[44] 曲钟阳. 基于德尔菲法的技术预见[D]. 大连: 大连理工大学, 2013: 09-47.
[45] 孟凡桐. 软件项目风险管理的研究[J]. 电脑与电信, 2019(7): 71-73.
[46] 王长青. 建筑施工项目的风险管理[J]. 建材技术与应用, 2011(6): 47-48.
[47] 景国勋, 施式亮. 系统安全评价与预测[M]. 徐州: 中国矿业大学出版社, 2009.
[48] 张静. 基于 WBS-RBS 的 ZTT-HLC2 项目风险管理研究[D]. 广州: 华南理工大学, 2020: 08-33.
[49] 艾国林. 吉林热电背压机组工程的风险识别与管理方法研究[D]. 北京: 华北电力大学, 2014.
[50] 戴厚兴. 恶劣天气下海上交通风险动态预评估研究[D]. 大连: 大连海事大学, 2019: 11-96.
[51] Saaty T L. Modeling unstructured decision problems-the theory of analytical hierarchies[J]. Mathematics and Computers in Simulation, 1978, 20(3): 147-158.
[52] Saaty T L. The analytic hierarchy process[M]. New York: McGraw-Hill, 1980.
[53] Chan F T S, Chan H K. An AHP model for selection of suppliers in the fast changing fashion market[J]. International Journal of Advanced Manufacturing Technology, 2010, 51(9-12): 1195-1207.
[54] Floris G, Jakub M. A framework for risk analysis of maritime transportation systems: A case study for oil spill from tankers in a ship-ship collision[J]. Safety Science, 2015, 76: 42-66.
[55] 费岳军. 基于 AHP 层次分析法的沉船风险评估模型研究[J]. 海洋预报, 2013, 30(6): 67-72.
[56] 黄崇福. 自然灾害动态风险分析基本原理的探讨[J]. 灾害学, 2015, 3(H2): 1-7.
[57] 徐广波, 轩少永, 尤庆华. 基于熵权的模糊集对模型在港口水域通航风险评价中的应用[J]. 上海海事大学学报, 2012, 33(1): 7-11.
[58] 孟庆奎. 恶劣天气下比斯开湾航行安全管理对策[D]. 大连: 大连海事大学, 2016: 04-63.
[59] Xu D H. Rough set based study of the competency for Chinese seafarers[J]. International Conference on Intelligent Computation Technology and Automation, 2008, 4(11): 806-810.
[60] 张晓辉. 数据挖掘和云模型在水上安全分析中的应用[D]. 大连: 大连海事大学, 2011: 08-23.
[61] 胡甚平, 黄常海, 张浩. 基于云模型的海上交通系统风险蒙特卡洛仿真[J]. 中国安全科学学报, 2012, 22(4): 20-24.
[62] 陈兴伟, 王志明. 港口水域海事安全风险分析法[J]. 中国航海, 2011, 32(1): 31-68.
[63] Wang J. Maritime risk assessment and its current status[J]. Quality and Reliability Engineering Installation, 2006, 22(1): 3-19.
[64] Kunz C U. Ship bridge collision in river traffic analysis and design practice[J]. Ship Collision

Analysis, 1998, 12(3): 151-154.

[65] Norrington L, Quigley J, Russell A, et al. Modeling the reliability of search and rescue operations with Bayesian Belief Networks[J]. Reliability Engineering & System Safety, 2008, 93(7): 940-949.

[66] 汤旭红, 刘红太, 蔡存强. 贝叶斯网络在海上船舶碰撞研究中的应用[J]. 中国航海, 2009, 32(2): 58-61.

[67] 胡甚平, 方泉根, 蔡存强. 基于贝叶斯网络推理的船舶航行风险评价[C]//船舶航泊航行安全的新经验新技术论文集(上册). 2007: 82-90.

[68] 刘百明, 刘凤盈. 安全返港相关概念解析[J]. 造船技术, 2018, 344(4): 52-56.

[69] 吴林. 客滚船满足安全返港要求的典型船舶系统研究与分析[D]. 镇江: 江苏科技大学, 2017.

[70] 顾一清. 安全返港的相关要求及对电气设计的影响[J]. 船舶设计通讯, 2013, 135(S2): 62-66.

[71] 吴骏, 王志刚, 赵凡琪. 安全返港要求下的客船电气设计[J]. 船舶, 2016, 27(4): 78-86.

[72] 董贻意. 客船安全返港规定的公约要求与影响分析[J]. 世界海运, 2019, 42(7): 21-24.

[73] 王旭辉, 郭佳. 基于事故界限的客船安全返港能力评估分析方法[J]. 船舶, 2019, 30(2): 65-69.

[74] 鲁鼎, 马网扣. 大型豪华高技术远洋客船集成系统的安全返港评估方法及应用[J]. 船舶工程, 2021, 43(11): 160-165.

[75] 杨震峰. 安全返港要求下阀门遥控系统设计方案研究[J]. 船舶, 2020, 31(1): 122-132.

[76] 陈超君, 陈俊杰, 张优. 支持安全返港要求的进水报警系统设计与评估[J]. 船舶, 2022, 33(1): 111-116.

[77] 任赛林, 谢坤. 基于舱底进水监测与火灾报警的船舶智能分布式损管监控系统[J]. 船舶工程, 2019, 41(2): 62-68.

[78] 隆奇芮, 郭智威, 白秀琴, 等. 大型高技术远洋客船压载水系统设计技术研究[J]. 舰船科学技术, 2020, 42(9): 85-91.

[79] 彭秀清, 黄秋云, 蒋勇刚, 等. 船舶安全返港对于轮机设计的影响[J]. 广东造船, 2016, 35(6): 38-40+28.

[80] 周海涛, 孙玉娟. 满足安全返港要求的推进及辅助系统设计研究[J]. 船舶标准化与质量, 2020, 287(2): 20-23.

[81] 袁洋, 李凯, 董良志. 基于安全返港要求的大型客船电力推进系统设计[J]. 船舶, 2021, 32(1): 57-62.

[82] 鲁鼎. 满足安全返港的豪华高技术远洋客船轮机系统的拓扑结构[J]. 船舶工程, 2020, 42(S1): 214-217+247.

[83] Edwards E. Man and machine: systems for safety[C]. London: Proceedings of British Airline Pilots Association, 1972.

[84] 齐维种, 田延飞, 温小飞, 等. 基于 SHELL 模型的智能船舶海上测试风险识别[J]. 水运管理, 2022, 44(7): 20-22+33.

[85] 谢放. 基于 Reason-SHEL Model 对海事事故人为因素的分析[D]. 大连: 大连海事大学, 2007.
[86] 金荣炜. 基于生命周期理论的台州船舶工业集群升级路径研究[D]. 杭州: 浙江工业大学, 2009.
[87] 王银. 基于映射的复杂产品项目 WBS 动态构建及业务过程建模研究[D]. 镇江: 江苏科技大学, 2014.
[88] 刘晓琼, 黄昊. 大型豪华邮船乘客电梯布置分析[J]. 上海船舶运输科学研究所学报, 2020, 43(4): 20-25.
[89] 黄胜明, 杨育标. 客船污水系统规范要求及设备选型[J]. 广船科技, 2022, 42(3): 4-7+19.
[90] 王闻嘉, 高金军, 何洪良. 大型邮轮生活污水系统设计[J]. 船舶工程, 2021, 43(1): 8-16.
[91] 唐强, 罗蓉, 宗明珍. 极地邮轮污水系统设计研究[J]. 船舶工程, 2021, 43(S1): 311-314.
[92] 王健. MBR 船舶生活污水处理装置实船应用问题及建议[J]. 航海技术, 2019, 240(6): 63-66.
[93] 钱灵艳, 蒋智, 郭奕. 大型客船(邮轮)垃圾种类及管理要求[J]. 世界海运, 2018, 41(11): 37-41.
[94] 高聪, 王俊, 杨清华, 等. 客船食物垃圾和干垃圾处理方式及系统设施的研究[J]. 江苏船舶, 2022, 39(4): 27-28+32.
[95] 于立国. 大型邮轮安全管理系统设计[J]. 船舶标准化工程师, 2022, 55(1): 24-28.
[96] 谢根, 张震, 冯海宁, 等. 浅谈船舶火灾报警系统常见故障报警解决方法[J]. 山西电子技术, 2021, 218(5): 14-15+24.
[97] 高金军, 王闻嘉, 衡霖, 等. 大型豪华邮轮高压细水雾消防灭火系统设计[J]. 船舶工程, 2018, 40(10): 40-46.
[98] 陈安扬. 船舶防排烟系统性能化设计[J]. 上海造船, 2008, 73(1): 47-49.
[99] 周晓华. 防火水密门液压系统改进方案研究[J]. 中国设备工程, 2018, 404(19): 77-79.
[100] 徐蓉, 周建桦. 客船低位照明与相关安全标志设计[J]. 船海工程, 2020, 49(5): 81-85.
[101] 马莉, 刘芳, 曹征宇. 客船低位照明的设计[J]. 船舶, 2021, 32(3): 61-66.
[102] 顾夏华, 周锋, 周琳琦. 远洋船舶公共广播系统应用与改进[J]. 电声技术, 2010, 34(11): 85-87.
[103] 陈刚, 李昱鹏, 刘芳, 等. 客船娱乐系统和广播系统的音频集成控制方法[J]. 船海工程, 2021, 50(2): 117-120.
[104] 徐锋. 邮轮型客滚船空调通风管设计和检验[J]. 机电技术, 2021, 138(5): 70-72+85.
[105] 刘雨梦, 郑凯, 宗明珍. 豪华邮轮空调系统形式分析[J]. 船舶设计通讯, 2019, 155(S1): 92-97.
[106] 王海涛. 变风量空调系统在线故障检测与诊断方法及应用研究[D]. 长沙: 湖南大学, 2012.
[107] 肖陈俊. 豪华邮轮空调系统技术应用研究[J]. 机电技术, 2018, 118(3): 89-92.
[108] 杨坤. 大型邮轮航行试验的风险评估研究[D]. 镇江: 江苏科技大学, 2022.
[109] 李创. 海运安全领域中的人因分析[D]. 上海: 上海海事大学, 2005.

[110] 王菁. 客滚运输人为因素风险评价与控制研究[D]. 大连: 大连海事大学, 2008.
[111] 崇爱奎. 基于 AHP 法的长沙地铁项目社会稳定风险评估研究[D]. 长沙: 湖南大学, 2020.
[112] 杨烨, 梅森, 王慧勇. "CRYSTAL STAR"船 EVAC 系列真空厕所系统故障分析[J]. 中国修船, 2015, 28(4): 32-34.
[113] 苗子华, 郭智威, 袁成清. 大型豪华邮轮供水系统设计技术[J]. 舰船科学技术, 2021, 43(5): 71-76.
[114] 王东海. 船舶日用淡水变频供水系统仿真设计与实现[D]. 大连: 大连海事大学, 2016.
[115] 韩琦. 变风量空调系统故障检测与诊断策略研究[D]. 北京: 北京建筑大学, 2014.
[116] 尹海燕. 基于深度学习的冷水机组传感器故障诊断方法研究[D]. 天津: 天津大学, 2018.
[117] 沈雄, 陈意惠. 船舶照明系统的故障分析与检查[J]. 航海技术, 2002(5): 63-64.
[118] 李孟丽. 客船公共区域灯光设计[J]. 江苏船舶, 2022, 39(4): 44-46.
[119] 杨均武, 鲁鼎. 豪华邮轮消防系统的总体方案分析[J]. 船舶标准化工程师, 2021, 54(3): 42-46.
[120] 马忠辉. 船舶消防系统故障分析及连锁性失效模型的研究[D]. 哈尔滨: 哈尔滨工程大学, 2013.
[121] 关长辉. 真空沸腾式海水淡化装置工作原理及常见故障分析[J]. 科技创新与应用, 2017, 199(15): 125-126.
[122] 郭磊, 傅振宇. 浅谈离心泵的结构原理、常见故障处理及日常使用维护保养[J]. 机电信息, 2020, 639(33): 65-66.
[123] 唐中师. 某海巡船日用淡水泵启停频繁故障分析处理研究[J]. 中国水运(下半月), 2013, 13(3): 128+139.
[124] 葛笑寒. 基于变频器的恒压供水控制系统故障分析与处理[J]. 轻工科技, 2019, 35(2): 48-49.
[125] 蔡艳, 张斌, 王一峰. 船用造水机常见故障原因及对策[J]. 中国修船, 2012, 25(5): 11-13.
[126] 谢伟. 基于 KPCA-LSSVM 的冷水机组故障诊断研究[D]. 杭州: 杭州电子科技大学, 2019.
[127] 王龄喆. 基于 Modelica 的不同控制策略下冷水机组常见故障动态模拟研究[D]. 沈阳建筑大学, 2018.
[128] 梁雨箫. 变风量空调系统空气处理机组故障检测与诊断[D]. 西安: 长安大学, 2018.
[129] 张尚. 通风空调系统的故障诊断决策[D]. 天津: 天津科技大学, 2021.
[130] 张善兴. 变频空调系统热力故障的实验研究[D]. 上海: 上海交通大学, 2018.
[131] 王海涛, 陈友明. VAV 空气处理机组故障检测与诊断方法及应用[J]. 北京工业大学学报, 2014, 40(2): 290-295.
[132] 李炜. 船用火灾报警系统故障案例分析[J]. 中国修船, 2021, 34(6): 21-23.
[133] 贺小峰, 张昭, 王学兵, 等. 高压单相细水雾灭火系统的可靠性分析[J]. 液压与气动, 2006(12): 9-11.
[134] 王要波, 白秀琴, 郭智威, 等. 大型豪华邮轮细水雾灭火系统设计探究[J]. 舰船科学技术, 2021, 43(9): 53-57.

[135] 王前进, 张春来, 范丽, 等. 船舶细水雾灭火系统调试中常见故障及处理[J]. 大连海事大学学报, 2008, 34(S1): 86-87+90.

[136] 范丽, 王前进, 王小海. 船舶细水雾喷淋系统常见故障及其处理[J]. 南通航运职业技术学院学报, 2009, 8(3): 43-45.

[137] 孙伶俐. 液压泵常见故障及排除方法探讨[J]. 现代制造技术与装备, 2021, 57(9): 159-160.

[138] 陈佐添, 王孝霖, 苏先明, 等. 垂直式液压水密门故障实例[J]. 航海技术, 2018, 233(5): 40-42.